Rechtliche Neugestaltung der gesellschaftlichen Rolle des Privatsektors

Europäische Hochschulschriften Recht

European University Studies in Law

Publications Universitaires Européennes de Droit

Band/Volume 6724

Victoria Adouvi

Rechtliche Neugestaltung der gesellschaftlichen Rolle des Privatsektors

Nachhaltige und marktorientierte Lösungsansätze für soziale und ökologische Probleme der Gegenwart am Beispiel vom sozialen Unternehmertum und Impact Investing

PETER LANG

Bibliografische Information der Deutschen Nationalbibliothek
Die Deutsche Nationalbibliothek verzeichnet diese Publikation in der Deutschen Nationalbibliografie; detaillierte bibliografische Daten sind im Internet über http://dnb.d-nb.de abrufbar.

Zugl.: Frankfurt (Main), Univ., Diss., 2023

D 30
ISSN 0531-7312
ISBN 978-3-631-88703-5 (Print)
E-ISBN 978-3-631-88735-6 (E-PDF)
E-ISBN 978-3-631-88736-3 (EPUB)
DOI 10.3726/b20069

Diese Publikation wurde begutachtet.

www.peterlang.com

Danksagung

Der Weg zur erfolgreichen Beendigung meiner Promotion war ein langer, doch ich konnte auf die Unterstützung vieler Menschen zählen, bei denen ich mich nun bedanken möchte. An erster Stelle danke ich meinem Doktorvater, Herrn Juniorprof. Dr. Matthias Goldmann, für seine akademische Betreuung, persönliche Motivation, Geduld und die zahlreichen Möglichkeiten, die ich dank ihm bekommen habe. Gleichzeitig möchte ich mich auch bei der J. W. Goethe-Universität Frankfurt bedanken, die mich durch das Florenz-Stipendium zur Teilnahme an der Summer School im Europarecht am European University Institute im Jahr 2017, durch das Johanna-Quandt-Stipendium zur Teilnahme am Europäischen Forum Alpbach im Jahr 2019 und schließlich durch das GRADE-Abschlussstipendium im Jahr 2020 gefördert hat. Die Goethe-Universität und ihr besonderes Ambiente, geprägt durch Internationalität und fachliche Exzellenz, haben zum Fortgang meiner Arbeit wesentlich beigetragen; besonders zu erwähnen sind die durch meinen Doktorvater regelmäßig organisierten Treffen des Doktorandenkreises, dank denen ich ein tieferes Verständnis der Rechtstheorie und -philosophie entwickeln konnte. An dieser Stelle danke ich vor allem meinen geschätzten Kollegen Benjamin Arens, Kevin Hinzen, Jia Hu, Hannah Kull, Maie Mörsch und Grygoriy Pustovit, die mich durch die gemeinsamen Diskussionen und wertvolle Denkanstöße inspiriert haben.

Die vorliegende Arbeit wäre nicht ohne die Unterstützung der Friedrich-Naumann-Stiftung für die Freiheit zustande gekommen. Die Aufnahme in den Stipendiatenkreis bedeutete mir sehr viel, denn sie ermöglichte mir nicht nur eine finanziell sorgenfreie Promotionszeit, sondern auch Förderung ideeller Art. Es war mir eine besondere Freude, Teil einer Stiftung zu sein, die sich für liberale Werte in Deutschland und auf der ganzen Welt einsetzt. Hiermit möchte ich großen Dank an alle Mitarbeiter und alle gleichgesinnten Mitstipendiaten aussprechen, die ich während der Zeit in der Stiftung und darüber hinaus kennenlernen durfte. Zudem möchte ich mich auch bei der FDP Friedberg und insbesondere bei Herrn Achim Güssgen-Ackva für die gemeinsamen Gespräche und den Gedankenaustausch bedanken.

Einen besonderen Dank möchte ich schließlich Herrn Alexander Schmelter aussprechen, von dem ich lernen durfte, was wirkliche Stärke bedeutet. Alex, ohne Dich wäre diese Arbeit nie fertiggestellt worden und Du warst mir ein Vorbild und Motivation in den schwierigsten Lagen meines Lebens.

Für meinen Vater

Inhaltsverzeichnis

Abkürzungsverzeichnis

AEUV	Vertrag über die Arbeitsweise der Europäischen Union
AuM	Assets under Management
CEO	Chief Executive Officer
CFP	Corporate Financial Performance
COVID-19	Coronavirus SARS-CoV-2
CRIC	Corporate Responsibility Interface Center
CSP	Corporate Social Performance
CSR	Unternehmerische Gesellschaftsverantwortung (Corporate Social Responsibility)
CSV	Creating Shared Value
EaSI	EU-Programm für Beschäftigung und soziale Innovation (EU Program for Employment and Social Innovation)
ESE	Europäisches Sozialunternehmen (European Social Enterprise)
ESG	Umwelt, Soziales, Unternehmensführung (Environment Social Governance)
ESMA	Europäische Wertpapier- und Marktaufsichtsbehörde (European Securities and Markets Authority)
EU	Europäische Union
EuSEF	Europäischer Fonds für Soziales Unternehmertum (European Social Entrepreneurship Fund)
EUV	Vertrag über die Europäische Union
GDP (p.c.)	Bruttoinlandsprodukt (pro Kopf) (Gross Domestic Product (per capita))
GIIN	Global Impact Investing Network
HEG	High-Level Expert Group on Sustainable Finance
ILO	Internationale Arbeitsorganisation (International Labour Organization)
ISO	Internationale Organisation für Normung (International Organization for Standardization)
KAGB	Kapitalanlagegesetzbuch
KVG	Kapitalverwaltungsgesellschaft
NGO	Nichtregierungsorganisation (Non-governmental organization)

OECD	Organisation für wirtschaftliche Zusammenarbeit und Entwicklung (Organisation for Economic Co-operation and Development)
PRI	Prinzipien für verantwortliches Investieren (Principles for Responsible Investment)
qPU	qualifiziertes Portfoliounternehmen
R3	Response, Recovery, and Resilience Investment Coalition
SCE	Europäische Genossenschaft (European Cooperative Society)
SDGs	Ziele für Nachhaltige Entwicklung (Social Development Goals)
SE	Sozialunternehmen (Social enterprise)
SEND e.V.	Social Entrepreneurship Netzwerk Deutschland (eingetragener Verein)
(S)RI	(Socially) Responsible Investing
TEG	Technical Expert Group on Sustainable Finance
UNCTAD	Konferenz der Vereinten Nationen für Handel und Entwicklung (United Nations Conference on Trade and Development)
UNEP FI	United Nations Environment Programme Finance Initiative
UNGC	United Nations Global Compact
UNO	Organisation der Vereinten Nationen (United Nations Organization)
USA	Vereinigte Staaten von Amerika (United States of America)
WHO	Weltgesundheitsorganisation (World Health Organization)

Einführung und Ziel der Arbeit

Diese Arbeit hat die Schwierigkeiten der rechtlichen Regulierung solcher Formen des Unternehmertums und der kollektiven Vermögensanlage zum Gegenstand, die neben der klassischen Profitorientierung auch darum bemüht sind, durch die wirtschaftliche Aktivität eine positive gesellschaftliche Wirkung zu erzeugen. Obwohl diese Formen des Unternehmertums schon seit mehreren Jahrhunderten existieren und später auch auf Ebene der Investments entwickelt wurden, sieht sich diese spezifische, auf „*Profit & Purpose*" ausgerichtete Art des Privatsektors, noch mit zahlreichen Herausforderungen konfrontiert, von denen die signifikanteste der Konflikt zwischen den privaten und öffentlichen Interessen bzw. zwischen der Profitmaximierung und den Belangen der Gesellschaft ist. Diese Belange können unterschiedlichen Charakter haben und beschränken sich nicht nur auf soziale Thematiken (bspw. soziale Ungleichheit, unfaire Arbeitsbedingungen oder Verletzung der Menschenrechte), sondern werden angesichts der bedrohlichen Ereignisse im Zusammenhang mit dem Klimawandel (bspw. globale Erwärmung, extreme Hitzewellen oder Dürren) und der Umweltverschmutzung zunehmend auch um umweltbezogene Themen erweitert.

Der Privatsektor und insbesondere das Unternehmertum wurden in der Vergangenheit als ein Teil des Problems gesehen, denn unter Umständen kann die unternehmerische Tätigkeit zu den beschriebenen Problemen führen. Das geschieht insbesondere dann, wenn Unternehmen lediglich wirtschaftliche Faktoren im Blick haben und im Sinne einer möglichst schnellen Gewinnerzielung solche Geschäftspraktiken einsetzen (oder bezogen auf Ebene der Investments Gelder in solche Anlagen bzw. Projekte investiert werden), die keine Rücksicht auf die Bedürfnisse der Gesellschaft und der Umwelt nehmen. Wenn Unternehmen bspw. aus sozialer Sicht zwar wünschenswerte, in rechtlicher Sicht aber (noch) nicht verbindliche Standards zum Zwecke der Kostensenkung missachten oder billige, für die Umwelt jedoch schädliche Produktionsverfahren verwenden, führt dies zur Perpetuierung der sozialen Ungleichheit oder zur Umweltverschmutzung, ggfs. verbunden mit dem Verlust von ökologischer Biodiversität oder sogar mit schwerwiegenden Folgen für die Gesundheit der lokalen Bevölkerung.

Nach einer denkbaren Auslegung der von Adam Smith formulierten These der unsichtbaren Hand des Marktes – welche bis heute als eins der wichtigsten Prinzipien einer marktbasierten Wirtschaftsordnung darstellt – haben Unternehmen (bzw. Investoren) grundsätzlich kein eigenes Interesse daran, ihre

Geschäftsstrategie zugunsten einer besseren sozialen oder ökologischen Verträglichkeit zu verändern, da dies in den allermeisten Fällen mit höheren Kosten und infolgedessen mit geringer Rentabilität einhergehen würde. Unternehmen und Investoren sollten jedoch als wichtige Wirtschaftsakteure – so die Sichtweise eines Meinungsspektrums – rational und wirtschaftsorientiert handeln und zum Gemeinwohl dadurch beitragen, dass sie ihre Gewinne steigern. Dies sei zudem nicht nur aus wirtschaftlicher, sondern auch aus rechtlicher Sicht geboten, da die Unternehmensführung gegenüber den Anteilseignern (und entsprechend die Vermögensverwalter von Investmentfonds gegenüber den Anlegern) zur Wertsteigerung des Unternehmens (bzw. der Anlage) verpflichtet ist und somit lediglich die Interessen der Anteilseigner (bzw. der Investoren) zu berücksichtigen hat (bzw. haben). Die Akteure der marktbasierten Wirtschaft seien danach als „Gewinnmaximierer“ zu verstehen und ihr primärer Zweck bestehe nicht in der Förderung diverser gesellschaftlicher Ziele, sondern in der Erzielung von Gewinnen, da dies der Gesellschaft in ihrer Gesamtheit am stärksten zugutekommen würde.[1]

Während sich dieses erste Meinungsspektrum für die Kräfte des freien Marktes ausspricht, fordern andere dagegen eine stärkere Regulierung des Marktes durch die öffentliche Hand. Die Ergebnisse der soziologischen Untersuchungen zeigen, dass die Ereignisse der letzten Jahre zu einem allgemeinen Schwund des Vertrauens in die aktuelle Wirtschafts- und Gesellschaftsordnung führten; zu dem systemkritischen Narrativ schien insbesondere der empfundene Widerspruch zwischen den moralischen Vorstellungen von Würde, Solidarität und Gerechtigkeit einerseits und der aktuellen Gestaltung und der ökonomischen Erfordernisse der Marktwirtschaft andererseits zu führen.[2] Insbesondere die Gewinnorientierung wird dabei als besonders verwerflich gesehen, was dazu führt, dass die Grundlogik einer marktbasierten Wirtschaft zu schnell verurteilt wird. Nach der Ansicht des zweiten Meinungsspektrums müsse bspw. ein gesellschaftlich akzeptables Handeln von den auf Profit ausgerichteten Unternehmen erst durch die Benachteiligten abgerungen werden.[3] Zudem wird behauptet, dass die Gewinnerzielungsabsicht automatisch eine rücksichtslose Gier bedeute und sich Menschen unter Marktbedingungen anders als sonst, und zwar unmenschlicher und unsozialer verhalten würden.[4]

---

1 Vgl. dazu ausführlich in Kap. 3.3.

2 Homann/Lange/Milberg u.a., Vertrauen in die Marktwirtschaft zurückgewinnen, 2018, S. 5.

3 In diesem Sinne vgl. Widmer, Wohlstand ist auch nicht alles, 2020.

4 In diesem Sinne vgl. Fricke, Am Ende der Ich-Party, 2020.

Einige marktkritische Stimmen können – zunächst losgelöst von deren Argumentationsansatz – nicht einfach ignoriert werden, denn unsere Wirtschaftsordnung scheint nicht in ausreichendem Maße widerstandsfähig zu sein, was schließlich auch das enorme Ausmaß der wirtschaftlichen Folgen der Corona-Pandemie offenbarte; auf globaler Ebene führte die Corona-Krise bspw. zur größten Rezession seit dem zweiten Weltkrieg,[5] sodass die Menschheit an einem entscheidenden Punkt der Geschichte steht. Die Marktwirtschaft ist ein altes System und erfuhr bereits einige Modifikationen, doch diese scheinen angesichts der beschriebenen Probleme der Gegenwart nicht mehr die optimalen Lösungen zu bieten. Es ist Zeit zum Umdenken, doch den Markt und alle seine Vorteile zu verwerfen ist kein Ausweg. Vielmehr muss die Marktwirtschaft einer Neugestaltung unterzogen werden, und zwar so, dass sie widerstandsfähiger wird und den Bedürfnissen der heutigen Gesellschaft besser entsprechen kann.

Als das fehlende Puzzleteil bei der Gestaltung einer zukunftsfähigen Form der Marktwirtschaft kann das Konzept der Nachhaltigkeit erachtet werden. Dieses erfährt eine große Beachtung (spätestens) nach der Einigung der UN-Mitgliedsstaaten auf die Notwendigkeit der Entwicklung einer globalen und zielorientierten Nachhaltigkeitsagenda, welche durch die Verabschiedung der Agenda 2030 mit ihren 17 Zielen für Nachhaltige Entwicklung (sog. SDGs) ihren Niederschlag gefunden hat. Seitdem gehört die Nachhaltigkeit zum leitenden Motiv der europäischen Politik und der rechtlichen Regulierung des Privatsektors, welchem eine bedeutende Rolle bei der Nachhaltigkeitswende zugeschrieben wird.

Diese Sicht auf die Rolle des Privatsektors geht mit der seit mehreren Dekaden zu beobachtenden Tendenz einher, dass vom Privatsektor zunehmend eine stärkere gesellschaftliche Verantwortungsübernahme erwartet wird. Allmählich wächst nämlich das Bewusstsein, dass das unternehmerische Handeln auch eine Verantwortung gegenüber der Gesellschaft impliziert, welche über die Einhaltung der bloßen rechtlichen Verpflichtungen hinausgeht. Auch Anleger und Vermögensverwalter verändern ihr Selbstverständnis und berücksichtigen bei ihren Anlageentscheidungen immer häufiger auch andere als rein finanzielle Aspekte. In diesem Zusammenhang entstand eine breite Palette von Konzepten und Begriffen, von denen „*Corporate Social Responsibility*" (nachfolgend „CSR") (auf Ebene des Unternehmertums) bzw. „*(Socially) Responsible Investments*" (nachfolgend „(S)RI") (auf Ebene der Investoren) am häufigsten verwendet werden. Deren inhaltliche Auslegung änderte sich stark im Laufe der Zeit und bis

5 World Bank Group, Global Economic Prospects, 2020, S. 13.

heute besteht kein allgemeiner Konsens; seitens der europäischen Regulatorik ist jedoch ersichtlich, dass die gesellschaftliche Verantwortung des Privatsektors an das Konzept der Nachhaltigkeit angelehnt werden soll.

Wenn man sich von der Überzeugung loslöst, den Markt als die Ursache der brennendsten sozialen und ökologischen Probleme der Gegenwart zu sehen und die Marktwirtschaft im Sinne des Nachhaltigkeitsgedanken neu gestaltet, könnte der Markt sogar behilflich dabei sein, angemessene Lösungen für die beschriebenen Probleme zu entwickeln. Dann müsste man auch nicht zwischen den Optionen Markt oder Staat bzw. individuelles versus kollektives Interesse entscheiden, sondern könnte die Wirtschaft so gestalten, dass diese sich gegenseitig fördern und zu einer Symbiose gelangen. Der Markt selbst kann also einen wichtigen Beitrag zur Bewältigung der Herausforderungen der heutigen Zeit leisten, denn diverse unternehmerische und investmentbezogene Ansätze haben bereits mehrfach bewiesen, dass sich neue Geschäftsmodelle auch dort entwickeln lassen, wo dem Staat zum großen Teil die Hände gebunden sind bzw. dort, wo er lediglich mittels Förderung durch öffentliche Gelder agieren kann.

Der Privatsektor beteiligt sich immer mehr an der Entwicklung neuer Lösungsansätze, welche die Marktwirtschaft von innen heraus transformieren und die geforderte Resilienz stärken könnten. Die gesellschaftliche Verantwortung des Privatsektors bezieht sich nicht mehr lediglich auf die Reduzierung von negativen Effekten, sondern auf eine direkte positive Wirkung für die Gesellschaft. Das beste Beispiel einer solchen Form des verantwortungsvoll handelnden Privatsektors stellt auf Ebene der Unternehmen das soziale Unternehmertum und auf Ebene der Investoren das Impact Investing dar. Diese weisen nämlich einige gemeinsame Charakteristika auf, welche sie sowohl vom Sektor der Gemeinnützigkeit als auch von rein konventionellen, gewinnorientierten Wirtschaftsaktivitäten abgrenzen, bspw. die Zielsetzung einer positiven sozialen und/oder ökologischen Wirkung und innovative Geschäftsmodelle mit großem Transformationspotential.

Diese Eigenschaften prädestinieren das soziale Unternehmertum und Impact Investing gerade dazu, zur Bewältigung der größten sozialen und ökologischen Probleme der Gegenwart – welche durch die Corona-Pandemie zusätzlich verstärkt wurden – beizutragen. Darüber hinaus sind sie auch deswegen von enormer Bedeutung, weil sie das Konzept der Nachhaltigkeit *par excellence* erfüllen. Die Nachhaltigkeit besteht nämlich aus drei grundlegenden und gleichberechtigten Säulen, zu denen neben der ökologischen und sozialen auch die wirtschaftliche Säule gehört. Da soziale Unternehmen wie andere Formen des Unternehmertums (zumindest zum Teil) auch marktorientiert agieren und zur Lösung der diversen Probleme der Gegenwart durch unternehmerische Ansätze beitragen, entwickeln sie Geschäftsmodelle, die nicht nur im Einklang mit den Bedürfnissen der Gesellschaft und Umwelt stehen, sondern zusätzlich auch wirtschaftlich nachhaltig sind; gleiches gilt auch für das Impact Investing. Die Vorstellung über die gesellschaftliche Verantwortung des Privatsektors wird somit auf eine höhere Ebene gehoben und in ein ganzheitliches Konzept der Nachhaltigkeit eingefügt.

Die Verbindung des Konzepts der CSR mit dem der Nachhaltigkeit im Sinne eines dreisäuligen Verständnisses ist von grundlegender Bedeutung, denn bei richtiger Umsetzung ermöglicht sie die längst geforderte Balance zwischen den wirtschaftlichen Erwägungen einerseits und den Belangen der Gesellschaft und der Umwelt andererseits. Dabei werden die Grundprinzipien des Marktes nicht gebrochen, wodurch auch denjenigen, welche die Rolle des Privatsektors lediglich durch seine wirtschaftliche Funktion definieren wollen, der wichtigste Grund zur Ablehnung der gesellschaftlichen Verantwortung genommen wird. Bis heute wird nämlich trotz der allgemein in der Gesellschaft und großen Teilen der Politik angenommen Annahme kritisch hinterfragt, ob die gesellschaftliche Verantwortungsübernahme des Privatsektors überhaupt wünschenswert ist; der Kernpunkt der Uneinigkeit besteht in der Frage, wo die Grenzen der gesellschaftlichen Verantwortung des Privatsektors liegen, damit er die wichtigen Signale des Marktes überhaupt noch wahrnehmen kann und sich nicht bloß der Gemeinwohlorientierung verschreibt.

Solange diese grundlegende Frage nicht gelöst wird, kann der Privatsektor nicht angemessen auf die sich rasch ändernden Verhältnisse der Wirtschaft und Gesellschaft reagieren und innovative Lösungen auf die Probleme der Gegenwart bieten. Wie die Beispiele des sozialen Unternehmertums und des Impact Investing zeigen, wäre es ein großer Fehler, den Privatsektor als Teil des Problems zu sehen; vielmehr kann er zum Teil der neuen Lösungen innerhalb der Marktwirtschaft werden. Doch damit dieses ihm innewohnende Potential voll zur Geltung kommen kann, müssen zunächst einige Hürden abgebaut werden. Diese betreffen verschiedene Ebenen – beginnend beim Selbstverständnis des Privatsektors bis hin zu alltäglichen Konsumentscheidungen in der Gesellschaft. Doch die derzeit größte Hürde besteht auf Ebene der Regulatorik. Der europäische Gesetzgeber ist zwar darum bemüht, das Konzept der Nachhaltigkeit umzusetzen, ist aber nach wie vor durch das alte Denkmuster gefesselt und zwingt den Privatsektor sich zwischen „*Profit*“ oder „*Purpose*“ zu entscheiden, ohne eine ganzheitliche Betrachtungsweise zu ermöglichen.

Die Corona-Pandemie offenbart, wie groß der Handlungsbedarf seitens des europäischen Gesetzgebers ist, doch sämtliche Schritte müssen gut überlegt werden. Genauso wie die Wissenschaft und Forschung in den Mittelpunkt der

Pandemiebekämpfung gestellt werden sollten,[6] müssen bei der Bekämpfung der wirtschaftlichen Folgen der Pandemie und der Neuordnung des bestehenden Wirtschaftssystems ebenfalls die Fakten und Erkenntnisse der Wissenschaft – oder besser gesagt der Wissenschaften verschiedener Richtungen - in den Mittelpunkt der europäischen Regulatorik gestellt werden. Es ist ein breiter Diskurs notwendig und vor allem die rechtliche Anerkennung, dass die Wirtschaft mit sozialen und ökologischen Faktoren stärker verflochten ist als bisher angenommen. Der mangelnde interdisziplinäre Blick verhindert eine effektive Gesetzgebung auf Ebene der EU, die zwar zahlreiche Standards und neue Pflichten einführt und dabei zum Teil sogar die Erkenntnisse der Wissenschaft mitberücksichtigt (bspw. im Hinblick auf umweltbezogene Indikatoren), das größte Problem jedoch völlig ungelöst lässt oder sogar erschwert.

Das wesentliche Erkenntnisinteresse der vorliegenden Arbeit besteht darin, das Fortbestehen des uralten Konflikts zwischen dem Gewinnstreben und der Förderung gesellschaftlicher Ziele durch den Privatsektor in der aktuellen europäischen Regulatorik am Beispiel des rechtlichen Rahmens für soziales Unternehmertum und Impact Investing aufzuzeigen; die sich daraus ergebenden Probleme in der Praxis zu beschreiben und einen Weg aufzuzeigen, wie sich durch nachhaltige und marktorientierte Lösungsansätze die Belange der Gesellschaft und die Erfordernisse der Wirtschaft am besten in Einklang bringen lassen können. Dieser für eine nachhaltige Transformation der geltenden Wirtschaftsordnung erforderlicher Schritt setzt ein grundlegendes Umdenken des Gesetzgebers in der Art und Weise des Wirtschaftens voraus und muss mit einem neuen regulatorischen Verständnis der gesellschaftlichen Rolle des Privatsektors einhergehen, welcher sich nicht auf die rechtlichen Erwägungen beschränkt. Der Blick des Gesetzgebers muss zwingend auch eine wirtschaftsbezogene Perspektive beinhalten, denn nur so kann gewährleistet werden, dass der Privatsektor nicht durch zahlreiche Rechtsakte mit neuen – wenn auch in einigen Bereichen sinnvollen – Pflichten konfrontiert wird, während ihm durch die heute noch fehlende Verbindung von „*Profit & Purpose*“ der eigene Anreiz zur gesellschaftlichen Verantwortungsübernahme im Sinne der Marktlogik genommen wird.

Die vorliegende Arbeit besteht aus vier Hauptteilen, die in ihrem Zusammenspiel der Aufklärung des oben beschrieben Erkenntnisinteresses dienen. Kapitel 2 führt zunächst aus, wie sich die Sichtweise auf die Marktwirtschaft im Kontext der Krisen der letzten Jahre veränderte und nun auch aufgrund der Corona-Pandemie die jahrelang geführte Debatte erneut geführt wird und warum es wichtig ist, dabei

6 World Health Organization, A year without precedent, 2021.

die Begriffe „Markt" und „Kapitalismus" auseinanderzuhalten. Des Weiteren hat das Kapitel 2 die grundlegenden Prinzipien der Marktwirtschaft, die wichtigsten Kritikpunkte des Marktsystems sowie die sog. gesellschaftliche Entbettung der Märkte zum Gegenstand und zum Schluss geht es auf die Frage ein, ob eine Marktwirtschaft, welche den sozialen und ökologischen Bedürfnissen der Gesellschaft entspricht, trotz des wahrgenommen Widerspruchs in einigen Teilen der Gesellschaft und Politik existieren kann. Kapitel 3 geht auf die Entstehung sowie die aktuellen Vorstellungen über die gesellschaftliche Verantwortung des Privatsektors auf Ebene der Unternehmen und der Investoren ein und behandelt zudem die wesentliche Frage, ob diese im wirtschaftlichen Sinne überhaupt wünschenswert ist, insbesondere im Hinblick auf die Vorbehalte und Einwände des oben zuerst beschriebenen Meinungsspektrums, welches sich gegen die gesellschaftliche Verantwortung des Privatsektors ausspricht.

Kapitel 4 erläutert sodann das Konzept der Nachhaltigkeit und präsentiert das soziale Unternehmertum und das Impact Investing als besondere Formen der gesellschaftlichen Verantwortungsübernahme des Privatsektors, die bereits heute sehr effektive Lösungen für die schwerwiegendsten sozialen und ökologischen Probleme der Gegenwart entwickeln und sowohl nachhaltig als auch marktorientiert agieren. Insbesondere geht dieses Kapitel auf die Frage ein, zu welchem Teil soziale Unternehmen in der Lage sein sollten, ihre Eigenmittelerwirtschaftung selbst zu bestreiten, um ihr Geschäftsmodell noch als marktorientiert betrachten zu können bzw. ob Impact Investoren zum Verzicht auf einen Teil der erwarteten Rendite zugunsten der positiven gesellschaftlichen Wirkung bereit sein sollen und falls ja, wo die Grenze zu ziehen ist, um die marktorientierten Grundsätze der kollektiven Vermögensanlage nicht außer Acht zu lassen.

Im nächsten Schritt beschreibt Kapitel 5 die umfassende Regulatorik der EU in Bereichen der Nachhaltigkeit und der CSR sowie des Impact Investing und nimmt schließlich eine kritische Würdigung vor, um die größten regulatorischen Hürden und wünschenswerte Schritte des Gesetzgebers zu identifizieren. Trotz der enormen Fülle an neuen Vorgaben scheint der europäische Gesetzgeber nämlich noch nicht alle Weichen zur vollen Potentialentwicklung des Privatsektors im Sinne einer Nachhaltigkeitswende gestellt zu haben. Dieser Teil der vorliegenden Arbeit trägt am stärksten zur Erfüllung des festgelegten Erkenntnisinteresses bei und zeigt auf, welche Grundbedingungen durch den europäischen Gesetzgeber zunächst geschaffen werden müssen und wie der rechtliche Rahmen der gesellschaftlichen Verantwortung des Privatsektors ausgestaltet werden muss, damit durch nachhaltige und marktorientierte Lösungsansätze des Privatsektors das aktuelle Wirtschaftssystem nicht nur widerstandsfähiger, sondern auch effektiv und den Bedürfnissen der Gesellschaft gerecht zugleich neugestaltet werden kann. Kapitel 6 formuliert nach einer Schlussbetrachtung der vorgenommenen Untersuchung schließlich die wichtigsten Ergebnisse dieser Arbeit in acht Hauptthesen.

Marktwirtschaft und empfundene Widersprüche

Die Marktwirtschaft geriet insbesondere seit der Finanz- und Wirtschaftskrise 2008/2009 zunehmend in Kritik der Öffentlichkeit und die Frage nach einer optimalen Gestaltung eines gerechten und gleichzeitig effektiven Wirtschaftssystems gewinnt im Hinblick auf die wirtschaftlichen Folgen der Corona-Pandemie erneut an Bedeutung. Man könnte sie sogar als die brennendste Frage unserer Zeit bezeichnen, sie ist aber dennoch keine neue, vielmehr stellt sie nur eine Fortsetzung der seit mehreren Jahrhunderten geführten Diskussionen darüber dar, ob die Vorstellung eines selbstregulierenden Marktes grundlegend falsch ist und der Staat deswegen eine stärkere Rolle übernehmen soll. Kern dieses immer wieder aufkommenden Dilemmas scheint für viele zu sein, dass der Markt ausschließlich nach wirtschaftlichen Prinzipien und dem Diktat der Profiterzielung arbeitet, dabei aber enorme Auswirkungen auf nahezu alle Gesellschaftsbereiche hat und das gesellschaftliche Gemeinwohl dabei zu kurz kommt.

Für einige Teile der Gesellschaft und der Politik ist der empfundene Widerspruch zwischen Gewinn und Gemeinwohl so groß, dass die Marktwirtschaft als ursächlich für zahlreiche Probleme der Gegenwart sozialer und ökologischer Art angesehen wird und marktorientiere Lösungsansätze deswegen vorschnell verurteilt und kaum ernsthaft in Erwägung gezogen werden. Der Markt und sein Mechanismus könnten unter entsprechenden Rahmenbedingungen jedoch geeignete Konzepte zur Lösung der größten Herausforderungen der heutigen Zeit entwickeln. Doch bevor solche Konzepte untersucht werden, muss zunächst die grundlegende Frage beantwortet werden, ob eine Marktwirtschaft, welche auch die Bedürfnisse der Gesellschaft ausreichend berücksichtigt, trotz des weit verbreiteten Widerspruchs überhaupt existieren kann.

Um dieser Frage nachzugehen, beschreibt das nachfolgende Kapitel zunächst, wie sich (1) die Sichtweise auf die Marktwirtschaft im Kontext der Corona-Pandemie und der wirtschaftspolitischen Entwicklungen der letzten Dekade änderte; dadurch soll die Relevanz der oben aufgeworfenen Fragestellung hervorgehoben werden. Diese Passage verdeutlicht, dass bei den aktuellen Debatten die Begriffe „Markt“ und „Kapitalismus“ häufig verwechselt werden, wodurch viele falsche Vorstellungen und Missinterpretationen entstehen. Aus diesem Grund wird kurz die Terminologie auseinandergehalten, um im nächsten Schritt auf (2) den Begriff des Marktes sowie seine normativen Grundlagen und die wesentlichen Kritikpunkte einzugehen. Hier liegt der Schwerpunkt insbesondere auf der Profitfrage im Kontext von Smiths Lehre der unsichtbaren Hand des Marktes, welche bis heute zur starken Kontroverse bei der Beurteilung eines marktbasierten Wirtschaftssystems führt. Eingegangen wird auch auf andere Kritikpunkte der Marktwirtschaft sowie auf die sog. gesellschaftliche Entbettung der Märkte. Erst dann kann (3) der Frage nachgegangen werden, ob gesellschaftlich wünschenswerte Ziele auch im Kontext einer Marktwirtschaft verfolgt werden können, der vermeintliche Widerspruch also unbegründet ist und eine Markwirtschaft für die Gesellschaft entstehen kann. Dieses Kapitel erhebt dabei nicht den Anspruch, die großen Systemkonflikte zu entscheiden; vielmehr liegt das grundlegende Erkenntnisinteresse dieses Kapitels darin aufzuzeigen, dass das Marktsystem als solches nicht stets zur Vernichtung einer ausgeglichenen Beziehung zwischen der Wirtschaft und der Gesellschaft führen muss und der Markt selbst durch seinen Wirkungsmechanismus geeignete Lösungsansätze für die Zukunft hervorbringen kann.

2.1 Aktuelle Wahrnehmung der Marktwirtschaft und Konfusion der Begriffe

Der Ausbruch der Corona-Pandemie traf die Welt scheinbar unvorbereitet und löste eine Welle von Ereignissen aus, die zuvor kaum vorstellbar waren. Aus Angst vor Überforderung der nationalen Gesundheitssysteme und zur Eindämmung der Neuinfektionen beschlossenen viele Länder zum Teil äußerst drastische Maßnahmen, bspw. die Schließung von Grenzen, Einschränkung der persönlichen Freiheiten oder gar vollständige Ausgangssperren. Neben diesen brachte die Pandemie auch massive Einschränkungen des wirtschaftlichen Lebens mit sich und viele Betriebe mussten ihre Tätigkeit einstellen. In einigen Ländern kam es sogar zu einem vollständigen Stillstand sämtlicher nicht-systemrelevanten Wirtschaftsbereiche, und logischerweise führte dies zu enormen Einkommenseinbußen, Liquiditätsproblemen und zum „Einfrieren“ der Realwirtschaft. Solch eine Lage ist im Gegensatz zu Finanzkrisen ein Neuland für die politischen Entscheidungsträger; für einen solchen *„real economy freeze“* gibt es noch kein *„policy playbook“* oder *„off-the shelf cure“*.[7]

Die Corona-Krise ist also längst nicht nur eine Frage der Gesundheit, sondern hat auch unmittelbare Auswirkungen für die Wirtschaft, die Stabilität des Finanzsystems sowie der sozialen Absicherung, und wenn sie nicht rechtzeitig und angemessen gelöst wird, könnte sie letzten Endes auch die grundlegenden

7 Carlsson-Szlezak/Reeves/Swartz, Harvard Business Review, 2020.

Prinzipen der demokratischen Grundordnung in Frage stellen. Der UN-Generalsekretär António Guterres sprach bspw. davon, dass die Pandemie weitreichende Auswirkungen haben und den globalen Frieden und die Sicherheit bedrohen könnte.[8] Auch wenn die Pandemie zu einem starken Einbruch der Wirtschaftsleistung[9] und zu negativen Wirtschaftsprognosen führte, wirkt die Prognose etwas zugespitzt, ist aber dennoch ernst zu nehmen. Durch die mit der Pandemie einhergehenden Umstände wurde nämlich die alte Debatte um ein angemessenes Verhältnis zwischen der staatlichen Regulierung und den Kräften des Marktes wiederbelebt und die Frage nach der optimalen Gestaltung einer effektiven und gleichzeitig als gerecht empfundener Wirtschaftsordnung erneut zum Leben erweckt, wie zwei Beispiele aus der Presse von Dezember 2020 zeigen:

> Hingegen ist der Staat infantilen Liberalen ein rotes Tuch. Sie fühlen sich frei und sicher, weil sie so tolle Kerle sind. «Mehr Freiheit – weniger Staat», heisst ihre paradoxe Worthülse. Ein schwacher Staat führt jedoch zu chaotischen politischen Verhältnissen und zu korrupter Wirtschaft, also zu Filz, Kartellen und Monopolen – in wessen Interesse, bitte schön, sollte dies denn sein? […] Liberale aller Länder, hört auf mit euren Freiheitshymnen. Nehmt Euch der Kollateralschäden an, so tut ihr mehr für die Freiheit.[10]

> Es gibt nicht so viele Ereignisse, die es schaffen, sich über Jahrzehnte in den Geschichtsbüchern zu halten. Die Pandemie des Jahres 2020 hat mittlerweile alle Chancen darauf. Nicht, weil sie historisch viele Tote mit sich gebracht hat. Und auch nicht, weil danach im praktischen Leben alles anders sein wird. Da gab es Schlimmeres. Die Corona-Pandemie könnte eher dazu führen, eine Epoche symbolhaft wie praktisch zu beerdigen – in der über vier Jahrzehnte als großes Leitmotiv galt, dass ein jeder nur sein Glück zu optimieren hat; und sich (fast) alles regeln lässt, wenn nur jeder nach eigenem Interesse strebt. Und die Summe vieler geldwerter Einzelglücke auch das höchste Glück für alle bedeutet. Individual-Religion. Von wegen. […] Es gibt kaum ein gesellschaftliches Versprechen, das so offenbar und krachend gescheitert ist. […] Da hat das hehre individuelle Wirken und unternehmerische Profitstreben zu enormen gesellschaftlichen Schäden geführt. […] Womit wir wieder bei der Pandemie wären, in der sich ja genau das auch gezeigt hat: wie sehr so mancher zwar auf dem Egotrip festzuhängen scheint – die große Mehrheit aber dabei war, sich so zu verhalten, wie es für die Gemeinschaft am besten ist (und damit natürlich auch für sie selbst). Und die Regierung als Kollektivvertretung dafür gesorgt hat, dass der zeitweise Kollaps der Individualwirtschaft nicht zum Desaster für alle wird. […] Alles Dinge, die weit davon entfernt sind, optimal zu sein,

8 United Nations, COVID-19 threatening global peace and security, UN chief warns, 2020.

9 Vgl. bspw. ifo Institut, 2020.

10 Widmer, Wohlstand ist auch nicht alles, 2020.

> aber nicht passiert wären, wenn es nach dem Dogma vom angeblich gesellschaftlich optimalen Profitstreben des Einzelnen gegangen wäre.[11]

Diese Passagen verdeutlichen sehr klar, welche gesellschaftliche Stimmung durch die Pandemie in einigen Teilen der Bevölkerung ausgelöst wurde. Insbesondere das unternehmerische Profitstreben geriet dabei – wie schon bei der Finanz- und Wirtschaftskrise 2008/2009 – in die Kritik. Es ist offensichtlich, dass sich der obige Ausschnitt gegen die von Adam Smith formulierte These der unsichtbaren Hand des Marktes richtet, wonach bei der Verfolgung des eigennützigen Ziels des einzelnen Individuums nach Gewinn gleichzeitig auch der größtmögliche Nutzen und Wohlstand für die Gesellschaft erreicht werden kann.[12] Diese These bildet eins der grundlegenden Prinzipien einer marktbasierten Wirtschaftsordnung, sodass diejenigen, welche das Profitstreben als verwerflich ansehen, den Kräften eines freien Marktes immer weniger trauen und als einen alterativen Ausweg eine Kräftigung der Rolle des Staates betrachten. Einigen wird diese Thematik wie ein „Déjà-vu" aus der Finanz- und Wirtschaftskrise (oder einige Jahre später aus der Eurokrise) vorkommen oder noch genauer, wie ein wiederkehrender Bumerang, der uns immer dann am stärksten trifft, wenn wir mit allen Kräften versuchen, ihn endlich loszuwerden.

Die Wirtschaftskrise 2008/2009 hatte verheerende Folgen; die Statistiken zeigen, dass im Jahr 2009 die Weltwirtschaft erstmals nach 60 Jahren um über ein Prozent schrumpfte, mit den schärfsten Konjunktureinbrüchen in den größeren OECD-Ländern.[13] In ihrem Jahresbericht 2009 führte die Konferenz der Vereinten Nationen für Handel und Entwicklung (UNCTAD) aus, dass die Krise die größte Rezession seit der Großen Depression verursachte und bezeichnete sie als beispiellos in ihrer Tiefe und Breite.[14] Zudem äußerte sich die UNCTAD in ihrem Bericht wie folgt:

> Blind faith in the "efficiency" of deregulated financial markets led authorities to allow the emergence of a shadow financial system and several global "casinos" [...] As a logical consequence of the various efforts to rescue individual financial institutions, and in the interests of greater stability and reliability of the financial system, the balance between private activity and State involvement in the financial sector beyond the crisis may need to be revised fundamentally.[15]

---

11 Fricke, Am Ende der Ich-Party, 2020.

12 Vgl. dazu ausführlich Kap. 2.2.2.

13 Willke, John Maynard Keynes, 2012, S. 135.

14 United Nations Conference on Trade and Development, Trade and Development Report, 2009, S. i.

15 Dass., Trade and Development Report, 2009, S. viii.

Die obige Positionierung der UNCTAD verdeutlicht, wie stark das Vertrauen in die Märkte während der damaligen Krise erschüttert wurde. Dies brachte ein starkes Umdenken und das Jahr 2008 wurde in der Presse nicht grundlos zu einem Wendejahr erklärt. Die Grundlinien der Wirtschaftspolitik wurden im Nachbeben der Krise nämlich mehr verändert als in den dreißig Jahren zuvor und der Staat hat ein Ausmaß an Verantwortung übernommen, das bis zu diesem Zeitpunkt unvorstellbar erschien.[16]

Obwohl die langfristigen Folgen der Corona-Krise noch nicht in ihrer Gesamtheit abgeschätzt werden können, deuten die Prognosen darauf hin, dass ihre wirtschaftlichen Folgen deutlich stärker ausfallen werden als die der Wirtschaftskrise 2008/2009.[17] Wie schon damals hat der Gesetzgeber rasch in Form von massiven Rettungspaketen reagiert, welche die Wirtschaft stabilisieren und die Arbeitsplätze erhalten sollten, und zwar – so der damalige Bundesminister der Finanzen Olaf Scholz während der vereinbarten Debatte zur Bewältigung der Corona-Krise – „mit einer enormen Summe Geld".[18] Obwohl die Notwendigkeit dieser Rettungspakete kaum ernsthaft bestritten werden kann,[19] besteht bei Weitem keine Einigkeit darüber, wie es langfristig weitergehen soll. Einige Experten fürchten jetzt schon langfristige staatliche Interventionen und hinterfragen mit großer Skepsis, wie lange die Wirtschaft nach einem „Notfallplan" gesteuert werden soll. Sie befürchten, dass langfristige Stabilisierungsmaßnahmen sogar schädlich für die weitere Wirtschaftsentwicklung sein könnten und machen es von ihrer Dauer abhängig, ob sie „ein Erfolg oder aber zu einem Mühlstein werden".[20] Die Debatten um langfristige Konzepte bei der Bewältigung der Folgen der Corona-Pandemie sind also nach wie mit dem grundlegenden Dilemma verbunden, wie viele staatliche Eingriffe in die Wirtschaft wünschenswert und verhältnismäßig sind und welche Rolle der Markt einnehmen soll.

Scheinbar haben die Finanz- und Wirtschaftskrise 2008/2009 und die auf uns zukommende, durch die Corona-Pandemie ausgelöste Wirtschaftskrise

---

16 Piper, Das Wendejahr 2008, 2010.

17 In diesem Sinne prophezeite bspw. Prof. Eichengreen, einer der renommiertesten Wirtschaftswissenschaftler, dass die Corona-Krise schlimmer als die Weltwirtschaftkrise 1929 sein könnte, vgl. Martin Kaelble, Corona könnte schlimmer sein als die Weltwirtschaftkrise 1929, 2020.

18 Deutscher Bundestag, Stenographischer Bericht 154. Sitzung, 2020, S. 19120.

19 Selbst der Bundesvorsitzende der FDP Christian Lindner bezeichnete sie als „eine Existenzfrage für Bevölkerung und Wirtschaft gleichermaßen", vgl. Waschinski, FDP-Chef Lindner fordert Nachbesserungen am Corona-Rettungspaket für die Wirtschaft, 2020.

20 Böcking/Bidder, Experten warnen vor "massiven Verstaatlichungen", 2020.

nichts miteinander gemein. Es mag zutreffend sein, dass ihre Ursachen einen ganz anderen Hintergrund haben und dennoch werfen sie die gleichen Fragestellungen auf, nämlich die nach der optimalen Gestaltung eines gerechten und gleichzeitig effektiven Wirtschaftssystems, welches es ermöglicht, die schweren Folgen der Krise zu überwinden. Die Corona-Pandemie veränderte die eingelebte Normalität und verdeutlichte, dass das Wirtschaftssystem und sämtliche gesellschaftliche Strukturen resilienter werden müssen. Nicht nur unsere Wirtschaft, sondern auch die Gesellschaft als solche wurden nämlich auf einen harten Prüfstand gestellt und schon jetzt ist klar, dass es sich um einen Stresstest handelt, welchen es so in der modernen Geschichte noch nie gegeben hat.

Auf der Suche nach langfristigen Lösungen kann das „Bumerang-Problem" nicht noch einmal weggeworfen werden, sondern verlangt eine tiefgründigere Überlegung, auch wenn die Gesellschaft aufgrund des Corona-Ausbruchs scheinbar zunächst andere Sorgen hat. Gerade in Zeiten der Krisen, wenn es vordergründig Dringenderes zu erledigen gäbe, ist es nämlich besonders wichtig, einen Schritt zurückzutreten und über mögliche Handlungsoptionen vertieft nachzudenken. Besteht der Ausweg alleine in der Zuflucht beim Staat oder bietet der Markt ebenfalls geeignete Lösungen, welche dabei nützlich sein könnten, die weitreichenden Probleme der Gegenwart zu bewältigen?

Auf der Suche nach Antworten müssen zunächst die Begriffe „Kapitalismus" und „Markt" auseinandergehalten werden. Häufig werden diese in einem Atemzug genannt und nicht selten sogar als Synonyme verwendet. Dabei entsteht der Eindruck, vor allem wenn es sich um „allgemeine Kulturdiagnosen" handelt, dass „Kapitalismus" und „Markt" gleichgesetzt werden können.[21] Diese Annahme ist jedoch zum einen nicht zutreffend und zum anderen erschwert sie einen wissenschaftlichen und wertfreien Zugang zur obigen Fragestellung, da der Begriff Kapitalismus in den letzten Jahren häufig in emotional geführten Debatten mit politischem Charakter und meistens negativer Konnotation verwendet wurde.

Ein gutes Beispiel stellt die Äußerung des SPD-Politikers Franz Müntefering dar, der den Kapitalismus nach seiner Äußerung aus dem Jahr 2009 als den Schuldigen der Wirtschaftskrise bezeichnete und weiter fortsetzte: „Die mit dem vielen Geld haben das für sich ausgenutzt, ohne Verantwortung wahrzunehmen. […]. Und einige Leute da oben - zu viele - hatten kein sittliches Ziel".[22] Auch aus der Reihe der Ökonomen gibt es kritische Stimmen; Collier bezeichnet bspw. die Gesellschaft, die durch Kapitalismus entstanden ist,

21 Kraemer, in: Sachweh/Münnich (Hrsg.), Kapitalismus als Lebensform?, 2017, S. 58.
22 Germin/Hank, Dieser Kapitalismus gehört in die Mülltonne, 2009.

als eine „Rottweiler-Gesellschaft“, die lediglich Aggression, Demütigung und Furcht erzeugt hat.[23] Als das Merkmal des modernen Kapitalismus, welches die Menschen am abstoßendsten finden, bezeichnet er die Fixierung auf Gewinne.[24] Die aufgeführten Beispiele setzen Kapitalismus einem rücksichtlosen Streben nach Profitmaximierung gleich, doch an dieser Stelle ist große Sorgfalt gefragt, wenn es darum geht, die grundlegenden Prinzipen einer marktbasierten Wirtschaft präzise darzustellen, insbesondere im Hinblick auf die Interpretation des Profitstrebens und seine Wertigkeit im Konzept der gesellschaftlichen Ethik- und Moralvorstellungen.

Eine Konfusion der Terminologie könnte zur vorschnellen Verurteilung der marktbasierten Lösungsansätze führen, und das, obwohl diese unter Umständen effektiver als staatliche Maßnahmen sein können. Zudem darf nicht vergessen werden, dass auch die beste Intention der öffentlichen Hand im Übermaß der gewählten Mittel schädliche Nebenwirkungen auf die Wirtschaft haben kann. Unsere Wirtschaftsordnung könnte man – trotz einiger Missverständnisse über die inhaltliche Bedeutung des Begriffs – zwar als kapitalistisch bezeichnen, jedoch ist zu beachten, dass sie in einigen Bereichen einen gemischten Charakter aufweist. Darüber hinaus wäre es falsch anzunehmen, dass das Profitstreben in einer marktbasierten Wirtschaft stets als rücksichtlose Habgier zu interpretieren ist – zumindest dann nicht, wenn Smiths Lehre von der unsichtbaren Hand des Marktes richtig verstanden wird. Für den weiteren Gang der Untersuchung ist es somit unerlässlich, die Begriffe „Markt“ und „Kapitalismus“, welche miteinander zwar verflochten, inhaltlich jedoch nicht identisch sind, zu präzisieren und auseinanderzuhalten.

Wenn man nach einer einheitlichen und allgemein anerkannten Definition des Begriffs Kapitalismus sucht, stoßt man auf zahlreiche Probleme. Das ist vorrangig dem Umstand geschuldet, dass dieser nicht so alt ist wie die real existierende Gesellschaftsformation, die heute als „kapitalistisch“ bezeichnet wird und in der Vergangenheit insbesondere im Zuge der politisch-sozialen Kämpfe verwende wurde,[25] weswegen sein Inhalt heute kaum noch klar definierbar ist. Altvater beschreibt diesen Prozess poetisch wie folgt:

> Es gibt auch Begriffe, die aus dem Vokabular gestrichen und daher in Unbegriffe verwandelt werden. Im Nebel der modernen, unübersichtlichen Welt werden also Nebelhörner zum Verstummen gebracht, und andere Markierungen wurden ebenfalls mehr oder weniger diskret beseitigt. So hat das alte Venedig in der nebligen Lagune Eindringlinge

23 Collier, Sozialer Kapitalismus!, 2019, S. 73.
24 Ders., Sozialer Kapitalismus!, 2019, S. 106 ff.
25 Altvater, Das Ende des Kapitalismus, wie wir ihn kennen, 2011, S. 34.

> in die Irre rudern und segeln lassen. Begriffliche Klarheit wird verunmöglicht, Alternativen im Gefolge kritischer Begriffe und der sie begründenden Theorien verbaut. Dem Kapitalismus-Begriff ist dieses Schicksal zuteil geworden.[26]

Eine häufig in der Literatur verwendete Definition des Begriffs Kapitalismus, welche auf das ursprünglich von Karl Marx entwickelte Konzept zurückgeht, lautet: „eine Ordnung der Wirtschaft, deren zentrales Merkmal darin besteht, dass die Eigentümer von Produktionsmitteln in Produktionsprozessen beliebiger Art die Arbeitskraft von Personen, die kein solches Eigentum besitzen, mit dem Ziel verwenden, die Ergebnisse der Produktion gewinnbringend auf Märkten abzusetzen".[27] Die Betrachtungsweise von Marx fokussierte sich primär auf das Eigentum an Produktionsmitteln und die (nach seiner Auffassung) damit einhergehende Ausbeutung der Arbeiterklasse, welche nach seinem Verständnis den wahren Grundsatz der kapitalistischen Produktionsweise darstellte.[28] Des Weiteren wurde der Begriff des Kapitalismus stark durch Max Weber geprägt. Nach seiner Vorstellung wird Kapitalismus über das individuelle Erwerbsstreben eines kapitalistischen Unternehmers definiert, der im Wirtschaftsbetrieb durch die Orientierung an Marktpreisen und unter Einsatz verschiedenster Hilfsmittel der Rationalisierung seinen Profit systematisch zu maximieren sucht.[29]

Das Verständnis der neueren soziologischen Kapitalismusforschung geht deutlich weiter als die oben geschilderten Konzepte und unter Kapitalismus wird auch eine spezifische Sinnstruktur und Lebensführungsweise mit historisch und kulturell spezifischen Handlungsorientierungen und Deutungsmustern verstanden.[30] Vermehrt wird mit verschiedenen Begründungsansätzen zudem die Frage diskutiert, ob unsere modernen, „westlich" geprägten Gegenwartsgesellschaften überhaupt noch als kapitalistisch beschrieben werden können oder schon als postkapitalistische Ordnungen begriffen werden müssen, doch Kraemer kommt bei der genauen Untersuchung der vorgebrachten Argumentationen zum Ergebnis, dass der Kapitalismusbegriff in den gegenwärtigen soziologischen Debatten eher als „Label zur Etikettierung von Umbrüchen in gegenwärtigen Gesellschaften" verwendet wird und übergreifende, gesellschaftstheoretische Ansätze zum Kapitalismusbegriff in der aktuellen Soziologie nicht vorhanden sind.[31] Zudem

---

26 Dass., Das Ende des Kapitalismus, wie wir ihn kennen, 2011, S. 33.
27 Berger, in: Maurer (Hrsg.), Handbuch der Wirtschaftssoziologie, 2017, S. 522 ff.
28 Maurer, in: ders. (Hrsg.), Handbuch der Wirtschaftssoziologie, 2017, S. 574.
29 Ders., in: ders. (Hrsg.), Handbuch der Wirtschaftssoziologie, 2017, S. 575.
30 Münnich/Sachweh, in: dies. (Hrsg.), Kapitalismus als Lebensform?, 2017, S. 5.
31 Kraemer, in: Sachweh/Münnich (Hrsg.), Kapitalismus als Lebensform?, 2017, S. 47.

beobachtet Maurer, dass sich die neuere soziologische Kapitalismusanalyse nach der globalen Wirtschafts- und Finanzkrise 2008 eher in die Richtung einer normativ getragenen Kapitalismuskritik bewegt. Während nämlich die durch Weber geprägte Kapitalismusanalyse wesentlich an der Frage ausgerichtet war, ob das marktwirtschaftliche Handeln privater Unternehmer eine rationalere Güterversorgung als zentrale Planwirtschaft bewirken kann, stehen im Mittelpunkt der aktuellen Analysen insbesondere die sich verändernden Eigentumsverhältnisse, neue Formen sozialer und kultureller Ungleichheit und die Natur- und Umweltzerstörung.[32] Diese Tendenz der zunehmenden Vermischung von Kapitalismusanalyse und -kritik bestätigt auch Kraemer und betont, dass eine Re-Thematisierung des Kapitalismusbegriffs zwar notwendig ist, dies aber nur dann gelingen kann, wenn die Analyse des zeitgenössischen Kapitalismus „nicht mit in einer politisch motivierten, und deswegen auch immer schon kurzatmigen Kritik des Kapitalismus verwechselt wird".[33]

Darüber hinaus muss auch kritisch hinterfragt werden, ob eine einheitliche Definition des Kapitalismusbegriffs überhaupt möglich ist, da es sich beim Kapitalismus um keine "*monolithic form of economic organization*" handelt und dieser im Gegensatz verschiedene Formen annehmen kann. Die implizite Annahme einer homogenen Form des Kapitalismus basiert noch auf der aus der Zeit des Kalten Kriegs stammenden Mentalität, in der zwei Ideologien um die Herrschaft kämpften: die des Kapitalismus und die des Sozialismus.[34] Da eine solche bipolare Sichtweise jedoch längst überholt zu sein scheint, wird an dieser Stelle auf eine Definition des Kapitalismusbegriffs verzichtet und stattdessen die wesentlichen Merkmale einer kapitalistischen Gesellschaft beschrieben, welche sowohl von Gegnern als auch von Befürwortern des Kapitalismus gleichermaßen anerkannt sind. Zu diesen gehören: Privateigentum (sowohl an materiellen als auch immateriellen Gütern); Wettbewerb und Freiheit der unternehmerischen Tätigkeit; Marktmechanismus, der die Preise auf dezentralisierte Weise durch Interaktionen zwischen Käufern und Verkäufern bestimmt; Wahlfreiheit in Bezug auf Konsum, Produktion und Investitionen und begrenzte Rolle der Regierung.[35]

---

32 Maurer, in: ders. (Hrsg.), Handbuch der Wirtschaftssoziologie, 2017, S. 577.

33 Kraemer, in: Sachweh/Münnich (Hrsg.), Kapitalismus als Lebensform?, 2017, S. 72.

34 Baumol/Litan/Schramm, Good capitalism, bad capitalism, and the economics of growth and prosperity, 2007, S. vii.

35 Jahan/Mahmud, What Is Capitalism?.

Hier kommt erstmals der Begriff „Markt“ vor, und auch wenn anerkannt wird, dass der Gedanke eines marktbasierten Wirtschaftssystems die intellektuelle Grundlage von Kapitalismus geschaffen hat,[36] zeigt sich anhand der oben beschriebenen Merkmale, dass der Markt nur eins von mehreren unterschiedlichen Merkmalen einer kapitalistischen Wirtschaftsordnung darstellt. Das Zusammenspiel und die Ausprägung der jeweiligen Merkmale führen dazu, dass der Kapitalismus verschiedene Formen annimmt.

Je nach Stärke der Regulierung des Marktes kann zwischen sog. *Laissez-faire* und gemischten Volkswirtschaften unterschieden werden. Bei den ersten funktionieren die Märkte mit nur wenig oder gar keiner Regulierung; die gemischten Volkswirtschaften werden dagegen dadurch gekennzeichnet, dass die Märkte zwar eine dominante Rolle spielen, im gewissen Umfang aber vom Staat reguliert werden.[37] In der heutigen Welt dominieren die gemischten Volkswirtschaften; es kann sogar davon ausgegangen werden, dass beinahe alle Länder auf einem Wirtschaftssystem basieren, welches sich als eine Kombination aus privaten, über den Markt agierenden Unternehmen und der staatlichen Regulierung erweist.[38] Angesichts dieses Umstands ist es nicht nur schwer, den Kapitalismus konzeptuell zu definieren, sondern auch ein exemplarisches Beispiel einer rein kapitalistischen Wirtschaftsform zu nennen – selbst nicht die USA. Hinzu kommt, dass der Begriff Kapitalismus bereits seit seiner Entstehung keine Wertneutralität besaß und in den letzten Dekaden so stark mit der Rhetorik politisch und ideologisch geprägter Konzepte (sowohl seitens des rechten als auch des linken politischen Spektrums) verwoben wurde, dass eine sachliche Diskussion und wissenschaftliche Auseinandersetzung kaum noch möglich sind. Die Gefahren, die aus solcher „fundamentalistischen“ Denkweise entstehen können, beschreibt Collier wie folgt:

> Die Politik ist aufgrund der Trivialisierungen, die durch die lautstarke Rivalität antiquierter Ideologien erzeugt wurden, auf Abwege geraten. Die Ideologie der Rechten erklärt ihr uneingeschränktes Vertrauen in »Markt« und lehnt jeglichen politischen Eingriff ab. Die Parole lautet: »Befreit die Wirtschaft von den staatlichen Fesseln: dereguliert!« Die Ideologie der Linken macht den Kapitalismus schlecht und verdammt die Manager von Unternehmen und Fonds als habgierig. Ihre Lösung ist die staatliche Kontrolle von Unternehmen und die Verstaatlichung der Schlüsselakteure der Volkswirtschaft. Beide fundamentalistischen Ideologien entbehren jeglicher Grundlage, aber

36 Stiglitz, People, power, and profits, 2019, S. 48.
37 Samuelson/Nordhaus, Economics, 2010, S. 25.
38 Dies., Economics, 2010, S. 15.

beide zusammen haben die Rahmenbedingungen der öffentlichen Diskussionen festgelegt und dadurch produktives Denken behindert.[39]

Gerade jetzt ist aber angesichts der enormen wirtschaftlichen Folgen der Corona-Pandemie ein produktives Denken von Nöten. Selbstverständlich kann nicht geleugnet werden, dass nicht nur der Begriff „Kapitalismus", sondern auch der des „Marktes" hochpolitisch ist, und dennoch ist es aufgrund der obigen Ausführungen vorzugswürdig, sich im weiteren Gang der Untersuchung mit dem zweiteren zu befassen. Zudem würde es auch den Rahmen dieser Arbeit deutlich sprengen, auf die verschiedensten Formen der Kapitalismuskritik einzugehen, geschweige denn über die Richtigkeit ihrer Argumentation ein Urteil fällen zu wollen.

2.2 Der Markt – Normative Grundlagen und Kritikpunkte

Der aktuelle Krisenmodus lässt die großen Probleme der Gegenwart wie Klimawandel, Umweltzerstörung oder soziale Ungleichheit stärker zum Vorschein kommen und häufig wird die Schuld dem Markt bzw. der gesellschaftlich unverträglich und moralisch verwerflichen Handlungsform des Privatsektors zugeschrieben. Wenn man jedoch gerade diesen Akteuren zutrauen möchte, neue Lösungskonzepte zu entwickeln, müssen die Markteigenschaften genauer untersucht werden.

2.2.1 Zum Begriff des Marktes

Der Begriff des Marktes kann im Unterschied zu dem des Kapitalismus sowohl aus wirtschaftswissenschaftlicher als auch soziologischer Sicht einheitlich beschrieben werden;[40] eine simple und leicht verständliche Definition nach Samuelson lautet: "*A market is a mechanism through which buyers and sellers interact to determine prices and exchange goods, services, and assets*".[41] Im Prinzip sind Märkte also nichts anderes als Integrations- oder Koordinationsmechanismen wirtschaftlicher Handlungen bzw. Orte, auf denen Angebot und Nachfrage zusammengeführt werden; die gegensätzlichen Interessen der zwei sich gegenüberstehenden Akteursgruppen („Nachfrager" und „Anbieter") werden auf den Märkten durch den Vektor der beweglichen Preise in Übereinstimmung gebracht.[42] Der Preis ist der wirtschaftliche (monetäre) Wert eines bestimmten

39 Collier, Sozialer Kapitalismus!, 2019, S. 120.

40 Berger, Der diskrete Charme des Marktes, 2009, S. 23.

41 Samuelson/Nordhaus, Economics, 2010, S. 26.

42 Berger, Der diskrete Charme des Marktes, 2009, S. 20.

Gutes, zu dem der Nachfrager und der Anbieter bereit sind, dieses zu tauschen und hat somit eine Signalwirkung. Wenn nämlich die Nachfrage nach einem bestimmten Gut steigt, erhöhen sich auch die Preise, wodurch auf dem Markt ein Signal gesetzt wird, dass mehr Angebot benötigt wird.[43]

Durch dieses Mechanismus wird ein uraltes Problem gelöst, mit welchem jedes Wirtschaftssystems konfrontiert wird, nämlich die Frage, für die Herstellung welcher Produkte die in einer Volkswirtschaft vorhandenen Ressourcen allokiert werden und wer diese Produkte erhält.[44] Samuelson spricht in diesem Zusammenhang davon, dass die Märkte durch das simultane Zusammenfügen der Interessen von Anbietenden und Nachfragenden zu einem Zustand des Marktgleichgewichts (*market equilibrium*) kommen und damit die drei grundlegenden Probleme der Wirtschaft – „*what, how and for whom*" (also die Frage was, wie und für wen produziert wird) – gelöst werden.[45] Über diese grundlegenden Prinzipien besteht eine allgemeine Einigkeit, nicht jedoch bezüglich der wesentlichen Frage, wie das Streben nach Profit in einem marktbasierten Wirtschaftssystem richtig zu interpretieren ist. Gerade weil dieser Punkt sehr häufig für Kritik der Marktwirtschaft sorgt, wird an dieser Stelle die von Adam Smith entwickelte Lehre der unsichtbaren Hand des Marktes, welche in normativer Hinsicht bis heute einen der wichtigsten Grundpfeiler dieser Organisationsform der Wirtschaft darstellt, tiefer behandelt.

2.2.2 Profitorientierung im Kontext von Smiths Lehre

Der Gedanke eines sich durch Angebot und Nachfrage selbst regulierenden Marktes geht auf das Werk *The Wealth of the Nations* (1776) des schottischen Philosophen Adam Smith zurück, der als Gründer der klassischen Nationalökonomie gilt.[46] Das Werk, in dem Smith die grundlegende Frage untersuchte, wie Nationen Wohlstand erreichen können, ist von bahnbrechender Bedeutung und stellt die Grundlage der heutigen Mikroökonomie dar. Aus diesem Grund wird Smith berechtigterweise als „*first apostle of economic growth*" oder "*father of economics*" genannt und insbesondere die Lehre der „unsichtbaren Hand" (*invisible hand*) als Smiths wichtigster Beitrag zur modernen Wirtschaftswissenschaft gesehen.[47] Diese erklärt, wie das Eigeninteresse von Personen, die auf

43 Samuelson/Nordhaus, Economics, 2010, S. 27.

44 Berger, Der diskrete Charme des Marktes, 2009, S. 20.

45 Samuelson/Nordhaus, Economics, 2010, S. 7.

46 Einige Autoren weisen darauf hin, dass die Idee bereits vor Adam Smith entwickelt wurde, vgl. Sedlácek, Economics of good and evil, 2011, S. 19.

47 Samuelson/Nordhaus, Economics, 2010, S. 30.

Konkurrenzmärkten agieren, einen gesellschaftlichen Nutzen erzeugen kann. Nach Smiths Vorstellung ist die treibende Kraft hinter dem Marktmechanismus der Eigennutz, also das Streben des Einzelnen nach eigenem Gewinn und Sicherheit. Diesen Gedanken bringt er mit der bekannten, häufig zitierten Aussage wie folgt zum Ausdruck: "*It is not from the benevolence of the butcher, the brewer, or the baker, that we expect our dinner, but from their regard to their own interest. We address ourselves, not to their humanity but to their self-love, and never talk to them of our own necessities but of their advantages*".[48] Er geht also davon aus, dass der Grund, warum z.B. ein Bäcker Brötchen backt, nicht in seinem Wohlwollen oder der Fürsorge für seine Mitmenschen liegt, sondern darin, dass er diese gewinnbringend verkaufen möchte und somit lediglich eigene Interessen wahrnimmt.

Die eigennützig orientierte Tätigkeit des Einzelnen führt nach Smith aber nicht nur zu seiner persönlichen Bereicherung, sondern zur allgemeinen Vermehrung des Wohlstands. Wenn der Geschäftsmann nämlich seine eigenen Interessen auf dem Markt verfolgt, passt er sein Angebot den Interessen der Nachfragenden an und dabei tritt er in Konkurrenz mit anderen Anbietern. Dieser Wettbewerb bedingt wiederum einen Zwang, bessere oder günstigere Leistungen zu erbringen, die immer stärker den Wunschvorstellungen der Konsumenten entsprechen. Im Mittelpunkt von Smiths Ausführungen steht also nicht nur die Freiheit des Einzelnen, sondern auch die gesellschaftliche Wohlfahrt.[49] Diese muss von dem Geschäftsmann nicht explizit intendiert werden, ganz im Gegenteil wird die Vermehrung des Wohlstands selbstregulierend durch die unsichtbare Hand des Marktes bewirkt. Indem der Geschäftsmann nämlich seinen Vorteil durch das Marktgeschehen sucht und findet, wird auch der Nutzen anderer Marktteilnehmer maximiert.[50] Mit dem Verfolgen eigener Interessen werden somit auch allgemeine gesellschaftliche Interessen befriedigt, wie Smith im Kontext seines Werkes erläutert:

> As every individual, therefore, endeavours as much as he can both to employ his capital in the support of the domestic industry, and so to direct that industry that its produce may be of the greatest value; every individual necessarily labours to render the annual revenue of the society as great as he can. He generally, indeed, neither intends to promote the public interest, nor knows how much he is promoting it. [...] he intends only

48 Smith, An Inquiry into the Nature and Causes of the Wealth of Nations, 1776, Book one, chapter II.

49 Holzmann, Wirtschaftsethik, 2019, S. 89.

50 Deppert, Individualistische Wirtschaftsethik, 2014, S. 137.

> his own security, […] his own gain, and he is in this, as in many other cases, led by an invisible hand to promote an end which was no part of his intention. Nor is it always worse for the society that it was no part of it. By pursuing his own interest he frequently promotes that of the society more effectually than when he really intends to promote it.[51]

Smiths Vision der unsichtbaren Hand stellt das Modell einer Wirtschaftsordnung dar, in welcher das Eigeninteresse des Einzelnen letztendlich zum gesellschaftlichen Wohl führt und staatliche Eingriffe somit (zum großen Teil) entbehrlich macht. Doch während Wirtschaftswissenschaftler unter Hinweis auf die allgemeinwohlfördernde Eigenschaft des Eigeninteresses dieses feiern als „das Öl, welches die wirtschaftliche Maschinerie auf eine fast wundersame Weise schmiert und das Gemeinwohl fördert",[52] gibt es diesbezüglich auch durchaus kritische Stimmen. Diese gehen in verschiedene Richtungen, doch sie hängen im Wesentlichen stets mit Smiths entwickelter Lehre zusammen. Seine Vision der unsichtbaren Hand wird dabei als vermeintliche Rechtfertigung eines ungehemmten Profitstrebens um jeden Preis interpretiert. So soll im Zentrum der modernen Wirtschaftswissenschaft ein Charakter stehen, der zutiefst verabscheuungswürdig ist, nämlich der „*Homo oeconomicus*" als ein reiner Nutzenmaximierer, der egoistisch und faul ist.[53] Gerade aus diesem Profitstreben folgt die ethische Verurteilung einer marktbasierten Wirtschaft. Allerdings wäre eine Leseart von Smiths Werk im Sinne eines ungehemmten Profitstrebens eine Fehlinterpretation und deswegen ist eine weitere Kontextualisierung seiner Vision der unsichtbaren Hand des Marktes notwendig.

Es muss betont werden, dass Smith ein Moralphilosoph war und sein Lebenswerk nicht nur aus dem oben zitierten Buch *The Wealth of Nations*, sondern auch aus einem früheren, *The Theory of Moral Sentiments*, besteht. In diesem geht es um moralische Prinzipien, die das menschliche Handeln leiten und es beginnt mit folgendem Satz, welcher seinen Gedankengang entsprechend einleitet: „*How selfish soever man may be supposed, there are evidently some principles in this nature, which interest him in the fortune of others, and render their happiness necessary to him, though he derives nothing from it except the pleasure of seeing it*".[54] Nach seiner Vorstellung ist das Mitgefühl bzw. Empathie (Smith selbst benutzt das Wort *sympathy*) eine in jedem Menschen innewohnende Eigenschaft, die ihn

---

51 Smith, An Inquiry into the Nature and Causes of the Wealth of Nations, 1776, Book four, chapter II.

52 Samuelson/Nordhaus, Economics, 2010, S. 30.

53 Collier, Sozialer Kapitalismus!, 2019, S. 47.

54 Smith, The theory of moral sentiments, 1822, S. 1.

zu ethisch korrekten Entscheidungen verleitet und stellt somit die Grundlage der Sittlichkeit dar, die nicht der Vernunft, sondern unseren Gefühlen entspringt.[55] Da er in seinem späteren Werk jedoch den Eigennutz als die wichtigste Treibkraft des menschlichen Handelns beschreibt, führte die scheinbare Diskrepanz zur im Schrifttum häufig diskutierten Frage, ob diese Bücher im Widerspruch zueinander stehen; diese wird in akademischen Kreisen teilweise noch bis heute als das „Adam Smith-Problem" diskutiert.[56]

Zahlreiche Publikationen untersuchen Smiths Verständnis der menschlichen Natur und kommen zum Teil zu sehr unterschiedlichen Ergebnissen, die aber mit einer immer deutlich überwiegender Tendenz dahingehen, dass die auf den ersten Blick so unterschiedlichen Konzepte der zwei Bücher sich gar nicht kontradiktorisch gegenüberstehen und Smith auch ein weitaus komplexeres Verständnis des Individuums als das eines reinen „Nutzenmaximierers" hatte. Einige Autoren betonen bspw., dass eine Interpretation seiner Menschenvision als *homo economicus* verfehlt ist, da seinen Werken keinesfalls zu entnehmen ist, dass Menschen zur Maximierung ihrer subjektiv definierten Ziele handeln, sondern stets versuchen, ihren Zustand gegenseitig durch die Neigung zum Tausch zu verbessern.[57] Nach diesem Verständnis basiert Smiths Konzept auf der Vorstellung eines verantwortungsbewusst handelnden Individuums, welches sowohl kooperativ als auch wettbewerbsorientiert in einem Umfeld handelt, das auf Moral, Recht und Gerechtigkeit beruht.[58]

Zu den wichtigsten Schlussfolgerungen innerhalb des Schrifttums gehört, dass Smith für ein ganzheitliches System aus Ökonomie, Politik und Moral plädierte und eine Philosophie entwickelte, welche die Kraft der Selbstliebe und des Eigennutzes nutzbar machte, ohne von ihr dominiert zu werden.[59] Der tschechische Ökonom Tomáš Sedláček geht in seinem Buch *Economics of Good and Evil* sogar einen Schritt weiter und behauptet, dass Smiths größter Beitrag zur Wirtschaftswissenschaft nicht in der Entwicklung des Konzepts der unsichtbaren Hand des Marktes, sondern in der Erweiterung der ökonomischen Fragestellungen um ihre moralische Dimension besteht: „*The popular reading of Smith makes economics lopsided. […] Smith did understand the crucial importance of ethics and*

55 Collier, Sozialer Kapitalismus!, 2019, S. 47.
56 Mclean, Adam Smith, Radical and Egalitarian, 2006, S. 82.
57 Trincado, The Birth of Economic Rhetoric, 2019, S. 158.
58 Werhane, Adam Smith and his legacy for modern capitalism, 1991, S. 180.
59 Fitzgibbons, Adam Smith's System of Liberty, Wealth, and Virtue: The Moral and Political Foundations of the Wealth of Nations, 1995, S. 4.

gave it a major role and place in society, although his legacy is a bit confusing. For us economists, I believe Smith's legacy is that moral questions must be included in economics – that is the key question of economics".[60] Gerade wenn man bedenkt, dass die Ökonomie aus der Moralphilosophie entstand, stützt sich diese Aussage auf eine gute Grundlage und entkräftet das ältere Verständnis von Smiths Lehre.

Angesichts der einheitlichen Interpretation von Smiths Büchern kann somit zusammenfassend gehalten werden, dass er sich zwar für einen freien, auf der Verfolgung des Eigeninteresses basierenden Wettbewerb aussprach. Sein Buch *The Wealth of the Nations* kann jedoch keinesfalls dahingehend interpretiert werden, dass das Eigeninteresse das Individuum von ethischen Grundprinzipien und moralischen Überlegungen entbindet, vielmehr erfolgt die Verfolgung eigennütziger Interessen in einem ethischen Rahmen, welcher auf Empathie basiert. Smith selbst benutzte den Begriff *Homo oeconomicus* nicht und in seinem Werk einen solchen Charakter sehen zu wollen entbehrt angesichts der obigen Ausführungen jeglicher Grundlage.

2.2.3 Weitere Kritikpunkte der Marktwirtschaft

Neben der Frage des Profitstrebens wird eine marktbasierte Wirtschaftsordnung auch im Hinblick auf andere Aspekte kritisiert. Diese beziehen sich im Wesentlichen auf zwei große Bereiche: zum einen ist es das Problem der Ungleichheit und zum anderen die Vereinbarkeit der Marktwirtschaft mit der Demokratie.[61]

---

60 Sedlácek, Economics of good and evil, 2011, S. 151 f.

61 In der Literatur wurde nämlich die These aufgestellt, dass sich Kapitalismus und Demokratie in einem ständigen Spannungsverhältnis befinden, wodurch die Demokratie ernsthaft bedroht werden könnte. Begründet wird diese These damit, dass sich die Strukturmerkalme, Legitimationsgrundlagen, Eigenlogiken und Handlungsprinzipen von Kapitalismus und Demokratie derart unterscheiden, dass sie nicht anders als „antagonistisch" bezeichnet werden können. Das Fundament einer Demokratie bilden nämlich die politische und individuelle Freiheit und die Möglichkeit einer selbstbestimmten Gestaltung der politischen, sozialen und ökonomischen Verhältnisse, welche durch Partizipation, Legitimation und auf einem Konsens basierende Mehrheitsentscheidungen ermöglicht werden. Der Kapitalismus basiere dagegen auf dem Prinzip der Kapitalakkumulation, dem Gebot von Erzielung und Maximierung von Gewinnen sowie dem Eigennutz, vgl. dazu Kocka, Jürgen/Merkel, Wolfgang, WZB Mitteilungen 2014, S. 41. Aus diesen Aspekten resultieren nach Steg zwei gegensätzliche Logiken: auf der einen Seite die „des Kapitals und der Marktexpansion" und auf der anderen Seite die der „politischen Selbstbestimmung, demokratischer Partizipation, sozialer Sicherheit und Marktregulierung", Vgl. dazu Steg, Krisen des Kapitalismus, 2019, S. 118 ff.

Bei dem zweiten Aspekt geht es vorrangig um Kritik des Kapitalismus, weswegen an dieser Stelle bewusst auf eine detaillierte Aufarbeitung verzichtet und lediglich die Frage der Ungleichheit tiefer thematisiert wird, da sie auch im Hinblick auf die grundlegenden Marktprinzipien und die Funktionsweise eines marktbasierten Wirtschaftssystems von Relevanz ist.

Das Problem der Ungleichheit, verstanden als Ungleichheit der Einkommen und der Vermögen,[62] wird häufig mir der Einführung des neoliberalen Kapitalismus und der Liberalisierung der Märkte assoziiert und als „das große Thema der Zeit" wahrgenommen.[63] Das wesentliche Problem scheint die Kluft zwischen Armut und Reichtum zu sein und auch hier darf man sich nicht am Begriff des Kapitalismus orientieren. Meist bezieht sich die Kritik nämlich gerade auf diesen,[64] wenn man jedoch auf die Lehre von Smith zurückblickt, war die Schaffung eines wirtschaftlichen Gleichheitszustands nicht das zentrale Anliegen eines marktbasierten Systems. Die grundlegende Frage, welche Smith in seinem 1776 erschienen Buch *The Wealth of Nations* zu beantworten versuchte war, wie Nationen Wohlstand erreichen können und wenn man die wirtschaftlichen Entwicklungen seit der Veröffentlichung seines Buchs im Jahr 1776 betrachtet, scheint Smith sein Vorhaben tatsächlich erreicht zu haben.

Das heute übliche, in der Wirtschaftswissenschaft verwendete Maßstab zur Bewertung des Wirtschaftswachstums ist der Wert des Bruttoinlandprodukts, sog. *gross domestic product* (GDP). Unter diesem ist in der Volkswirtschaftslehre *„the total money value of the flow of final products produced by the nation"* zu verstehen. Dieser Wert kann pro Kopf berechnet werden; in diesem Fall spricht man vom sog. GDP *per capita* (GDP p.c.). Während also der GDP den Wert des wirtschaftlichen „Gesamtkuchens" zum Ausdruck bring, zeigt der GDP p.c.-Wert, wie groß die durchschnittliche „Scheibe" pro Person ausfällt und auch wenn im Einzelfall Abweichungen möglich sind, ist das GDP pro Person ein guter Indikator für andere Faktoren des nationalen Wohlstands, wie z.B.

62 Kraemer, in: Sachweh/Münnich (Hrsg.), Kapitalismus als Lebensform?, 2017, S. 47.

63 Datta, Zeitschrift für internationale Bildungsforschung und Entwicklungspädagogik 39 (2016), S. 31.

64 Altvater sieht im Kapitalismus bspw. ein System, welches zwar zur qualitativen Angleichung, gleichzeitig jedoch zur quantitativen Ungleichheitsproduktion führt und der Kapitalismus deswegen sein wichtigstes Versprechen, nämlich einen ständig steigenden Lebensstandard für alle, nicht eingehalten habe, vgl. dazu Altvater, Das Ende des Kapitalismus, wie wir ihn kennen, 2011, S. 93.

Lebenserwartung, Bildungsniveau, Qualität der Infrastruktur und Höhe der persönlichen Konsumausgaben.[65]

Betrachtet man die Entwicklungen der letzten 200 Jahre – gemessen am Wert des GDP p.c. – ist es zu einer Beschleunigung des Wirtschaftswachstums gekommen, welche es in der Geschichte der Menschheit noch nie gegeben hat. Während das GDP p.c. in den ersten Jahren nach Christus faktisch konstant geblieben und zwischen 1000 und 1820 nur um 0,05% pro Jahr gewachsen ist, betrug die jährliche Wachstumsrate seit 1820 1,2%. Darüber hinaus verdoppelte sich seit diesem Jahr (trotz des Bevölkerungswachstums) die jedem Einzelnen zur Verfügung stehende Gütermenge alle 60 Jahre, während die Verdoppelung in der Zeit davor 1400 Jahre gedauert hatte.[66] Auch wenn diese Entwicklung nicht allein mit der Einführung einer Marktwirtschaft im Zusammenhang steht und auch andere Faktoren wie bspw. der technische Fortschritt ebenfalls eine große Rolle gespielt haben, kann keiner ernsthaft bestreiten, dass sich die Marktwirtschaft als besonders erfolgreich im Hinblick auf allgemeine Wohlstandsvermehrung erwiesen hat.

Etwas anderes könnte man jedoch bezüglich der Verteilung des Wohlstands behaupten. Die oben geschilderte Kritik ist insoweit begründet, als es tatsächlich keine kapitalistische Wirtschaft mit einer Gleichverteilung der Einkommen gibt. Zudem ist das Vermögen noch weitaus ungleicher verteilt als das Einkommen, wodurch die ungleiche Einkommensverteilung noch weiter steigt, da Erträge aus Vermögen eine weitere Quelle von Einkommen sind.[67] Zur statistischen Messung der Struktur der Einkommens- und Vermögensverteilung werden diverse Indikatoren verwendet (bspw. das Einkommens-Quintil-Anteilsverhältnis oder die Palma-Ratio), doch die üblichste Methode ist der Gini-Koeffizient. Dieser bemisst den kumulativen Anteil des Einkommens[68] und kann Werte zwischen 0 und 1 einnehmen.[69] Der Wert von 0 bedeutet eine absolute Gleichmäßigkeit der Einkommensverteilung und bei diesem stünde jeder Person bzw. jedem Haushalt das gleiche Einkommen zur Verfügung; je höher der Wert ausfällt,

65 Vgl. dazu Sachs, The age of sustainable development, 2015, S. 14.

66 Vgl. dazu Hesse, Eine kurze Geschichte des ökonomischen Denkens, 2018, S. 30 f.

67 Berger, in: Maurer (Hrsg.), Handbuch der Wirtschaftssoziologie, 2017, S. 526.

68 Nach der Definition der OECD wird das Einkommen definiert als das verfügbare Haushaltseinkommen in einem bestimmten Jahr. Es setzt sich zusammen aus Verdienst, selbständiger Tätigkeit und Kapitaleinkommen sowie öffentlichen Geldtransfers; von den Haushalten gezahlte Einkommenssteuern und Sozialversicherungsbeiträge werden abgezogen.

69 Organisation for Economic Co-operation and Development, Income inequality, 2021.

umso größer ist auch die Ungleichheit der Einkommensstruktur.[70] Die statistische Datenerhebung ist beim Gini-Koeffizient deutlich schwieriger als beim GDP p.c., doch die Schätzungen der Weltbank bestätigen in vielen Ländern die steigende Ungleichheit,[71] und das auch in denjenigen Ländern, deren GDP p.c. im gleichen Zeitraum gewachsen ist (unter anderem auch in Deutschland),[72] wo also die eigentliche „zu verteilende Scheibe des wirtschaftlichen Gesamtkuchens“ größer sein dürfte.

Die Frage, in welchem Zusammenhang das Wirtschaftswachstum und die Einkommensverteilung stehen, ist in der Wissenschaft schon längst Gegenstand zahlreicher Untersuchungen. Das Spektrum der vertretenen Thesen ist sehr breit und reicht von der Behauptung, dass Wirtschaftswachstum nur durch Ausbeutung von anderen möglich sei,[73] bis hin zur These, dass die Einkommensungleichheit von der Reife des Kapitalismus abhängig sei und die Entwicklung der Form einer umgekehrten U-Form folge, sodass für die Zukunft mit steigendem Reifegrad des Kapitalismus mit einer Abnahme der Ungleichheit gerechnet werden könne.[74] Wie oben beschrieben belegen die aktuellen Datenerhebungen jedoch die steigende Ungleichheit und diese Entwicklung führt dazu, dass die Marktwirtschaft zunehmend als ursächlich für die bestehenden Ungleichheiten gesehen wird.[75]

Auch überzeugte Befürworter der Marktwirtschaft geben zu, dass eine Verteilung nach Bedarf eine den Märkten fremde Idee ist. Das eigentliche Problem der Märkte ist aber nicht, dass jede durch sie realisierte Verteilung ungerecht ist, sondern, dass ihnen einfach die Sensibilität in Bezug auf Gerechtigkeitsfragen fehlt. Das hängt mit den Eigenschaften des Marktes zusammen, welcher als ein „anonymer, unpersönlicher, dezentraler und sich selbst regulierender Mechanismus“ beschrieben werden kann. Selbst Wirtschaftswissenschaftler erkennen also, dass die Doktrin der unsichtbaren Hand an ihre Grenzen stoßen kann und im Falle von Marktversagen Korrekturen durch die staatliche Hand notwendig sind, um die Funktionsfähigkeit des Marktes wiederherzustellen.[76]

---

70 Sachs, The age of sustainable development, 2015, S. 56.

71 The World Bank, Gini index (Wold Bank estimate).

72 Dass., GDP per capita.

73 Altvater, Das Ende des Kapitalismus, wie wir ihn kennen, 2011, S. 92 f.

74 Hesse, Eine kurze Geschichte des ökonomischen Denkens, 2018, S. 59.

75 Zu den wichtigsten Vertretern dieser These gehört insbesondere der französische Wirtschaftswissenschaftler Thomas Piketty.

76 Vgl. dazu Berger, Der diskrete Charme des Marktes, 2009, S. 23.

Samuelson beschreibt drei Fallgruppen des Marktversagens, welches die Notwendigkeit eines staatlichen Eingriffs rechtfertigt: den unvollkommenen Wettbewerb (bspw. durch Monopole), sog. Spillovers oder Externalitäten außerhalb des Marktes (bspw. Umweltverschmutzung) oder eben eine politisch oder ethisch nicht akzeptable Einkommensverteilung.[77] Unter diesen Bedingungen haben wirtschaftspolitische Eingriffe also durchaus ihre Berechtigung, können aber auch im Hinblick auf die Frage der Gleichheit nicht in jedem Fall das Mittel der ersten Wahl darstellen. Unter Umständen können Märkte zwar zu Ergebnissen führen, die sich im sozialen Sinne als problematisch erweisen, doch auf Dauer bieten sie des Öfteren mehr Vorteile als sozialpolitische Eingriffe.

Berger weist in diesem Zusammenhang zutreffend darauf hin, dass die staatlichen Alternativen einer marktbasierten Verteilung anhand der gleichen Maßstäbe der Effizienz und Gerechtigkeit beurteilt werden müssen, wie es bei den Märkten der Fall ist. Das erste dabei möglicherweise aufkommende Problem besteht darin, dass der Staat bei sozialpolitischen Eingriffen zwar ein aus ethischer Sicht als würdig empfundenes Ziel der Gerechtigkeit verfolgen möge, dieses jedoch nicht selten verfehlt wird und die Eingriffe in die Wirtschaft sogar zum Gegenteil führen können.[78] Auch Samuelson argumentiert in diesem Sinne wie folgt:

> Although there is no single pattern of economic development, and cultures differ around the world, freedom from hunger, disease, and the elements is a universal human goal. But centuries of human history also show that warm heart alone will not feed the hungry or heal the sick. A free and efficient market will not necessarily produce a distribution of income that is socially acceptable. […] Sometimes, as when centrally planned countries adopted market principles, things get worse before they get better. […] You may have heard the saying, "From each according to his ability, to each according to his need." Governments have learned that no society can long operate solely on this utopian principle. To maintain a healthy economy, governments must pre-serve incentives for people to work and to save.[79]

Wenn Märkte auf einer Moral aufbauen, dann ist es zweifellos die der Eigenverantwortlichkeit;[80] durch sozialpolitische Eingriffe kann jedoch der unternehmerische Anreiz verringert werden; infolgedessen kann auch das Bruttoinlandsprodukt gesenkt werden. Darin liegt die Ursache des zweiten

---

77 Samuelson/Nordhaus, Economics, 2010, S. 30.
78 Berger, Der diskrete Charme des Marktes, 2009, S. 31.
79 Samuelson/Nordhaus, Economics, 2010, S. 7.
80 Berger, Der diskrete Charme des Marktes, 2009, S. 37.

grundlegenden Problems sozialpolitischer Eingriffe, nämlich das durch diese dem Wirtschaftssystem seine Effizienz[81] entzogen werden könnte. Zwar wurde schon oben darauf hingewiesen, dass der Zusammenhang zwischen dem Wirtschaftswachstum und der Einkommensgleichheit nicht zwangsläufig gegeben sein muss. Wenn jedoch das Bruttoinlandsprodukt sinkt, hat es unausweichlich zur Folge, dass der zu verteilende „Gesamtkuchen" kleiner wird und dementsprechend auch die durchschnittliche „Scheibe" pro Einwohner geringer ausfällt, wodurch der Wohlstand von allen insgesamt sinken wird. Aus diesen Gründen hat Berger zutreffend angemerkt, dass sich die Politik bei der Verfolgung einer gerechten Verteilung nicht zwangsläufig vom Markt als Allokationsmechanismus abwenden darf, sondern lediglich bereit sein muss, mittels geeigneter Maßnahmen die Anfangsausstattungen so zu gestalten, dass sich die gerechte Verteilung - wie auch immer sie in politischem Sinne bewertet wird[82] - nach dem Abschluss aller Markttransaktionen von alleine einstellt.[83] Zusammenfassend kann somit festgehalten werden, dass die Kritik des Marktsystems auch bezüglich des Aspekts der sozialen Ungleichheit nicht überzeugt, da in dem Marktmechanismus nicht zwangsläufig die Ursache dieses Problems gesehen werden kann.

2.2.4 Entbettung der Märkte

Obwohl der Markt als Allokationsmechanismus durch seine Effizienz im wirtschaftlichen Sinne überzeugt, fällt die Beurteilung deutlich kritischer aus, wenn es um seine Folgen für die Gesellschaft und die Umwelt geht. Wie jeder Mechanismus kann auch der des Marktes versagen. Das beste Beispiel eines solchen Versagens, mit welchem sich die Menschheit dringend befassen muss, ist die Umweltverschmutzung, verbunden mit dem globalen Klimawandel und der

81 Diese setzt im wirtschaftswissenschaftlichen Sinne im Einklang mit dem Pareto-Prinzip voraus, dass eine Wirtschaft angesichts der knappen Ressourcen die höchste Kombination aus Quantität und Qualität von Gütern und Dienstleistungen produziert. Das ist immer dann der Fall, wenn das wirtschaftliche Wohlergehen des Einzelnen nicht verbessert werden kann, wenn nicht ein anderer schlechter gestellt wird, Samuelson/Nordhaus, Economics, 2010, S. 3.

82 Eine genaue Bestimmung davon, was unter dem Begriff soziale Gerechtigkeit zu verstehen ist, ist bisher ein ungelöstes Problem und insbesondere auf politischer Ebene höchst umstritten, weswegen auf weitere Ausführungen in diesem Zusammenhang nicht eingegangen wird.

83 Berger, Der diskrete Charme des Marktes, 2009, S. 40.

Zerstörung der Biodiversität. Auch zahlreiche soziale Probleme, insbesondere die als sozial ungerecht empfundene Einkommensverteilung, dienen als gutes Beispiel des Marktversagens. Der Marktmechanismus scheint also tatsächlich ein grundlegendes Problem zu haben, welches einige darin sehen, dass er sich aus der Gesellschaft „entbettet" habe;[84] der Markt wird sodann als „entfesselt" bezeichnet.[85]

Nach heutigem Verständnis wird der Begriff „Entbettung" insbesondere im Zusammenhang mit sog. Finanzkapitalismus verwendet[86] und bezieht sich auf ein Finanzmarktgeschehen, welches sich zunehmend von der Realökonomie entkoppelt und einer Instrumentalisierbarkeit durch den Nationalstaat weitgehend entzogen hat.[87] In diesem Zusammenhang bedeutet ein „entbetteter Kapitalismus" in der Kapitalismuskritik, dass sich die kapitalistische Marktökonomie ihrer sozialen und politischen Regulierung entledigt und nahezu ausschließlich ökonomischen Gesetzen folgt, weshalb es zu einer „Verallgemeinerung und Verabsolutierung" der Marktlogik kommt.[88] Eine solche Entbettung aus „moralischen Schranken und zivilisatorischen Bedingungen" tendiert nach Altvater in die Richtung eines „wilden Kapitalismus", welcher bei der Verfolgung des Zieles einer maximalen Kapitalverwertung rücksichtlos gegenüber den Belangen der Gesellschaft ist.[89]

Auf viele Aspekte dieser Argumentation wurde bereits eingegangen und zudem muss auch hier zwischen der Kapitalismus- und Marktkritik unterschieden werden, doch im Hinblick auf die Logik des Marktes ist es notwendig, das Konzept der Entbettung aus historischer Perspektive zu betrachten. Dieses wurde erstmals im Buch *The Great Transformation* des ungarisch-österreichischen Wirtschafts- und Sozialwissenschaftlers Karl Polanyi verwendet, in welchem er den klassischen Liberalismus des 19. Jahrhunderts kritisierte. Im Wesentlichen galt seine Kritik dem Marktsystem und er untersuchte nicht nur seine Moral, sondern insbesondere seine Konsequenzen für die Gesellschaft. In seinem Buch beobachtete er die historischen Entwicklungen in England und insbesondere die negativen gesellschaftlichen Veränderungen, welche die Industrielle Revolution

---

84 Altvater, Das Ende des Kapitalismus, wie wir ihn kennen, 2011, S. 110.

85 Stiglitz spricht in diesem Sinne bspw. von *„unfettered markets"*, vgl. Stiglitz, People, power, and profits, 2019, S. 22.

86 Schimank/Volkmann, in: Maurer (Hrsg.), Handbuch der Wirtschaftssoziologie, 2017, S. 593.

87 Lütz, in: Maurer (Hrsg.), Handbuch der Wirtschaftssoziologie, 2017, S. 410.

88 Steg, Krisen des Kapitalismus, 2019, S. 132.

89 Altvater, Das Ende des Kapitalismus, wie wir ihn kennen, [7]2011, S. 112 f.

im 18. Jahrhundert mit sich brachte und die er als „beispiellose Verheerungen in den Lebensumständen des einfachen Volkes“, „eine wahre Hölle menschlicher Erniedrigung“ oder „eine Katastrophe der sozialen Entwurzelung“ beschrieb.[90]

Diese Zustände wurden nach seiner Auffassung durch die Errichtung einer Marktwirtschaft und die ihr zugrunde liegende Philosophie des Wirtschaftsliberalismus ausgelöst. Dieser machte er zum Vorwurf, dass sie bereit war, „die sozialen Folgen eines wirtschaftlichen Fortschritts zu akzeptieren, wie immer sie geartet sein mochten“.[91] Das grundlegende Problem sah Polanyi darin, dass der Marktmechanismus auch in Hinblick auf Arbeit, Boden und Geld ausgeweitet wurde, weil dadurch gesellschaftliche Reziprozitätsnormen zurückgedrängt wurden.[92] Unter Bezugnahme auf die Ergebnisse historischer und anthropologischer Forschung vertrat er die Meinung, dass die wirtschaftliche Tätigkeit des Menschen in seine Sozialbeziehungen eingebettet ist und sein Tun nicht nur der Sicherung des individuellen Interesses am materiellen Besitz, sondern auch der Realisierung gesellschaftlicher Wertvorstellung dient. Da nach seiner Auffassung Märkte jedoch ein rein wirtschaftlich orientiertes Handeln begünstigen, sah er das elementare Versagen des Marktsystems darin, dass in diesem die Wirtschaft nicht mehr in die sozialen Beziehungen eingebettet wurde, sondern diese in das Wirtschaftssystem. Infolgedessen entstand eine „sozial freigesetzte, entbettete Wirtschaftssphäre“;[93] die Gesellschaft wurde zu einem bloßen „Anhängsel des Marktes“.[94]

Dadurch wurde die Gesellschaft nach Polanyi angegriffen und beinahe zerstört, doch dann bildete sich eine Gegenbewegung für ihren Selbstschutz. Diese Gegenbewegung basierte auf staatlichen Interventionen, welche den Markt regulieren und ihn einhegen sollten.[95] Den Gedanken einer auf ökonomischen Prinzipien gestützten Wirtschaft als solchen kritisierte Polanyi jedoch nicht, und obwohl er sich in seinem Werk der Kritik des Wirtschaftsliberalismus widmete, betonte er mehrfach die Bedeutung der Freiheit in einer komplexen Gesellschaft. Bspw. schrieb er, dass jeder Schritt zur Integration der Gesellschaft von einer Zunahme der Freiheit begleitet sein müsse und diese ein Wert sei, um den wir in der Zukunft bewusst kämpfen müssen.[96] Unter Kritik der wirtschaftsliberalen

---

90 Polanyi, The great transformation, 2009, S. 67.
91 Ders., The great transformation, 2009, S. 59.
92 Maurer, in: ders. (Hrsg.), Handbuch der Wirtschaftssoziologie, 2017, S. 579.
93 Ders., in: ders. (Hrsg.), Handbuch der Wirtschaftssoziologie, 2017, S. 579.
94 Polanyi, The great transformation, 2009, S. 88 f.
95 Steg, Krisen des Kapitalismus, 2019, S. 132.
96 Polanyi, The great transformation, 2009, S. 337 f.

Betrachtungsweise, welcher er vorwarf, die Freiheit bloß zu einer Befürwortung des freien Unternehmertums herabzusetzen und unsere Ideale in eine falsche Richtung gelenkt zu haben,[97] plädierte er für Planung, Kontrolle und somit schließlich eine stärkere Rolle des Staates. Doch obwohl Polanyi den selbstregulierenden Markt als ein „utopisches Experiment" bezeichnete, bedeutete für ihn das Ende der Marktwirtschaft keinesfalls, dass es keine Märkte geben wird. Diese würden nach seiner Vorstellung auf verschiedene Weise weiterbestehen, aber nicht mehr in der Form eines Organs der wirtschaftlichen Selbstregulierung.[98] Seine Vorstellung über die Marktwirtschaft, Planung und die Bedeutung der Freiheit brachte er wie folgt zum Ausdruck:

> Das Ende der Marktwirtschaft könnte den Anfang einer Ära nie dagewesener Freiheit bedeuten. Rechtliche und praktische Freiheiten könnten größer und allgemeiner werden als je zuvor; Regelungen und Kontrolle könnten Freiheit nicht nur für die wenigen, sondern für alle verwirklichen; Freiheit nicht nur als ein schon vom Ansatz pervertiertes Recht der Privilegierten, sondern als ein verbrieftes Recht, das weit über die engen Grenzen des politischen Bereichs in die innere Struktur der Gesellschaft schlechthin reicht. So werden alte Freiheiten und Bürgerrechte dem Fundus der neuen Freiheit hinzugefügt, der durch die Muße und die Sicherheit geschaffen wird, die eine Industriegesellschaft allen zu bieten vermag. Eine solche Gesellschaft kann es sich leisten, gleichermaßen gerecht und frei zu sein.[99] […] Solange er [der Mensch] sich seiner Aufgabe, mehr Freiheit für alle zu schaffen, widmet, braucht er nicht zu befürchten, dass sich Macht oder Planung gegen ihn wenden. Dies ist die Bedeutung der Freiheit in einer komplexen Gesellschaft; sie gibt uns die ganze Gewissheit, derer wir bedürfen.[100]

Darüber hinaus kritisierte Polanyi auch, dass die Betrachtungsweise der Wirtschaft und der Gesellschaft gespalten wurde und die Gesellschaft als Ganzes unsichtbar blieb, bzw. dass der Ausblick auf diese vom Markt begrenzt wurde.[101] Der Wahrheitsgehalt von dieser Aussage kann nicht ganz geleugnet werden, wenn man bedenkt, dass es seit der Etablierung der klassischen Nationalökonomie zu einer fundamentalen Änderung der Forschungszugänge innerhalb der Wirtschaftswissenschaften gekommen ist. In der frühen Soziologie (bspw. Max Weber, Émile Durkheim, Georg Simmel) waren die Wirtschafts- und Gesellschaftsanalyse untrennbar miteinander verbunden, doch die Ausdifferenzierung und Spezialisierung von Wirtschaftswissenschaften führte zu einer Trennung

97 Ders., The great transformation, 2009, S. 339 f.
98 Ders., The great transformation, 2009, S. 331 ff.
99 Ders., The great transformation, 2009, S. 339.
100 Ders., The great transformation, 2009, S. 344.
101 Ders., The great transformation, 2009, S. 341.

von Wirtschaft und Gesellschaft und somit zu getrennten Gegenstandsbereichen der Ökonomie und Soziologie.[102]

In der klassischen Ökonomie wird das Unternehmen als ein rational handelnder Wirtschaftsakteur verstanden, der auf Märkten Gütermengen nachfragt und anbietet und sich dabei an Preisen orientiert, wodurch optimale Gleichgewichte und der effiziente Einsatz volkswirtschaftlicher Ressourcen ermittelt werden.[103] Diese Erklärungslogik der Ökonomie thematisiert keinesfalls die soziale Einbettung des ökonomischen Handelns, weswegen ihr nicht nur aus sozialwissenschaftlicher Perspektive zum Vorwurf gemacht wird, den Kontakt zur gesamtgesellschaftlichen Realität verloren zu haben.[104] Solche als starr empfundene Trennung der Disziplinen führte in den USA Anfang der 1980er Jahre zu einem „Neustart der Wirtschaftssoziologie" (sog. *new economic sociology*), die um eine vermittelnde Position zwischen Standardökonomik und klassischer Soziologie bemüht war. Für diese insbesondere auf Mark Granovetter und sein Konzept der sozialen Einbettung zurückführende Strömung ist charakteristisch, dass sie soziologische Erklärungs- und Zugangsweise zu wirtschaftlichen Phänomenen einfordert und postuliert, dass soziale Faktoren wesentlich zur Erklärung wirtschaftlicher Sachverhalte beitragen.[105] Der neue Forschungsansatz erkannte zwar, dass die durch unternehmerische Aktivität vorangetriebene wirtschaftliche Dynamik mit weitreichenden Konsequenzen verknüpft ist, welche sich auf nahezu alle Bereiche der Gesellschaft auswirken,[106] die erhoffte Vereinigung der Disziplinen fand jedoch nicht statt. Nach wie vor scheinen die jeweiligen Forschungszugänge in der Wissenschaft also nur wenige gemeinsame Diskussionspunkte aufzuweisen, auch wenn sie sich eigentlich trefflich ergänzen könnten.[107]

Wenn es seit der Entwicklung der klassischen Nationalökonomie zu solcher enormen Kluft im wissenschaftlichen Diskurs gekommen ist, dass diese bis heute nicht überbrückt werden konnte, hatte Polanyi vielleicht doch recht, dass ein Marktsystem stets zu der Vernichtung einer ausgeglichenen Beziehung zwischen der Wirtschaft und der Gesellschaft führt? Oder gibt es auch Wege, wie

---

102 Mikl-Horke, in: Maurer (Hrsg.), Handbuch der Wirtschaftssoziologie, 2017, S. 38.

103 Maurer, in: Maurer/Schimank (Hrsg.), Die Gesellschaft der Unternehmen, 2008, S. 19.

104 Schmid, in: Maurer (Hrsg.), Handbuch der Wirtschaftssoziologie, 2017, S. 79.

105 Maurer, in: ders. (Hrsg.), Handbuch der Wirtschaftssoziologie, 2017, S. 13.

106 Deutschmann, in: Maurer/Schimank (Hrsg.), Die Gesellschaft der Unternehmen, 2008, S. 42.

107 Backhaus-Maul/Kunze/Nährlich, in: dies. (Hrsg.), Gesellschaftliche Verantwortung von Unternehmen in Deutschland, 2018, S. 6.

man den eigentlich „blinden" Markt wieder in Einklang mit den gesellschaftlichen Bedürfnissen bringen könnte?

2.3 Eine Marktwirtschaft für die Gesellschaft

Die Corona-Pandemie brachte die dringendsten Probleme, welche die Politik sein Jahren übersehen hat oder übersehen wollte, wieder ans Licht und nun ist es an der Zeit sich deren Lösung zu widmen. Dabei hätte die Menschheit schon einiges nach der letzten Wirtschafts- und Finanzkrise 2008/2009 lernen können. Wie sich nämlich zeigt, wurde die Anfälligkeit des Wirtschaftssystems zusätzlich dadurch verstärkt, dass die längst geforderten und notwendigen Strukturanpassungen der Wirtschaft nicht erfolgt sind.[108] Die UNCTAD setzte sich bspw. in ihrem bereits erwähnten Jahresbericht 2009 mit den Ursachen der Krise umfassend auseinander und warf den Entscheidungsträgern vor, vermeidbare Fehler gemacht zu haben. Einen der gravierendsten Fehler sah die UNCTAD darin, dass bei der Gestaltung der Regulierungssysteme lediglich ein einseitiges Verständnis von Effizienz zugrunde gelegt wurde, welches keinesfalls die „soziale Effizienz"[109] miteinbezogen hatte. In diesem Sinne positionierte sie sich wie folgt:

> From a regulator's point of view, social efficiency should be the only relevant definition of financial efficiency. The other definitions of efficiency should be of concern to regulators only to the extent that they contribute to functional efficiency. [...] Thus, financial expansion must be prevented from becoming an end in itself, through public regulation to ensure social efficiency [....]. Another question, which has important implications for recommendations on how to manage financial systems, relates to the activities that are actually financed. "More" finance does not always mean more investment or faster growth and development [....] This points to the importance of considering not only the amount but also the quality of finance in the design and management of a financial system.[110]

---

108 Schmidpeter, Covid-19: Gemeinsam verändern wir die Zukunft!, 2020.

109 Der Begriff der „sozialen Effizienz" ist nicht neu und in der Literatur grundsätzlich als *„measured deviations of an observed social indicator—such as average life expectancy, the infant mortality rate, or the literacy rate—from an efficiency frontier, typically identified from the residuals of a regression of that indicator on control variables such as mean income and public spending on social services*" verstanden, Ravallion, On Measuring Aggregate "Social Efficiency", 2003, S. 2. Zu einem neueren, an die Indikatoren des UNDP für menschliche Entwicklung und an die durch die EU konzipierten Nachhaltigkeitskriterien geknüpften Konzept vgl. bspw. Lefeber/Vietorisz, Review of Political Economy 19 (2007), S. 139 ff..

110 United Nations Conference on Trade and Development, Trade and Development Report, 2009, S. 89 f.

Auch im Schrifttum wurde die Finanzkrise 2008/2009 häufig als eine logische Konsequenz der strukturellen Probleme dargestellt, welche im Zusammenhang mit dem Effizienzverständnis stehen. Stiglitz behauptet bspw., dass uns durch die Finanzkrise die mangelnde Nachhaltigkeit des Wirtschaftswachstums vor Augen geführt wurde,[111] und bezieht sich dabei nicht nur auf die sozialen Erträge von wirtschaftlichen Aktivitäten, sondern auch auf deren Auswirkungen auf die Umwelt; in diesem Sinne schreibt er:„*Nor is the economy doing well if GDP goes up, but meanwhile the environment is deteriorating and resources are being depleted*".[112]

Während der Gedanke, dass neben den wirtschaftlichen auch soziale Aspekte bei der Beurteilung der wirtschaftlichen Entwicklung eine Rolle spielen sollten, nicht neu ist, stellt sich die Notwendigkeit einer ökologischen Beurteilung als ein relativ neues Konzept dar. Diskutiert wird dieses vermehrt unter dem Parallelbegriff „Öko-Effizienz", welcher als eine Korrelation von „*product or service value*" mit „*environmental influence*" durch World Business Council for Sustainable Development[113] im Jahr 1992 eingeführt wurde.[114] Einen wichtigen Weckruf für die Notwendigkeit des Umweltschutzes stellte die im Jahr 2009 erschienene Publikation einer mehrköpfigen Gruppe von Wissenschaftlern unter Federführung von Johan Rockström, welche sich mit den planetarischen Grenzen (sog. *planetary boundaries*) beschäftigte. Ausgehend von der Erkenntnis, dass das exponentielle Wachstum menschlicher Aktivitäten zunehmend das Klima und die Ökosysteme beeinflusst und zu irreversiblen und katastrophalen Umweltveränderungen führen kann, war das wichtigste Ergebnis deren Untersuchung, dass es gewisse Grenzen des "planetarischen Spielfeldes" gibt, welche nicht überschritten werden dürfen. Deren Publikation sollte somit anhand von wissenschaftlichen Feststellungen den Grundstein einer neuen, auf Minimierung negativer Externalitäten basierenden Politik legen, um die sozial-ökologische Widerstandsfähigkeit der Wirtschaft zu erhöhen.[115]

---

111 Stiglitz, People, power, and profits, 2019, S. 35.

112 Ders., People, power, and profits, 2019, S. 34.

113 World Business Council for Sustainable Development selbst definiert den Begriff "Öko-Effizienz" wie folgt: "*co-efficiency is achieved by the delivery of competitively priced goods and services that satisfy human needs and bring quality of life, while progressively reducing ecological impacts and resource intensity throughout the life-cycle to a level at least in line with the Earth's estimated carrying capacity*"; vgl. World Business Council for Sustainable Development, Eco-efficiency, 2006, S. 3.

114 Baumgartner, Nachhaltigkeitsorientierte Unternehmensführung, 2010, S. 59.

115 Rockström/Steffen/Noone, Ecology and Society 14 (2009).

Im Zusammenhang mit den neuen Effizienzüberlegungen nahm auch die Kritik des bestehenden Wirtschaftsmodels zu, welches auf die Steigerung der Produktivität und des Wirtschaftswachstums ausgerichtet ist. Federführend auf diesem Feld ist der britische Ökonom Tim Jackson, der die Fixierung auf Wachstum als ursächlich für diverse gesellschaftliche Konflikte sowie die Zerstörung unseres Planeten betrachtet und deswegen eine grundlegende Verwandlung des geltenden Wirtschaftsmodells sowohl aus ökologischen als auch wirtschaftlichen Gründen für nötig hält.[116] Auch andere Autoren entwickeln ähnliche Konzepte; Elkington und et al. sehen das grundlegende Problem bspw. in den „Spielregeln" des aktuellen Wirtschaftsmodells, welches Anreize für falsche Outputs setzt.[117] Sie plädieren deshalb für den Übergang von der aktuell vorherrschenden, auf rein ökonomischen Kriterien basierenden Betrachtungsweise der wirtschaftlichen Aktivität zu einem holistischen Ansatz, bei dem nicht nur Profit, sondern auch „*people and planet*" berücksichtigt werden sollten.[118] Dies sind nur einige Beispiele von Stimmen aus dem Schrifttum, die sich für eine Korrekturbedürftigkeit der aktuell geltenden Wirtschaftsordnung aussprechen. Obwohl sie bei der konkreten Durchführung teilweise auseinandergehen, stimmen sie im Wesentlichen darin überein, dass eine neue Rahmenordnung entwickelt werden muss, die zum einen die wirtschaftliche Resilienz stärkt und zum anderen die Belange der Gesellschaft und der Umwelt verträglicher mit der rein wirtschaftlichen Betrachtung des Wachstums macht.

Die Marktwirtschaft ist als solche keinesfalls ein inhärent unmoralisches Wirtschaftssystem, dennoch wird der Markt „auf unheilvolle Weise personifiziert"[119] und als ursächlich für die zahlreichen Probleme der Gegenwart gemacht. Diese Schlussfolgerung trifft aber nicht zwangsläufig zu, denn Märkte sind lediglich als Koordinationsmechanismen wirtschaftlicher Handlungen zu verstehen, die dazu genutzt werden können, die wirtschaftlichen Prozesse effektiver zu gestalten. Wie Stiglitz korrekt erkennt, existieren Märkte nicht in einem Vakuum und die Art, wie sie strukturiert werden, hat Auswirkungen, welche über die Wirtschaftssphäre hinausgehen. Letzten Endes ist es also gar nicht notwendig, dass sich die Gesellschaft zwischen dem Staat und dem Markt entscheidet; die grundlegende Frage, welche es nun zu klären gilt, sollte also lauten: „*how to combine the two to best advantage*"?[120]

---

116 Jackson, Grundlagen für einen Wohlstand ohne Wachstum.

117 Elkington/Zeitz/Branson, The Breakthrough Challenge, 2014, S. 27.

118 Dies., The Breakthrough Challenge, 2014, S. 2.

119 Hartjen, Individualwirtschaft statt Marktwirtschaft, 2019.

120 Stiglitz, People, power, and profits, 2019, S. xxiii.

Die Marktwirtschaft kann derart strukturiert werden, dass sie durch ihren Mechanismus sowohl gesellschaftliche als auch umweltliche Belange nicht außer Acht lässt und ihr nicht der Vorwurf der gesellschaftlichen „Entbettung" gemacht werden kann. Es ist aber ein grundlegendes Umdenken notwendig, damit die Marktwirtschaft zukunftsfähig und gesellschaftsverträglicher wird, insbesondere im Hinblick auf die neu entstandenen Probleme und Realitäten der heutigen Zeit. Noch nie war der Bedarf einer widerstandsfähigeren, effektiven und sowohl sozial- als auch umweltverträglichen Wirtschaftsordnung so groß wie heute. Trotz des enormen Schadens für die Wirtschaft kann die Corona-Pandemie auch positiv gesehen werden; als ein notwendiger Impuls für eine grundlegend neue Wirtschaftsordnung. Der bekannte Wirtschaftswissenschaftler Muhammad Yunus, dem aufgrund seines Beitrags zur Förderung wirtschaftlicher und sozialer Entwicklung der Friedensnobelpreis verliehen wurde, sagte über Krisenzeiten: "*When a crisis is at its deepest, it can offer a huge opportunity. When things fall apart, we can redesign, recast, and rebuild*".[121]

Die Menschheit befindet sich in einem entscheidenden Moment der Geschichte und wie die Zukunft aussehen wird hängt maßgeblich davon ab, welche Entscheidungen jetzt durch die Politik, Gesellschaft und Wirtschaftsakteure getroffen werden. Im Vordergrund geht es um die grundlegende Frage, wie die Wirtschaftsordnung resistenter gegenüber den ökologischen und sozialen Risiken gestaltet werden kann und dabei ihre Effizienz nicht verliert. Die Probleme waren schon lange bekannt, und dennoch wurde deren Lösung nicht zur Priorität gemacht. Spätestens die Corona-Krise stellt die Politik und den Gesetzgeber vor die Herausforderung, durch entsprechende Maßnahmen grundlegend neue, nachhaltige und zukunftsweisende Weichen zu stellen. Als richtungsweisend könnte sich die Stellungnahme der Nationalen Akademie der Wissenschaften Leopoldina vom April 2020 erweisen, in welcher Experten aus verschiedenen Bereichen die Frage untersuchten, wie die Krise nachhaltig überwunden werden könnte. Als das Ergebnis ihrer Arbeit stellten die Experten fest, dass aus kurzfristiger Sicht die Wirtschaftspolitik zwar Hilfen zur Überbrückung der schwierigen Lage bereitstellen sollte, auf Dauer jedoch die Entwicklung einer anderen Strategie notwendig ist:

> Politische Maßnahmen sollten sich auf nationaler wie internationaler Ebene an den Prinzipen von ökologischer und sozialer Nachhaltigkeit, Zukunftsverträglichkeit und Resilienzgewinnung orientieren. [...] Die in der Krise getroffenen wirtschaftspolitischen

---

121 Yunus, Second Annual Professor Hiren Mukerjee Parliamentary Memorial Lecture, 2009.

> Maßnahmen müssen sobald wie möglich zugunsten eines nachhaltigen Wirtschaftens im Rahmen einer freiheitlichen Marktordnung rückgeführt oder angepasst werden.[122]

Wenn die Krise also trotz der schmerzhaften Folgen zur Geburtsstunde einer neuen, zukunftsverträglichen und resilienten Wirtschaftsordnung werden soll, welche den weit verbreiteten Widerspruch zwischen dem Profit und dem Gemeinwohl auflöst, muss die neue Wirtschaftsordnung – auch in Übereinstimmung mit den Ergebnissen des fachübergreifenden Gremiums der Experten – anhand von zwei wesentlichen Kriterien entwickelt werden: sie muss zum einen **nachhaltig** und zum anderen **marktbasiert** sein. In einer abschließenden Schlussbetrachtung ist es also durchaus möglich, die Marktwirtschaft so zu gestalten, dass gesellschaftlich wünschenswerte Ziele sowohl sozialer als auch ökologischer Art verfolgt werden können, ohne dabei die Logik des Marktes zu brechen. Eine Marktwirtschaft, welche also die Belange der Gesellschaft in ihre grundlegenden Prinzipien einbettet und als eine „Marktwirtschaft für die Gesellschaft“ gesehen werden kann, ist somit keinesfalls eine Utopie, sondern eine mit zahlreichen Vorteilen verbundene Option zur Gestaltung des Wirtschaftssystems.

122 Leopoldina Nationale Akademie der Wissenschaften, Dritte Ad-hoc-Stellungnahme, 2020, S. 3, 17.

Gesellschaftliche Verantwortung des Privatsektors im „*Age of Sustainable Development*“

Im vorherigen Abschnitt wurden die grundlegenden Prinzipien einer marktbasierten Wirtschaft vorgestellt und ausführlich die Frage behandelt, ob diese auch im Einklang mit den Bedürfnissen der Gesellschaft stehen kann. Im Wesentlichen wurde festgehalten, dass dies möglich ist, soweit die Wirtschaftsordnung ihren Blick um soziale und ökologische Aspekte erweitert. Mit anderen Worten geht es um die Fortsetzung der bereits von Polanyi untersuchten Frage, wie Märkte in die gesellschaftlichen Strukturen eingebettet werden können, denn nur so können sie mit dem größtmöglichen Nutzen für die Gesellschaft verbunden werden. Einen sowohl normativ als auch aus der Sicht der praktischen Umsetzung geeigneten Ansatz bietet das Konzept der Nachhaltigkeit, welches zunehmend zum leitenden Orientierungsrahmen einer neuen Marktordnung wird. Aus diesem Grund wird im folgenden Kapitel zunächst kurz (1) die Entwicklung und das heutige Verständnis des Nachhaltigkeitskonzepts vorgestellt. Des Weiteren wird die Frage untersucht, mit welchen Erwartungen an (2) die gesellschaftliche Verantwortungsübernahme des Privatsektors das Konzept der Nachhaltigkeit einhergeht und wie sich die Vorstellungen über die gesellschaftliche Verantwortung auf Ebene der Unternehmen und der Investoren bis zum heutigen Verständnis entwickelt haben. Im nächsten Schritt wird schließlich die zum Teil als kontrovers empfundene Frage thematisiert, ob (3) die gesellschaftliche Verantwortungsübernahme des Privatsektors im Kontext einer marktbasierten Wirtschaft überhaupt wünschenswert ist. Im Schwerpunkt der Untersuchung steht der Aspekt der Gewinnerzielung, da dieser eine wichtige Voraussetzung marktorientierter Lösungsansätze des Privatsektors darstellt.

3.1 Entwicklung des Nachhaltigkeitskonzepts

Obwohl der Begriff Nachhaltigkeit schon seit mehreren Jahrhunderten verwendet wird (bspw. im Bereich der Forstwirtschaft ab dem 17. Jhdt.[123] oder in der Fischerei im Zusammenhang mit der maximal zulässigen Fischfangmenge[124]),

123 Baumgartner, Nachhaltigkeitsorientierte Unternehmensführung, 2010, S. 15.
124 Sachs, The age of sustainable development, 2015, S. 4.

wurde er erst in den 1970er Jahren vermehrt zum Gegenstand öffentlicher Debatten. Seit der im Jahr 1972 in Stockholm stattfindenden Konferenz der UNO über die Umwelt des Menschen, welche als Beginn der internationalen Umweltpolitik gilt, wurde der Begriff erstmals zum Teil der globalen Agenda. Zu seiner Verbreitung trug auch die Publikation des Buchs „*Limits to Growth*" des Club of Rome bei.[125] Diese Impulse führten zu einer immer stärkeren Umweltbewegung, und als es in den Folgejahren zu mehreren industriellen Katastrophen mit verheerenden Folgen für die Bevölkerung und Umwelt gekommen ist, hat die UNO eine Weltkommission für Umwelt und Entwicklung mit dem Auftrag einberufen, einen Bericht über nachhaltige und umweltschonende Entwicklungsmöglichkeiten zu verfassen.[126] Im Vordergrund der Untersuchung stand die Frage, wie sich die Befriedigung der elementaren Bedürfnisse der Menschheit mit begrenzten Ressourcen und Kapazitäten der Natur verbinden lässt.[127] Das Ergebnis der Arbeit der Kommission stellte der in 1987 veröffentlichte Bericht *Our Common Future* dar, der nach der Vorsitzenden der Kommission, Gro Harlem Brundtland, auch Brundtland-Bericht genannt wird. In diesem wurde die Nachhaltige Entwicklung als solche definiert, welche die Bedürfnisse der jetzigen Generation befriedigt, ohne die der zukünftigen Generation zu gefährden. Weiter setzte die Kommission in ihrem Bericht fort:

> It contains within it two key concepts: the concept of 'needs', in particular the essential needs of the world's poor, to which overriding priority should be given; and the idea of limitations imposed by the state of technology and social organization on the environment's ability to meet present and future needs. Thus, the goals of economic and social development must be defined in terms of sustainability in all countries - developed or developing, market-oriented or centrally planned. Interpretations will vary but must share certain general features and must flow from a consensus on the basic concept of sustainable development and on a broad strategic framework for achieving it. Development involves a progressive transformation of economy and society.[128]

Durch die Veröffentlichung des Brundtland-Berichts wurde eine umfangreiche Diskussion des Nachhaltigkeitsthemas innerhalb und zwischen Politik, Wissenschaft, Praxis und Zivilgesellschaft angestoßen.[129] Im Laufe der Zeit wurde das

---

125 Ders., The age of sustainable development, 2015, S. 4.

126 Visser, Corporate Sustainability & Responsibility, 2017, S. 26 f.

127 Baumgartner, Nachhaltigkeitsorientierte Unternehmensführung, 2010, S. 15.

128 World Commission on Environment and Development, Our Common Future, 1987, S. 41.

129 Baumgartner, Nachhaltigkeitsorientierte Unternehmensführung, 2010, S. 17.

Konzept weiterentwickelt und bewegte sich in Richtung eines praktischen und ganzheitlichen Ansatzes, der sich weniger auf die Frage der intergenerationellen Gerechtigkeit fokussiert, sondern vielmehr den Versuch unternimmt, die wirtschaftliche Entwicklung, soziale Inklusion sowie die ökologische Nachhaltigkeit miteinander zu verbinden. Diese dreiteilige Sichtweise auf die nachhaltige Entwicklung wurde während der Konferenz der UNO über nachhaltige Entwicklung im Jahr 2002 in Johannesburg eingeführt und gilt bis heute als richtungsweisend.

3.1.1 Entwicklung der Sustainable Development Goals

Einen weiteren Meilenstein bei der Entwicklung des Nachhaltigkeitskonzepts stellte die Einigung der UNO-Mitgliedsstaaten auf die Notwendigkeit der Entwicklung einer globalen und zielorientierten Nachhaltigkeitsagenda, welche im Jahr 2012 während der sog. „Rio+20" Konferenz der UNO über nachhaltige Entwicklung beschlossen wurde. Dort wurde festgestellt, dass die vor 20 Jahren ebenfalls in Rio de Janeiro beschlossenen Maßnahmen nicht ausreichend implementiert wurden und deswegen konkrete, handlungsorientierte, leicht zu vermittelnde und zahlenmäßig begrenzte Ziele herausgearbeitet werden müssen.[130] Die grundlegenden Annahmen, welche der Entwicklung dieser Agenda zugrunde liegen sollten, wurden im Abschlussdokument *The future we want* wie folgt beschrieben:

> We recognize that people are at the centre of sustainable development and, in this regard, we strive for a world that is just, equitable and inclusive, and we commit to work together to promote sustained and inclusive economic growth, social development and environmental protection and thereby to benefit all. [...] We underscore that sustainable development requires concrete and urgent action. It can only be achieved with a broad alliance of people, governments, civil society and the private sector, all working together to secure the future we want or present and future generations.[131]

Anschließend hat die Generalversammlung der UNO diese Ziele nach drei Jahren intensiver Arbeit am 25.9.2015 durch die Resolution *Transforming our world: the 2030 Agenda for Sustainable Development 2030* beschlossen. Die Präambel dieses Dokuments beginnt mit dem Satz „*This Agenda is a plan of action for people, planet and prosperity*"[132] und bekräftigt somit das dreiteilige Verständnis der nachhaltigen Entwicklung. Insgesamt wurden 17 Ziele für Nachhaltige

---

130 United Nations, The future we want, 2012, S. 247.

131 Dass., The future we want, 2012, S. 13.

132 Dass., Transforming our world: the 2030 Agenda for Sustainable Development, 2015, S. 1.

Entwicklung (sog. *Sustainable Development Goals*, nachfolgend SDGs) und 169 konkrete Umsetzungstargets für die nächsten 15 Jahre beschlossen, welche auf den zuvor beschlossenen Millenniums-Entwicklungszielen aufbauen und das vollenden sollen, was diese nicht erreicht haben. Die SDGs betreffen verschiedene Bereiche, bspw. die Armutsbekämpfung, Gesundheitsversorgung, Bildung, Friedenssicherung, Gleichheitsaspekte, Klima oder verantwortungsvolle Produktion und werden üblicherweise durch die folgende Grafik bildlich repräsentiert:

Abbildung 1: SDGs nach UNO

3.1.2 SDGs als Vision einer neuen Gesellschaftsordnung

Im Zusammenhang mit der Entwicklung der SDGs schlägt Sachs eine neue Weltanschauungsweise vor, welche die künftige Richtung beim Aufbau einer neuen Ordnung leiten soll. Er spricht vom „*Age von Sustainable Development*" und versteht darunter ein System, welches sich an die Erreichung der SGDs als Zielsetzung anlehnt auf der Interaktion von drei komplexen Systemen basiert: "*the world economy, the global society, and the Earth's physical environment*".[133] Da für ihn diese Elemente das gleiche Gewicht besitzen und zusammen ein einheitliches Rahmenwerk bilden, benutzt er nicht den Begriff einer Wirtschaftsordnung, jedoch wird eine solche impliziert. Bei dieser schließt er das für das geltende Wirtschaftssystem typische Wirtschaftswachstum nicht aus, dieses

133 Sachs, The age of sustainable development, 2015, S. 3.

muss nach seiner Vorstellung aber *„socially inclusive and environmentally sustainable*“ sein.[134]

In seinem Konzept geht Sachs davon aus, dass die neue Ordnung auf Erkenntnissen der Wissenschaft und auf technologischem Fortschritt basieren muss, welche den Inhalt der offen gestalteten Ziele sinnvoll ausfüllen und ergänzen sollen. Zudem betont er ausdrücklich, dass die Wirtschaft keinesfalls in Richtung einer Planwirtschaft gehen soll, sondern vielmehr durch Marktprozesse – aber eben im Einklang mit den SDGs – gesteuert werden soll. Gerade die zielgerichtete und durch den Markt zu erreichende Entwicklung und nicht die Planwirtschaft sind für ihn ein wesentliches Merkmal einer hochentwickelten Industriegesellschaft.[135]

Es gibt einige gute Gründe, warum sich das von Sachs entwickelte einheitliche Konzept bei der Gestaltung einer neuen Ordnung nach der Corona-Krise als äußerst nützlich erweisen könnte. Der erste besteht darin, dass die SDGs genau die Probleme lösen sollen, für welche die Marktwirtschaft als ursächlich angesehen wird bzw. welche am häufigsten im Zusammenhang mit dem Marktversagen gesehen werden. Bspw. geht es um die Verringerung der bestehenden Ungleichheiten, auch im Zusammenhang mit dem Einkommen. Zur Bekämpfung dieses Problems wird in der Agenda 30-Resolution ausdrücklich Folgendes festgehalten: “*Sustained, inclusive and sustainable economic growth is essential for prosperity. This will only be possible if wealth is shared and income inequality is addressed*”.[136] Zudem können auch andere SDGs, welche sich nicht vorrangig der Reduzierung von Ungleichheiten widmen, positive Effekte haben, bspw. durch Beendigung der Armut (SDG 1) oder durch einen gleichen Zugang zu Gesundheitsversorgung oder Bildung (SDG 3 und 4). Zudem adressieren viele der SDGs diverse ökologische Probleme und bieten damit eine zielgerichtete Lösung der im Zusammenhang mit den planetarischen Grenzen stehenden Probleme.

Der zweite überzeugende Aspekt zugunsten des von Sachs vorgeschlagenen Modells ist, dass die SGDs eine einzigartige Übereinkunft im Hinblick auf die grundlegende Richtung der Menschheit darstellen, die auf gemeinsamen und allgemein anerkannten Werten beruht. An der Erarbeitung der SDGs, welche mit ihren 169 teilweise sehr detailliert formulierten Targets auch konkrete Umsetzungskonzepte beinhalten, haben sich alle 193 Mitgliedstaaten der UNO

---

134 Ders., The age of sustainable development, 2015, S. 3.

135 Ders., The age of sustainable development, 2015, S. 494.

136 United Nations, Transforming our world: the 2030 Agenda for Sustainable Development, 2015, S. 27.

beteiligt, um gemeinsam den Weg zur nachhaltigen Entwicklung zu ebnen. Sachs spricht sogar davon, dass der Agenda 2030 die gleiche Bedeutung wie der Charta der Vereinten Nationen zugewiesen werden kann,[137] und auch wenn diese Aussage vielleicht zu weit geht, erklärten selbst die UNO die Verabschiedung der Agenda 2030 zu einer Entscheidung mit großer historischer Bedeutung:

> Today we are also taking a decision of great historic significance. We resolve to build a better future for all people, including the millions who have been denied the chance to lead decent, dignified and rewarding lives and to achieve their full human potential. [...] What we are announcing today – an Agenda for global action for the next 15 years – is a charter for people and planet in the twenty-first century. [...] The future of humanity and of our planet lies in our hands. It lies also in the hands of today's younger generation who will pass the torch to future generations. We have mapped the road to sustainable development; it will be for all of us to ensure that the journey is successful and its gains irreversible.[138]

Des Weiteren beruft sich Sachs bezüglich der Vorzugswürdigkeit eines an die Nachhaltigkeit angelehnten Modells darauf, dass dieses die Glückseligkeit als oberstes Ziel anvisiert und eine Rückkehr zu den Wurzeln des westlichen Lebens darstellt. Insbesondere hebt er die Philosophie von Aristoteles hervor, deren zentrales Anliegen ein erstrebenswertes Leben ist. Dieses hat auch eine politische Dimension, denn es ist mit der Frage verbunden, in welcher Form der politischen Organisation ein erstrebenswertes Leben am besten erreicht werden kann.[139] Für Aristoteles stellte diese Glückseligkeit (sog. *Eudaimonia*) eine Form der autarken Vollkommenheit dar, welche in der natürlichsten Gesellschaftsform der Polis entwickelt werden kann.[140] In diesem Zusammenhang beschreibt Sachs, dass sich die staatliche Politik seit Smiths Werk lediglich darum bemühte, den nationalen Wohlstand im wirtschaftlichen Sinne zu erhöhen, dabei müsste der Fokus jedoch im Einklang mit den ursprünglichen Werten unserer politischen Tradition auf der Erhöhung der Glückseligkeit (er spricht von *well-being* bzw. *happiness*) liegen. Unter Verweis auf den World Happiness Report zeigt er zusätzlich, dass ein Zusammenhang zwischen dem Wohlstand einer Nation und dem Glücksempfinden ihrer Bevölkerung nicht zwangsläufig gegeben ist und

137 Sachs, The age of sustainable development, 2015, S. 484.

138 United Nations, Transforming our world: the 2030 Agenda for Sustainable Development, 2015, S. 51 ff.

139 Sachs, The age of sustainable development, 2015, S. 221.

140 Langmeier, Ordnung in der Polis, 2018, S. 38 ff.

somit ein Umdenken in der Politik geboten erscheint. Zugunsten einer Orientierung an die Nachhaltigkeit argumentiert er:

> The countries that rank highest on happiness are not the countries with the highest income per capita; income and happiness have quick and stark diminishing marginal returns. Rather, the countries that enjoy the highest levels of well-being are those that are closest to reaching the 17 SDGs – those that have the highest social capital, the most inclusive and equitable economies, and policies that effectively protect and promote the natural environment. Interestingly, policy research is revealing that the SDGs contribute to happiness, and vice versa – happiness also contributes to the SDGs. Individuals and societies with higher levels of well-being are more prosocial, civic, innovative, and productive. The SDGs promise to increase the levels of global happiness and well-being.[141]

Bei den obigen Ausführungen bezieht sich Sachs auf die utilitaristische Tradition, welche keinesfalls unumstritten geblieben ist, weswegen dieses Argument mit gewissem Vorbehalt zu betrachten ist, doch Sachs legt ein deutlich überzeugenderes und schwerwiegenderes Argument in die Waagschale, nämlich den Umstand, dass sein nachhaltigkeitsbasiertes Modell alle gesellschaftlichen Akteure einbezieht und dadurch einen holistischen Ansatz verfolgt, bei welchem keine zwingende Notwendigkeit zur Trennung zwischen den Kräften des Marktes und den Händen des Staates besteht. Nach Sachs besteht die normative Seite der nachhaltigen Entwicklung nämlich aus vier Elementen: neben den drei bereits beschriebenen Prinzipien (wirtschaftlicher Wohlstand, soziale Integration und ökologische Nachhaltigkeit) kommt noch ein viertes Element hinzu: „*good governance by major social actors, including governments and business*“; unter letzterem bezieht er sich auf den Privatsektor und insbesondere auf das Unternehmertum.[142] Durch dieses Element wird dem Umstand Rechnung getragen, dass der Privatsektor nicht nur wirtschaftlicher, sondern auch wichtiger gesellschaftlicher Akteur ist und durch verantwortungsvolles Handeln nicht nur zum Wirtschaftswachstum, sondern auch zur sozialen Kohäsion und zum schonenden Umgang mit den Ressourcen unseres Planeten beitragen kann und soll.

---

141 Sachs, Global Happiness and Wellbeing, 2019, S. 8.

142 Ders., The age of sustainable development, 2015, S. 4.

3.2 Übertragung der gesellschaftlichen Verantwortung auf Akteure der Marktwirtschaft

Obwohl sich Sachs in seinem nachhaltigkeitsbasierten Modell für eine stärkere Einbindung des Privatsektors ausspricht, wurde die Idee weder von ihm entwickelt noch durch die Agenda 2030 erstmals vorgetragen, vielmehr hat sie eine deutlich längere Tradition. In den letzten Jahrzehnten ist es zu einer Verschiebung der Grenzen zwischen dem privaten und öffentlichen Sektor gekommen, und die Akteure der freien Marktwirtschaft werden mit wachsender Tendenz in die Pflicht genommen, mehr gesellschaftliches Engagement zu erbringen. Die Vorstellung davon, wie dieses konkret gestaltet werden soll, veränderte sich im Laufe der Zeit erheblich, doch es lässt sich beobachten, dass die Verantwortungsübernahme durch den Privatsektor zunehmend als selbstverständlich angesehen wird und so zu einer neuen Dynamik sowohl auf der Ebene des Marktes als auch der Gesellschaft führt. Unter Privatsektor werden vorrangig Unternehmen innerhalb des Wirtschaftssektors gezählt, doch auch private Investoren, die sich zu einem großen Teil an der Finanzierung des Unternehmertums beteiligen, gehören zu wichtigsten Akteuren. Nachfolgend wird also die inhaltliche Konzeptualisierung der Idee der gesellschaftlichen Verantwortung dieser zwei Gruppen des Privatsektors näher ausgeführt.

3.2.1 Ebene des Unternehmertums – Corporate Social Responsibility

Das Verständnis des Unternehmens als gesellschaftlicher Akteur bringt eine breite Palette von Fragen mit sich, bspw. welche Beziehung zwischen der Gesellschaft und dem Unternehmertum besteht, wie sie sich gegenseitig beeinflussen und vor allem, welche Rolle Unternehmen in der Gesellschaft einnehmen sollen. In der Literatur und in der Öffentlichkeit wird zunehmend die Frage diskutiert, ob von einer gesellschaftlichen Verantwortung der Unternehmen gesprochen werden kann und falls ja, wie diese zu begreifen ist. Die interdisziplinäre und auf die aufgeworfenen Fragestellungen bezugnehmende Debatte wird unter dem Begriff *Corporate Social Responsibility* (CSR) geführt und thematisiert das komplexe Spannungsverhältnis zwischen dem betriebswirtschaftlichen Nutzen und dem gesellschaftlichen Gemeinwohl, in dem sich Unternehmen häufig bewegen.[143]

143 Hiß/Nagel, in: Maurer (Hrsg.), Handbuch der Wirtschaftssoziologie, 2017, S. 338.

Unternehmen gehören zu den wichtigsten Marktakteuren, stehen sogar im Zentrum des Kapitalismus bzw. der Marktwirtschaft.[144] Sie gehören zu den Kerninstitutionen moderner Gesellschaften und trotz der Tatsache, dass sie in ihrer moderner Form noch ein recht junges Phänomen darstellen, bestimmen sie heute maßgeblich über die Verteilung von Ressourcen in zahlreichen gesellschaftlichen Handlungsfeldern mit[145] und vereinigen einen großen Teil der Wertschöpfung auf sich.[146] Das macht sie sowohl aus der wirtschafts- als auch der sozialwissenschaftlichen Forschungsperspektive zu einem interessanten Untersuchungsgegenstand, auch wenn diese beiden Disziplinen unterschiedliche Forschungszugänge aufweisen. Heutzutage ist das Thema der CSR weit verbreitet und wird zu einem wichtigen Punkt der gesellschaftspolitischen Debatten. Auch die Wirtschaftssoziologie ist darum bemüht, Unternehmen im Zusammenhang mit ihrer gesellschaftlichen Einbettung zu erforschen;[147] doch innerhalb der Wirtschaftswissenschaft werden die gesellschaftlichen Folgen des unternehmerischen Handelns kaum thematisiert.[148] Die Übertragung gesellschaftlicher Verantwortung auf das Unternehmertum entfaltet jedoch eine bedeutsame normative Wirkung und benötigt deswegen eine systematische und interdisziplinäre Untersuchung, auch unter Einbeziehung der Wirtschaftswissenschaft.

Trotz der Selbstverständlichkeit, mit welcher der Begriff CSR aktuell benutzt wird, ist es überraschend, wie unterschiedlich seine Interpretation ausfallen kann. Brühl unternimmt den Versuch, eine zusammenfassende Definition herauszuarbeiten, welche die CSR auf zwei Ebenen versteht. Zum einen ist es die Zuschreibung der Verantwortung durch verschiedene Gesellschaftsgruppen (insbesondere der Stakeholder des Unternehmens); und zum anderen die Tugend der Unternehmensmitglieder und eine entsprechende Unternehmenskultur, die Konsequenzen der Handlungen auf die Gesellschaft zu berücksichtigen und zu einer nachhaltigen Entwicklung der Gesellschaft beizutragen.[149] Auch wenn diese Definition bereits sehr präzise die grundlegenden Überlegungen hinter dem Konzept beschreibt und daher eine hohe Zustimmung finden würde, lässt sich in der Wissenschaft, aber auch in der unternehmerischen Praxis

144 Collier, Sozialer Kapitalismus!, 2019, S. 104.

145 Hiß/Nagel, in: Maurer (Hrsg.), Handbuch der Wirtschaftssoziologie, 2017, S. 332 f.

146 Brühl, Corporate Social Responsibility, 2018, S. 11.

147 Hiß/Nagel, in: Maurer (Hrsg.), Handbuch der Wirtschaftssoziologie, 2017, S. 336.

148 Polterauer, in: Backhaus-Maul/Kunze/Nährlich (Hrsg.), Gesellschaftliche Verantwortung von Unternehmen in Deutschland, 2018, 145 f.

149 Brühl, Corporate Social Responsibility, 2018, S. 42.

eine große Uneinheitlichkeit beobachten. Zudem kommen neue, mit der CSR verwandte Begrifflichkeiten wie *Corporate Citizenship* oder *Corporate Governance* auf, welche die Herausarbeitung einer einheitlichen Definitionen zusätzlich erschweren.[150]

Ausgehend von der Tatsache, dass Unternehmen durch ihre wirtschaftliche Tätigkeit für viele der Probleme der heutigen Gesellschaft zumindest teilweise als mitverantwortlich angesehen werden (bspw. im Bereich der Umweltverschmutzung), ist es äußert wichtig, das Konzept der gesellschaftlichen Verantwortung von Unternehmen inhaltlich genauer zu präzisieren. Die beschriebene Unbestimmtheit des Begriffs CSR ist nämlich mit der Gefahr verbunden, dass er in der Praxis zu großer Verunsicherung führt und das transformative Potential des Unternehmertums bei der Gestaltung einer nachhaltigeren Wirtschaftsordnung ins Leere geht, sodass nachfolgend die Entwicklung des Konzepts CSR von seiner Entstehung bis zur Gegenwart näher betrachtet wird.

3.2.1.1 Entwicklung des Konzepts der gesellschaftlichen Verantwortung der Unternehmen

Der Ursprung des Konzepts der unternehmerischen Verantwortung gegenüber der Gesellschaft wird in der Literatur nicht übereinstimmend bewertet. Einige Autoren gehen davon aus, dass sich dieser in den 1920er Jahren in den USA als Folge freiwilliger gesellschaftlicher Verantwortungsübernahme großer Unternehmen entwickelte und nach einer Marginalisierungsphase während der Großen Depression und des Zweiten Weltkriegs seit den 1970- und 1980er Jahren eine Phase des Neuaufschwungs erlebte.[151] Andere Autoren vertreten dagegen die Auffassung, dass die gesellschaftliche Verantwortung von Unternehmen kein Konzept des 20. Jahrhunderts ist, sondern eine lange Tradition hat und auf das bereits in der Antike entwickelte Leitbild des ehrbaren Kaufmanns zurückzuführen ist.[152] Der ehrbare Kaufmann wird in diesem Zusammenhang als wirtschaftlich handelnder Akteur verstanden, der sein Verhalten auf Tugenden stützt,

150 Schneider, in: Schneider/Schmidpeter (Hrsg.), Corporate Social Responsibility, 2015, S. 23 f.

151 Malets/Böhling, in: Backhaus-Maul/Kunze/Nährlich (Hrsg.), Gesellschaftliche Verantwortung von Unternehmen in Deutschland, 2018, S. 52; Marens, Socio-Economic Review 2012, S. 59 f.

152 Schwalbach/Klink, in: Schneider/Schmidpeter (Hrsg.), Corporate Social Responsibility, 2015, S. 190.

welche eindeutig den langfristigen wirtschaftlichen Erfolg unter Berücksichtigung der Interessen der Gesellschaft zum Ziel haben.[153]

Auch wenn dieses Verantwortungsmodell ebenfalls der Frage nachgeht, wie sich das Profitstreben und der gesellschaftliche Nutzen vereinbaren lassen, liegt der grundlegende Unterschied zur aktuellen CSR-Forschung darin, dass es auf der individuellen und nicht der unternehmerischen Ebene angesiedelt ist. Aus diesem Grund wurde gegen das Modell des ehrbaren Kaufmanns vorgetragen, dass es der Komplexität der heutigen, durch Globalisierung, Diversität, Wertepluralismus und neue Interaktionsformen geprägten Welt nicht gerecht wird.[154] Zudem betrifft das Modell des ehrbaren Kaufmanns eher das Verhältnis der Kaufleute untereinander anstelle eines erweiterten Blicks auf die gesellschaftlichen Beziehungen, weswegen nachfolgend auf die Darstellung älterer Modelle verzichtet und lediglich die Entwicklung des modernen Verständnisses des Konzepts CSR erläutert wird.

3.2.1.1.1 Social Responsibilities of the Businessman nach Bowen

Als Beginn der modernen Konzeptualisierung der CSR gilt das im Jahr 1953 publizierte Werk *Social Responsibilities of the Businessman* des US-amerikanischen Ökonomen Howard R. Bowen, der auch als „*Father of Corporate Social Responsibility*" bezeichnet wird.[155] In seinem Buch beschrieb Bowen erstmals den Zusammenhang zwischen unternehmerischem Handeln und seinen sozialen Konsequenzen und leitete aus diesem eine unternehmerische Verantwortung ab, die über die Wahrung der Interessen der Anteilseigners hinausging:

> The decisions and actions of the businessman have a direct bearing on the quality of our lives and personalities. His decisions affect not only himself, his stockholders, his immediate workers, or his customers–they affect the lives and fortunes of us all. [...] When the far-reaching scope and consequences of private business decisions are recognized, some questions naturally arise: are businessmen, by virtue of their strategic position and their considerable decision-making power, obligated to consider social consequences when making their private decisions? If so, do they have social responsibilities that transcend obligations to owners or stockholders? The answer to both these questions is clearly yes.[156]

153 Klink, in: Schwalbach (Hrsg.), Corporate social responsibility, 2008, S. 58.

154 Beschorner/Hajduk, in: Schneider/Schmidpeter (Hrsg.), Corporate Social Responsibility, 2015, S. 274 f.

155 Carroll, Business & Society 38 (1999), S. 270.

156 Bowen, Social responsibilities of the businessman, 2013, S. 3 f.

Daraufhin definierte er die gesellschaftliche Verantwortung als „obligations of businessmen to pursue those policies, to make those decisions, or to follow those lines of action which are desirable in terms of the objectives and values of our society".[157] Nach dem Wortlaut der Definition spricht Bowen zwar von der persönlichen Verantwortung der Geschäftsleute, es besteht jedoch ein allgemeiner Konsens darüber, dass die organisationsspezifische Verantwortung des unternehmerischen Handelns in Bowens Modell unmittelbar einbezogen wird.[158] Sein Verständnis umfasst zudem auch die gesellschaftliche Einbettung, da der Inhalt der unternehmerischen Verantwortung an die Ziele und Werte der Gesellschaft angeknüpft wird. In seinem Buch sprach sich Bowen zwar gegen die Ablehnung der häufig vorgetragenen Kritik an die Gewinnorientierung, gleichzeitig betonte er aber, dass die Freiheit, welche Unternehmen in einer Marktwirtschaft genießen und welche ihnen zahlreiche Rechte verleiht, auch mit entsprechender Verantwortung verbunden sein muss:

> They [the businessmen] must accept the social implications of their calling. They must recognize that ultimately business exists not for profits, for power or for personal aggrandizement, but to serve society. They must recognize that the freedom and the power which they enjoy has been committed to them by society on the theory that decentralization of economic decision-making contributes to social welfare through its salutary effects in unleashing the imagination, the leadership, and the enterprise of independent businessmen. Such freedom and power, of course, entail great responsibility. They must be used moderately, conscientiously, and with a view to the interest of the society at large. Only thus can the widespread delegation of decision-making in matters affecting the whole community be justified – and the system of private enterprise continue indefinitely to survive.[159]

Nach seiner Auffassung stellt ein Unternehmer stets zwei Arten von Produkten her: auf der einen Seite sind es Handelswaren und Dienstleistungen (bspw. Lebensmittel, Autos, Kleidung etc.) und auf der anderen Seite geht es um Bedingungen, unter denen die Produktion dieser Waren und Dienstleistungen stattfindet. Diese Kategorie bezeichnete Bowen als „*social products of business*" und als Beispiele nannte er die Arbeitsbedingungen, die Sicherheit der Arbeitnehmer, die Qualität der menschlichen Beziehungen, den Grad der Ausbeutung der

---

157 Ders., Social responsibilities of the businessman, 2013, S. 6.

158 Maurer, in: Backhaus-Maul/Kunze/Nährlich (Hrsg.), Gesellschaftliche Verantwortung von Unternehmen in Deutschland, 2018, S. 119.; Schank/Beschorner, in: Backhaus-Maul/Kunze/Nährlich (Hrsg.), Gesellschaftliche Verantwortung von Unternehmen in Deutschland, 2018, S. 181 f.

159 Bowen, Social responsibilities of the businessman, 2013, S. 135 f.

natürlichen Ressourcen und die Luftverschmutzung oder die Werbe- und Verkaufspraktiken. Nach seiner Vorstellung haben beide Kategorien von Produkten einen eigenen Nachfragemarkt: während die kommerziellen Güter von anderen Unternehmen und Verbrauchern nachgefragt werden, unterliegen die sozialen Produkte der Nachfrage von denjenigen Personen, die sich in verschiedenen Kreisen ihres wirtschaftlichen Einflusses befinden. So verlangen Arbeiter eines Unternehmens bspw. gute Arbeitsbedingungen und Vergütung, die Aktionäre angemessene Dividenden, die Lieferanten faire Preise und einen stabilen Markt; zudem erwartet auch die breitere Öffentlichkeit, dass das Unternehmen zu allgemeinen sozialen Zielen und der Verbesserung der Gemeinschaft beiträgt.[160]

Für Bowen hing der letztendliche Erfolg eines Unternehmers von seiner Fähigkeit ab, die Nachfrage nach beiden Arten von Produkten zu befriedigen; mit diesen Überlegungen legte er den Grundstein des modernen Verständnisses des Konzepts der gesellschaftlichen Unternehmensverantwortung. Bowen ging sogar noch einen Schritt weiter und stellte die These auf, dass so wie ein Unternehmer die Nachfrage nach seinen kommerziellen Produkten antizipieren muss, er dies auch im Hinblick auf die sozialen Produkte tun und eine Führungsrolle übernehmen muss, damit das Konzept der gesellschaftlichen Verantwortung zu einer wirksamen und konstruktiven Kraft im Wirtschaftsleben werden kann.[161] Damit warf er schon in den 1950er Jahren die grundlegende Frage auf, welche Rolle und Potential das Unternehmertum bei der Transformation der Wirtschaftsordnung haben kann. Diese steht bis heute im Mittelpunkt der CSR-Forschung, weswegen er ohne Zweifel als Vater dieses Konzepts betrachtet werden kann.

3.2.1.1.2 Verantwortungspyramide nach Caroll

Ein weiteres richtungsweisendes Konzept im Bereich der unternehmerischen Verantwortung stellt das Modell der *corporate social performance* von Carroll dar. Dieses teilt die Verantwortung eines Unternehmens in vier grundlegende Bereiche ein und im Einklang mit dieser Kategorisierung entwickelte Caroll folgende Definition der gesellschaftlichen Verantwortung von Unternehmen: „*The social responsibility of business encompasses the economic, legal, ethical, and discretionary expectations that society has of organizations at a given point of time*".[162] Aus diesen Kategorien heraus bildete er später seine bekannte

160 Ders., Social responsibilities of the businessman, 2013, S. 136 ff.
161 Ders., Social responsibilities of the businessman, 2013, S. 137.
162 Carroll, The Academy of Management Review 4 (1979), S. 500.

Verantwortungspyramide, welche entsprechend der Definition vier Ebenen der gesellschaftlichen Verantwortung eines Unternehmens umfasst: die wirtschaftliche, die rechtliche, die ethische und die philanthropische Ebene.

Die Basis der Pyramide stellt die wirtschaftliche Verantwortung dar und dient als das grundlegende Fundament für die restlichen Kategorien. Auch wenn es seltsam erscheinen könnte, die wirtschaftliche Verantwortung (*economic responsibilities*) als gesellschaftliche Verantwortung zu bezeichnen, statuiert Carroll, dass ein Unternehmen vor allem als die grundlegende wirtschaftliche Einheit unserer Gesellschaft zu begreifen ist und es somit sein wichtigstes Anliegen ist, die von der Gesellschaft nachgefragten Güter zu produzieren und Dienstleitungen zu erbringen und dabei einen Gewinn zu erwirtschaften, welcher dem Unternehmen das Fortbestehen und Wachstum sowie seinen Investoren wirtschaftliche Erträge sichern kann. Von Unternehmen wird aber erwartet, dass sie bei Erfüllung dieses Auftrags im Rahmen des geltenden Rechts handeln und somit auch die rechtliche Dimension ihrer Verantwortung wahrnehmen (*legal responsibilities*). Rechtliche Verpflichtungen repräsentieren die schriftlich festgehaltenen Grundsätze der Ethik, deren Einhaltung der Gesetzgeber als grundlegende Bedingung einer fairen Geschäftswelt ansieht. Der rechtliche Verantwortungsbereich ist zwar wichtig, kann aber nicht alle Erwartungen zum Ausdruck bringen, welche die Gesellschaft an Unternehmen stellt.[163]

Aus diesem Grund ist es nach Carroll notwendig, auch eine ethische Verantwortung des Unternehmens (*ethical responsibilities*) anzunehmen, die solche Handlungen und Praktiken umfasst, die zwar nicht kodifiziert sind, von den Mitgliedern der Gesellschaft aber dennoch erwartet werden: „*Ethical responsibilities embody those standards, norms, or expectations that reflect a concern for what consumers, employees, shareholders, and the community regard as fair, just, or in keeping with the respect for or protection of stakeholders' moral rights*".[164] Sie bringen die in der Gesellschaft neu aufkommenden Werte zum Ausdruck und stellen höhere Ansprüche an das Unternehmen als die gesetzlichen Verpflichtungen, gleichzeitig sind sie aber maßgeblich für die Fortentwicklung der rechtlichen Verpflichtungen. Die letzte Kategorie bildet die philanthropische Verantwortung (*philanthropic responsibilities*), die freiwillige Maßnahmen des Unternehmens wie Spenden oder Sponsoring zur Förderung gesellschaftlicher Ziele bspw. im Bereich der Kunst oder Bildung umfasst und eigentlich keine Verantwortung im engeren Sinne darstellt, sondern vielmehr im Bereich der

163 Ders., Business Horizons 34 (1991), S. 40 f.

164 Ders., Business Horizons 34 (1991), S. 41.

corporate citizenship angesiedelt ist.[165] Später wurde diese Kategorie der Unternehmensverantwortung einer starken Kritik ausgesetzt, was dazu führte, dass Carroll sein Pyramiden-Modell überarbeitete und 2003 zusammen mit Schwartz ein neues, sog. Drei-Domänen-Modell (*Three-Domain Model*) der CSR vorstellte, welches im Wesentlichen gleichblieb, auf die Kategorie der philanthropischen Verantwortung jedoch verzichtete.[166]

3.2.1.1.3 Tripple-Bottom-Line von Elkington

Eine weitere wesentliche Entwicklung im Bereich der gesellschaftlichen Unternehmensverantwortung ging mit der wachsenden Bedeutung des Nachhaltigkeitsgedanken einher. Nach der Veröffentlichung des Brundlandt-Berichts entwickelte Elkington ein neues Unternehmensbewertungsmodell, das sog. Drei-Säulen-Modell bzw. *Triple-Bottom-Line* (abgekürzt auch 3Ps für "*People, Planet, Profit*")[167], welches von der These ausgeht, dass die übliche Berichterstattung keinen adäquaten Ausdruck der Wertbilanz eines Unternehmens darstellt.[168] Im Einklang mit dem Nachhaltigkeitskonzept beinhaltet das Modell von Elkington drei Dimensionen: die ökonomische, die soziale und die ökologische. Die Wertbilanz eines Unternehmens ergibt sich aus den Salden der jeweiligen Dimensionen; im Unterschied zu traditionellen Unternehmensbewertungsmodellen schaut Elkingtons Konzept also nicht nur auf die monetäre Seite, sondern berücksichtigt ebenso den Einfluss auf Mensch und Umwelt.[169] Durch diese Sichtweise wies Elkington als einer der ersten Autoren darauf hin, dass nachhaltiges Wirtschaften nicht ausschließlich auf Wirtschaftswachstum ausgerichtet werden darf, sondern ein breiteres Spektrum von Aspekten mit langfristigerem Zeithorizont berücksichtigen und ein neues Verständnis vom Begriff Kapital entwickelt werden muss.[170]

Elkington plädiert für ein radikales Umdenken im Hinblick auf Themen der sozialen Gleichheit, Umweltgerechtigkeit und Unternehmensethik. Gerade Unternehmer spielen seiner Meinung nach eine wichtige Rolle bei der Transformation zu einer nachhaltigen Wirtschaft und müssen somit einen neuen Ansatz

165 Ders., Business Horizons 34 (1991), S. 42.
166 Vgl. dazu Carroll/Schwartz, Business Ethics Quarterly 13 (2003), S. 508 ff.
167 Elkington, in: Visser/Matten/Pohl u.a. (Hrsg.), The A to Z of Corporate Social Responsibility, 2010, S. 406.
168 Spießhofer, Unternehmerische Verantwortung, 2017, S. 58.
169 Biberstein, Wieso der Triple-Bottom-Line-Ansatz heute aktueller denn je ist, 2020.
170 Elkington, Cannibals with forks, 1997, S. 329.

der Unternehmensbewertung im Einklang mit dem dreidimensionalen Nachhaltigkeitsgedanken verfolgen:

> We will also need to address radically new views of what is meant by social equity, environmental justice and business ethics. This will require a much better understanding not only of financial and physical forms of capital, but also of natural, human, and social capital. Business leaders and executives wanting to grasp the full scale of the challenge confronting their corporations and markets will need to carry out a sustainability audit, [...] against the emerging requirements and expectations driven by sustainability's triple bottom line. In the spirit of the management dictum that what you can't measure you are likely to find hard to manage, we should ask whether it is even possible to measure progress against the triple bottom line?[171]

Obwohl das Konzept von Elkington anfangs auf eine positive Resonanz in der akademischen Welt gestoßen ist, hat es sich in der Praxis nicht durchsetzen können; einige sprechen sogar vom Scheitern des Triple-Bottom-Line-Ansatzes. Die Gründe dafür sind divers, hängen aber insbesondere mit der schweren Messbarkeit im Bereich der sozialen und ökologischen Dimension zusammen.[172] Auch liefert das Modell keine Antwort auf die Frage, wie im Falle von Zielkonflikten vorzugehen ist (bspw. wenn höhere Umweltschutzstandards auch höhere Kosten verursachen).

Elkington war sich der Entwicklungsbedürftigkeit seines Modells durchaus bewusst und bezeichnete die neuen Formen des Nachhaltigkeits-Accountings und der Berichterstattung noch als "*black boxes*", betonte aber die Notwendigkeit eines Nachhaltigkeitsmodells[173] und trug somit maßgeblich zur Verbreitung des Nachhaltigkeitsgedanken bei. Darüber hinaus liegt ein großer Verdienst seines Konzepts auch darin, dass er auf die Relevanz von „*non-financial factors*" aufmerksam machte, wodurch der Weg für weitere Ausdifferenzierung in folgenden Initiativen geebnet wurde.[174] Später führte Elkington aus, dass sein Konzept keinesfalls als reines Rechnungslegungsinstrument zu verstehen ist und einiger „Feinjustierungen" bedarf, nichtsdestotrotz bietet sein Modell aber bereits sehr gute Ansätze, welche heute ein großes Potential beim Aufbau eines widerstandsfähigen Systems haben und es sich somit lohnt, das Konzept für die Zukunft weiterzuentwickeln.[175]

---

171 Ders., Cannibals with forks, 1997, S. 72.
172 Biberstein, Wieso der Triple-Bottom-Line-Ansatz heute aktueller denn je ist, 2020.
173 Elkington, Cannibals with forks, 1997, S. 92.
174 Spießhofer, Unternehmerische Verantwortung, 2017, S. 59.
175 Biberstein, Wieso der Triple-Bottom-Line-Ansatz heute aktueller denn je ist, 2020.

3.2.1.2 Status quo: konzeptionelle Anarchie im Kontext einer Standardisierung

Trotz des Umstandes, dass der Begriff CSR seit mehreren Dekaden zum festen Bestandteil öffentlicher Diskussionen gehört und in der Forschung mehrere konzeptionelle Ansätze entstanden sind, bleiben der Begriff und insbesondere die mit ihm assoziierten Inhalte nach wie vor sehr unterschiedlich, sodass einige Autoren von einer konzeptionellen Anarchie[176] oder einem Dschungel der Definitionen[177] sprechen. Diese Bezeichnungen sind durchaus zutreffend, denn bis heute gibt es kein einheitliches Konzept der CSR.

3.2.1.2.1 Aktuelle Forschungsansätze

Die Diversität der Ansätze zeigt ein kurzer Abriss der aktuellen CSR-Forschung. Brühl erweitert bspw. das von Carroll und Schwartz entwickelte Drei-Domänen-Modell um ökologische und politische Verantwortung, repräsentiert die jeweiligen Bereiche bewusst als Fünfeck zur grafischen Darstellung ihrer Ranglosigkeit und setzt sie in Verbindung mit den von Elkington vorgeschlagenen Kapitalarten.[178] Eine andere Sichtweise auf das Konzept der CSR stellt Visser vor, der ein DNA-Modell der CSR vorschlägt. Dieses besteht wie eine biologische DNA aus vier Verantwortungsbasen: Wertschöpfung (*value creation*), verantwortungsbewusste Unternehmensführung (*good governance*), gesellschaftlicher Beitrag (*societal contribution*) und umweltbezogene Integrität (*environmental integrity*).[179]

Ein weiteres, gut durchdachtes Konzept präsentiert auch Schneider mit seinem Reifegradmodell der CSR, welches vier Stufen umfasst. Die erste besteht aus einer rein wirtschaftlichen und rechtlichen Verantwortung („CSR 0.0"), die nur passiv ihre Wirkung entfaltet und somit streng genommen keine CSR darstellt. Die zweite Stufe bildet für ihn die philanthropische CSR („CSR 1.0"), die er als eine passive, defensive, unreflektierte‚ex-post'-Verantwortung beschreibt, die nur an der Oberfläche des Unternehmens verankert ist. „CSR 2.0" impliziert nach seiner Vorstellung eine aktive und reflektierte Verantwortung, die im Kerngeschäft des Unternehmens angesiedelt ist und unternehmerische sowie gesellschaftliche Wertschöpfung durch integriertes Management und Systematik zum

176 Matten/Janzen/Hahn, in: dies. (Hrsg.), Die gesellschaftliche Verantwortung des Unternehmens, 2012, S. 3.

177 Crane/Matten/Spence (Hrsg.), Corporate social responsibility, 2014, S. 5.

178 Brühl, Corporate Social Responsibility, 2018, S. 40 ff.

179 Visser, Corporate Sustainability & Responsibility, 2017, S. 6.

Ziel hat (bspw. Produkt- und Prozessinnovationen, Ressourcen-Effizienz oder nachhaltige und verantwortungsvolle Liefer- bzw. Wertschöpfungsketten). Die Stufe mit höchstem Beitrag zum gesellschaftlichen Nutzen („CSR 3.0") ist nach seiner Vorstellung eine CSR, welche das Unternehmen als einen wirtschafts-, gesellschafts- und umweltpolitischen Gestalter gesellschaftlicher Herausforderungen im Rahmen seiner Einflussmöglichkeiten begreift und somit durch ihren transformatorischen Charakter definiert werden kann.[180]

Crane et. al. bieten (ohne Anspruch auf Vollständigkeit) einen guten Überblick der bisher entworfenen Definitionen und Konzepte und betonen, dass diese teilweise in Abhängigkeit davon abweichen, ob sie öffentlichen Institutionen, dem akademischen Kreis oder dem Privatsektor zuzuordnen sind. Deswegen verzichten sie aus pragmatischen Gründen auf eine Definition und erarbeiten stattdessen eine Liste von sechs Kernmerkmalen der CSR, welche sich als Schnittstellen der bisherigen Konzepte zusammenfassen lassen. Zu diesen gehören: Freiwilligkeit (über rechtliche Verpflichtung hinausgehende Übernahme von Verantwortung), Internalisierung von Externalitäten (im Sinne von positiven und negativen Auswirkungen wirtschaftlichen Verhaltens, die von anderen getragen werden, aber nicht in den Entscheidungsprozess eines Unternehmens einfließen und nicht im Marktpreis enthalten sind), multiple Stakeholder-Orientierung (Berücksichtigung von Interessen anderer Gruppen als die der Anteilseigner), Angleichung der sozialen und wirtschaftlichen Verantwortung (Ergebnispotenzierung beider Ziele), Set von Praktiken und Werten und ein über reine Philanthropie hinausgehender Ansatz.[181]

3.2.1.2.2 Standardisierung der ISO

Trotz der Diversität der akademischen Konzepte besteht im Zuge einer zunehmenden Standardisierung der unternehmerischen Verantwortung im internationalen Kontext ein großer Bedarf eines einheitlichen und allgemein anerkannten Verständnisses der CSR. Vor diesem Hintergrund wurden verschiedene globale Verhaltens- und Berichtsstandards entwickelt, bspw. die Global Compact-Initiative der UNO,[182] die OECD Guidelines for Multinational Enterprises[183]oder die Global Reporting Initiative als das am häufigsten genutzte

180 Schneider, in: Schneider/Schmidpeter (Hrsg.), Corporate Social Responsibility, 2015, S. 32 ff.

181 Crane/Matten/Spence (Hrsg.), Corporate social responsibility, 2014, S. 6 ff.

182 Ausführlich dazu bspw. Habisch, Corporate Citizenship, 2003, S. 172 ff.

183 Ausführlich dazu bspw. Spießhofer, Unternehmerische Verantwortung, 2017, S. 181 f.

Reporting-System.[184] Die Fülle von unterschiedlichen Standards führt allerdings dazu, dass kein „gemeinsamer Nenner" zur Messung der CSR vorhanden ist und bei den Unternehmen dadurch ein hoher Arbeitsaufwand durch aufwändige Fragebögen entsteht, weswegen sich die Standards noch nicht haben flächendeckend durchsetzen können.[185] Für ein international einheitliches Verständnis ist aus heutiger Sicht als globale Definitionsbasis insbesondere das Konzept der *International Organization for Standardization* (ISO) von grundlegender Bedeutung.

Der von der ISO im Jahr 2010 veröffentlichte Leitfaden zur gesellschaftlichen Verantwortung von Organisationen (*Guidance on Social Responsibility*) wurde innerhalb von sechs Jahren in einem selbst für die weltweit größte Standardisierungsorganisation einzigartigen Normierungsprozess erarbeitet, an dem mehr als 400 Experten aus 99 Ländern beteiligt waren.[186] In der Literatur wurde somit völlig zurecht angemerkt, dass diese Norm eindrucksvoll das Bedürfnis nach einer Handreichung zur systematischen Ausgestaltung im Bereich der gesellschaftlichen Verantwortung verdeutlicht.[187] Diese Norm richtet sich nicht nur an Unternehmen, sondern auch an andere Organisationen sowohl aus dem profit- als auch nicht-profitorientierten Bereich und stellt einen internationalen Konsens über die materielle Bedeutung von Social Responsibility dar.[188] Dieser Begriff wird durch die Norm definiert als:

> "responsibility of an organization for the impacts of its decisions and activities on society and the environment, through transparent and ethical behavior that contributes to sustainable development, including health and the welfare of society; takes into account the expectations of stakeholders; is in compliance with applicable law and consistent with international norms of behaviour; and is integrated throughout the organization and practised in its relationships".[189]

Neben der obigen Definition umfasst der Leitfaden auch sieben wesentliche Grundprinzipien und bietet somit einen guten Orientierungsrahmen für die

---

184 Fries/Riess/Brink, in: Schneider/Schmidpeter (Hrsg.), Corporate Social Responsibility, 2015, S. 371.

185 D'heur, in: Schneider/Schmidpeter (Hrsg.), Corporate Social Responsibility, 2015, S. 353.

186 Zum Entstehungsprozess vgl. bspw. Schmiedeknecht/Wieland, in: Schneider/Schmidpeter (Hrsg.), Corporate Social Responsibility, 2015, S. 299 f.

187 Schank/Hajduk/Beschorner, in: Scholz/Czuray (Hrsg.), Die Normierung der gesellschaftlichen Verantwortung von Organisationen, 2016, S. 30.

188 Jastram, Legitimation privater Governance, 2012, S. 21.

189 ISO 26000:2010 (November 2010): Guidance on social responsibility, P. 2.18.

Wahrnehmung gesellschaftlicher Verantwortung. Es bleibt jedoch anzumerken, dass es sich bei der Norm lediglich um einen freiwilligen Standard ohne Zertifizierungsmöglichkeit und auch ohne konkrete Umsetzungsempfehlungen handelt, was in der Unternehmenspraxis zu diversen Implementierungspraktiken führen kann.[190] Das vermeintliche Defizit wird jedoch gleichzeitig auch als eine Chance für weitere Innovationen mit dem Argument gewertet, dass eine detaillierte Regelung der Suche nach neuen, fortschrittlichen Lösungen durch die involvierten Akteure unerwünschte Grenzen setzen würde.[191]

3.2.1.3 Begründungsansätze der gesellschaftlichen Verantwortung der Unternehmen

In der Literatur und Praxis variiert nicht nur die Konzeptualisierung des Begriffs CSR, sondern auch die grundlegenden Überlegungen zur Erklärung ihrer Notwendigkeit. Bisher wurden zahlreiche Theorien und Begründungsansätze entwickelt, deren systematische Darstellung sich als ein durchaus schwieriges Unterfangen darstellt, da die Einordnung in der Literatur sehr heterogen ausfällt. Viele Theorien kombinieren zudem verschiedene Ansätze, benutzen dabei jedoch die gleiche Terminologie mit unterschiedlicher Bedeutung,[192] sodass es durchaus legitim wäre, auch von einem Dschungel der Begründungsansätze des CSR zu sprechen. Einige Autoren unterscheiden bspw. grundlegend zwischen dem sog. *business case*, der sich auf wirtschaftliche Aspekte fokussiert (Verfolgen eines „aufgeklärten Selbstinteresses“) und dem sog. *normative case*, der ethische Gründe hervorhebt und als das moralische Bestreben, Gutes zu bewirken, verstanden werden kann.[193] Andere Autoren unterscheiden dagegen zwischen dem bereits erwähnten *business case* und dem sog. *social case*,[194] bei dem das Schaffen eines gesellschaftlichen Mehrwerts im Vordergrund steht.

Darüber hinaus gibt es verschiedene Versuche, die jeweiligen Erklärungen je nach Ansatz systematisch zu kategorisieren. Die bisher umfassendste und

---

190 Zur Legitimation der bestehenden Regulierungsansätze und Standards vgl. bspw. Utting, in: Tsutsui/Lim (Hrsg.), Corporate social responsibility in a globalizing world, 2015, S. 89 ff.

191 Schank/Hajduk/Beschorner, in: Scholz/Czuray (Hrsg.), Die Normierung der gesellschaftlichen Verantwortung von Organisationen, 2016, S. 30.

192 Garriga/Melé, Journal of Business Ethics 53 (2004), S. 51.

193 In diesem Sinne bspw. Smith, California Management Review 45 (2003), 52 ff.

194 In diesem Sinne bspw. Polterauer, in: Backhaus-Maul/Kunze/Nährlich (Hrsg.), Gesellschaftliche Verantwortung von Unternehmen in Deutschland, 2018, S. 150 ff.

überzeugendste Kategorisierung bieten Garriga und Melé mit ihrer Aufteilung der CSR-Theorien in vier Gruppen, von denen drei grundsätzlich den bereits beschriebenen *cases* entsprechen: (1) instrumentelle Theorien (CSR als bloßes Mittel der Gewinnmaximierung), (2) integrative Theorien (CSR als Berücksichtigung sozialer Forderungen) und (3) ethische Theorien (CSR als vorrangig ethische Verpflichtung); zudem fügen sie aber (4) die Kategorie der politischen Theorien hinzu, welche sich mit der politischen Verantwortung von Unternehmen innerhalb der Gesellschaft befasst.[195] Ähnliche Kategorisierung schlägt auch Brühl vor, der neben den vier Gruppen zudem in Anlehnung an die von Weiner entwickelte Attributionstheorie noch von verhaltenswissenschaftlichen Theorien spricht.[196] Diese untersuchen das Handeln von Individuen in ihrem Umfeld, spielen jedoch für die CSR heutzutage kaum eine Rolle und werden folglich nicht näher behandelt.

3.2.1.3.1 Wirtschaftliche Faktoren als Begründung – der sog. „Business case“

In der Literatur wird der Begriff *Business case* sowohl im Zusammenhang mit CSR (*business case for CSR*) als auch mit dem Nachhaltigkeitskonzept (*business case for sustainability*) diskutiert und bezieht sich auf die Idee, dass Unternehmen bereits aus genuin ökonomischen Gründen Interesse an der Übernahme sozialer Verantwortung bzw. der Implementierung von Nachhaltigkeitsstrategien haben können. Ihm liegt die grundlegende Annahme zugrunde, dass die Berücksichtigung dieser Aspekte durch Unternehmen auch mit betriebswirtschaftlich erwünschten Konsequenzen einhergeht.[197] Vereinfacht gesagt besteht die Kernaussage des *Business case* darin, dass durch CSR- (bzw. nachhaltigkeitsbezogene) Maßnahmen nicht nur gesellschaftliche Ziele besser berücksichtigt, sondern auch der wirtschaftliche Erfolg des Unternehmens gestärkt und seine Rentabilität erhöht werden können; oder wie Kurucz et al. prägend zum Ausdruck bringen: *„a company can 'do well by doing good'“*.[198]

---

195 Garriga/Melé, Journal of Business Ethics 53 (2004), S. 52 ff.

196 Brühl, Corporate Social Responsibility, 2018, S. 43 ff.

197 Schreck, in: Schneider/Schmidpeter (Hrsg.), Corporate Social Responsibility, 2015, S. 71.

198 Kurucz/Colbert/Wheeler, in: Crane/Matten/McWilliams u.a. (Hrsg.), The Oxford handbook of corporate social responsibility, 2008, S. 84.

3.2.1.3.1.1 Vom aufgeklärtem Interesse bis zur ethischen Verflechtung

Die Debatte um den *Business case* kann auf verschiedenen Ebenen geführt werden: in normativer Hinsicht wird bspw. sein argumentativer Begründungsansatz untersucht; in deskriptiver Hinsicht wird dagegen empirisch analysiert, inwieweit der *Business case* in der Praxis bereits zur Anwendung kommt und sich seine Nützlichkeit bewiesen hat; zudem kann in gestalterischer Hinsicht erforscht werden, wie der *Business case* von Unternehmen am sinnvollsten erreicht werden kann.[199] Die zahlreichen Publikationen und empirischen Studien beschäftigen sich vorrangig mit der Frage, in welcher Beziehung die soziale (*Corporate Social Performance*, CSP) und die finanzielle Performance (*Corporate Financial Performance*, CFP) eines Unternehmens zueinander stehen bzw. wie sich ihre Wechselwirkungen verstärken lassen.[200]

In normativer Perspektive wurde eine breite Palette von Erklärungsversuchen entwickelt, die zwar unterschiedlich sind, dennoch aber grundsätzlich auf demselben Prinzip beruhen, nämlich auf dem des aufgeklärten Eigeninteresses (sog. *enlightened self-interest*). Dieser besagt, dass ein Unternehmen zur Übernahme sozialer Verantwortung bereit sein wird, solange dies mit der Verfolgung des wirtschaftlichen Eigeninteresses im Einklang steht.[201] Aus heutiger Perspektive, welche ein ethisches und moralbasiertes Verhalten von allen Marktteilnehmern verlangt und reines Gewinnstreben zum Teil als verwerflich ansieht, mag dieser Begründungsansatz als veraltet oder zumindest unvollständig erscheinen; dennoch darf nicht vergessen werden, welche praktische Bedeutung ihm insbesondere auf der Ebene der Unternehmensführung in der Vergangenheit zukam.

Das Konzept der CSR galt für mehr als zwei Dekaden nach der Publikation von Bowens Werk als äußerst kontrovers. Mit der Argumentation, dem Unternehmertum eine über die wirtschaftliche Perspektive hinausgehende Verantwortung aufzuerlegen wäre unnötig oder gar schädlich für den wirtschaftlichen Erfolg eines Unternehmens, wurde das Konzept der CSR zunächst einer starken Kritik ausgesetzt. Zur Änderung dieser Sichtweise trug maßgeblich die Veröffentlichung diverser Studien des *Committee for Economic Development* und die daraus entstandene Publikation *A New Rationale for Corporate Social Policy*

---

199 Schreck, in: Schneider/Schmidpeter (Hrsg.), Corporate Social Responsibility, 2015, S. 73 f.

200 Kurucz/Colbert/Wheeler, in: Crane/Matten/McWilliams u.a. (Hrsg.), The Oxford handbook of corporate social responsibility, 2008, S. 84.

201 Baumol, in: Baumol/Likert/Wallich u.a. (Hrsg.), A new rationale for corporate social policy, 1970, S. 3 ff.

aus dem Jahr 1970 bei, welche die damaligen Diskussionen in eine völlig neue Richtung lenkte.[202] Insbesondere Wallich und McGowan erkannten das grundlegende Problem des potentiellen Konflikts der sozialen Unternehmensverantwortung mit den Interessen der Anteilseigner und beschrieben dieses wie folgt:

> Many corporate managements have evinced considerable interest in the social problems that have come to the foreground. A significant school of thought holds that private business should involve itself in these problems. However, the proponents of this view must meet the test of demonstrating that this activity is consistent with stockholder interest. Unless they can show this, they will find it difficult to controvert the opposing case which maintains that management should limit itself to the efficient conduct of the business in the interest of the stockholder.[203]

Sie sahen das Bedürfnis einer neuen Daseinsberechtigung für die soziale Verantwortung von Unternehmen, welche eine wirtschaftliche Rechtfertigung einschließt und bemühten sich somit um eine diskursive Versöhnung der Interessen des Unternehmens und der Gesellschaft. Auch wenn nicht alle Vorbehalte gegenüber dem Konzept der CSR beseitigt wurden, führte das Modell des aufgeklärten Selbstinteresses zu einem Umdenken und zu einer Welle des neuen Enthusiasmus.[204] Die Änderung der Betrachtungsweise ist in diesem Zusammenhang nicht überraschend, denn selbst die schärfsten Kritiker der CSR sehen sich zur Relativierung ihres Standpunktes gezwungen, wenn solche Maßnahmen im Endergebnis auch zur Erhöhung der Unternehmensgewinne führen. Mit diesem Ansatz wird die Berücksichtigung sozialer Anliegen also nicht etwa mit Altruismus oder der erkannten ökologischen Gefahr gerechtfertigt, sondern vorrangig mit der Aussicht auf zusätzlichen finanziellen Gewinn.[205]

Spätestens seit Ende der 1990er Jahre ist es vermehrt zu einer Neuausrichtung der Argumentation gekommen und die grundlegende Frage lautete nicht mehr, wie der Gewinn des Unternehmens durch CSR-Maßnahmen erhöht werden kann, sondern vielmehr, wie neue Geschäftspraktiken entwickelt werden können, welche die finanziellen Ziele des Unternehmens und gesellschaftlichen Ziele und Bedürfnisse vereinen lassen.[206] Neben der verstärkten Wahrnehmung

---

202 Lee, International Journal of Management Reviews 10 (2008), S. 58.

203 Wallich/McGowan John J., in: Baumol/Likert/Wallich u.a. (Hrsg.), A new rationale for corporate social policy, 1970, S. 39.

204 Lee, International Journal of Management Reviews 10 (2008), S. 59.

205 Promberger/Spiess, Der Einfluss von Corporate Social (and Ecological) Responsibility auf den Unternehmenserfolg, S. 16.

206 Vogel, The market for virtue, 2006, S. 11 f.

der sozialen Anliegen erfolgte auch ein Umdenken aus ethisch-normativer Perspektive. Nachdem die CSR aus ökonomischer Sicht lediglich als ein Mittel zum Zweck der Gewinnerzielung bewertet wurde, ändere sich dieses lange Zeit angepriesene Paradigma und der *Business case* stellte keinen Selbstzweck mehr dar, sondern auch eine effektive Möglichkeit, die Implementierungschancen moralischer Anliegen zu erhöhen.[207] In der einen oder anderen Form handelt es sich bis heute um eine dominierende Tendenz in der Dogmatik der CSR-Begründungsansätze, da aktuell auch im Rahmen des *Business case* kaum mit rein wirtschaftlichen Erwägungen argumentiert wird, sondern vielmehr die sozialen und ethischen Zusammenhänge stets mitberücksichtigt werden.

3.2.1.3.1.2 Mögliche Fälle von Business case

Die Beschreibung des Potentials diverser CSR-Maßnahmen zur unternehmerischen Gewinnsteigerung hat im Schrifttum eine lange Tradition und geht im Wesentlichen auf die Arbeit von Keith Davis zurück, der bereits im Jahr 1973 eine Liste mit zehn diversen Argumenten zugunsten von CSR publizierte, welche er als *Business case* verstand. Zu diesen gehören bspw. die langfristige Profitmaximierung und Interessen der Anteilhaber, öffentliches Ansehen des Unternehmens, „Lebensfähigkeit" des Geschäfts, soziokulturelle Normen oder Vermeidung staatlicher Regulierung. Zutreffend und wegweisend führte Davis aus, dass die Geschäftswelt über die notwendigen Ressourcen verfügt und viele gesellschaftliche Probleme nach traditionellen Geschäftskonzepten gewinnbringend gelöst werden könnten („*Problems can become profit*"), sodass nach dem Scheitern der öffentlichen Maßnahmen gerade die Geschäftswelt dazu prädestiniert ist, neue innovative Lösungen zu suchen („*Let Business Try*").[208] Zudem argumentierte Davis, dass eine aktive unternehmerische Lösung sozialer Probleme auch deswegen zu begrüßen ist, weil sich die Geschäftswelt ansonsten ständig mit der Löschung „sozialer Brände" beschäftigen müsste, wodurch logischerweise die Effizienz der Produktion leiden würde („*Prevention is better than curing*").[209] Die von Davis entwickelte Liste ist bereits sehr umfassend, beinhaltet jedoch auch Punkte, welche man nach heutigem Verständnis nicht zwangsläufig als *Business case* bezeichnet würde.

---

207 Schreck, in: Schneider/Schmidpeter (Hrsg.), Corporate Social Responsibility, 2015, S. 74.

208 Davis, The Academy of Management Journal 2 (1973), S. 313 ff.

209 Ders., The Academy of Management Journal 2 (1973), S. 317.

Einen moderneren Ansatz entwickelten im Jahr 2008 Kurucz, Colbert und Wheeler und erarbeiteten anhand der bisher in der Literatur als für das Unternehmen wirtschaftlich vorteilhaft diskutierten Effekte der CSR eine Kategorisierung mit vier grundlegenden *Business cases.* Die ersten zwei stellen die Kosten- und Risikoreduktion sowie der damit verbundene Wettbewerbsvorteil dar. Unter bestimmten Bedingungen erweisen CSR-Maßnahmen nämlich großes Kosteneinsparpotential, bspw. können umweltschonende unternehmerische Gestaltungskonzepte geringeren Energieverbrauch, Abfallreduzierung oder Steigerung der Effizienz mit sich bringen. Das wirkt sich selbstverständlich positiv auf die Kosten der Produktion aus und bringt zusätzlich auch einen deutlichen Wettbewerbsvorteil gegenüber Konkurrenzunternehmen, welche konventionelle Methoden verwenden, was wiederum die langfristige Ertragsfähigkeit des Unternehmens sichern kann. Den dritten *Business case* stellt nach Kurucz et al. die Reputation des Unternehmens dar, welche die Beziehungen zu seinen Kunden beeinflusst und von derartiger Bedeutung ist, dass sie auch über den wirtschaftlichen Erfolg bzw. Misserfolg mitentscheiden kann. Die Autoren beschreiben diesen *Business case* als den Aufbau einer verantwortungsvollen Marke, für welchen das Unternehmen primär die Rolle eines politischen Akteurs einnimmt. Sie verknüpfen diesen Aspekt auch mit der Legitimität der geschäftlichen Tätigkeit eines Unternehmens, welche ihm durch die Gesellschaft verliehen wird.[210]

Heutzutage wird dieses Konzept in der Literatur unter dem Begriff „Betriebslizenz" (*licence to operate*) diskutiert und bezieht sich auf eine Art Gesellschaftsvertrag, der rein ideell zu verstehen ist und aus dem bei Missachtung negative Konsequenzen gezogen werden können.[211] Diese Begründung zugunsten der CSR geht auf das bereits von Davis als „Lebensfähigkeit des Geschäfts" (*viability of business*) präsentierte Verständnis zurück, welches er unter Bezugnahme auf das „eiserne Gesetz der Verantwortung" wie folgt beschrieb:

> Society gave business its charter to exist, and that charter could be amended or revoked at any time that business fails to live up to society's expectations. Therefore, if business wishes to retain its present social role and social power, it must respond to society's needs and give society what it wants. This has been stated as the Iron Law of Responsibility, which is that "in the long run, those who do not use power in a manner which society considers responsible will tend to lose it". Though the long run may require decades, or

210 Kurucz/Colbert/Wheeler, in: Crane/Matten/McWilliams u.a. (Hrsg.), The Oxford handbook of corporate social responsibility, 2008, S. 87 ff.

211 Brühl, Corporate Social Responsibility, 2018, S. 14.

even centuries in some instances, history seems to confirm that society ultimately acts to reduce the power of those who have not used it responsibly.[212]

3.2.1.3.1.3 Schaffung eines gesellschaftlichen Mehrwerts

Der vierte *Business case* nach Kurutz et al. ist die sog. synergetische Wertschöpfung. Der Schwerpunkt dieses Ansatzes liegt darin, eine Win-Win-Win-Lösung zu finden, welche die Interessen verschiedener Gruppen verbindet und somit eine pluralistisch verstandene Wertdefinition ermöglicht.[213] Im Wesentlichen geht es um die Frage der gleichzeitigen unternehmerischen als auch gesellschaftlichen Besserstellung; entsprechend agiert das Unternehmen vorrangig als gesellschaftlicher Akteur. Obwohl dieser Ansatz keinesfalls neu ist, erfreut er sich in den letzten Jahren insbesondere durch das von Porter und Kramer präsentierte Konzept des gemeinsamen Wertes (sog. *shared value*) einer steigenden Beliebtheit. Unter diesem sind Strategien und Betriebspraktiken zu verstehen, welche die Wettbewerbsfähigkeit des Unternehmens und gleichzeitig die wirtschaftlichen und sozialen Bedingungen im seinem Umfeld verbessern. Die gemeinsame Wertschöpfung konzentriert sich auf die Identifizierung der gemeinsamen Überschneidungen der nicht zwangsläufig gegenläufigen Interessen der Gesellschaft und des Unternehmens und gerade diese soll als gemeinsame Grundlage sowohl für soziale Politik als auch für Entscheidungen innerhalb der Geschäftswelt sein. Die Beziehung zwischen der Gesellschaft und den Unternehmen beschreiben die Autoren im Zusammenhang mit der Schaffung eines gemeinsamen Wertes wie folgt:

> Successful corporations need a healthy society. Education, health care, and equal opportunity are essential to a productive workforce. Safe products and working conditions not only attract customers but lower the internal costs of accidents. Efficient utilization of land, water, energy, and other natural resources makes business more productive. Good government, the rule of law, and property rights are essential for efficiency and innovation. Strong regulatory standards protect both consumers and competitive companies from exploitation. Ultimately, a healthy society creates expanding demand for business, as more human needs are met, and aspirations grow. Any business that pursues its ends at the expense of the society in which it operates will find its success to be illusory and ultimately temporary. At the same time, a healthy society needs successful companies. No social program can rival the business sector when it comes to creating the jobs, wealth, and innovation that improve standards of living and social conditions

---

212 Davis, The Academy of Management Journal 2 (1973), S. 314.

213 Kurucz/Colbert/Wheeler, in: Crane/Matten/McWilliams u.a. (Hrsg.), The Oxford handbook of corporate social responsibility, 2008, S. 91.

> over time. If governments, NGOs, and other participants in civil society weaken the ability of business to operate productively, they may win battles but will lose the war, as corporate and regional competitiveness fade, wages stagnate, jobs disappear, and the wealth that pays taxes and supports nonprofit contributions evaporates. Leaders in both business and civil society have focused too much on the friction between them and not enough on the points of intersection. The mutual dependence of corporations and society implies that both business decisions and social policies must follow the principle of shared value. That is, choices must benefit both sides. If either a business or a society pursues policies that benefits interests at the expense of the other, it will find itself on a dangerous path. A temporary gain to one will undermine the long-term prosperity of both. To put these broad principles into practice, a company must integrate a social perspective into the core frameworks it already uses to understand competition and guide its business strategy.[214]

Wegen der starken Einbindung sozialer Aspekte wird dieser Ansatz von Lütge/Uhl als integrative Theorie und somit grundsätzlich als *Social case* klassifiziert.[215] Diese Einordnung verkennt aber, dass das eigennützige Verhalten der Unternehmen im Vordergrund dieses Konzepts steht und die Schaffung eines gesellschaftlichen Werts nur eine natürliche Folge des Bestrebens ist, einen unternehmerischen Wert zu schaffen. Somit ist diese Theorie eindeutig als ein Fall von *Business case* einzuordnen und die Autoren selbst präsentieren sie als eine breitere Konzeption der „unsichtbaren Hand" von Adam Smith. Darüber hinaus vertreten die Autoren auch die Auffassung, dass ihr Ansatz eigentlich nicht unter das Konzept der CSR fällt und stattdessen eine eigene Kategorie *Creating shared value* (CSV) bildet. Sie heben insbesondere die wirtschaftliche Rentabilität sowie die Sicherung einer wettbewerbsfähigen Position ihres Ansatzes hervor[216] und stellen die wesentlichen Unterscheidungsmerkmale tabellarisch wie folgt dar:

---

214 Porter/Kramer, Harvard Business Review 84 (2006), S. 83.
215 Lütge/Uhl, Wirtschaftsethik, 2018, S. 229.
216 Porter/Kramer, Harvard Business Review 89 (2011), S. 77.

Abbildung 2: CSV Konzept nach Porter und Kramer

3.2.1.3.2 Soziale Faktoren als Begründung - der sog. „Social case"

3.2.1.3.2.1 Stakeholder-Theorie als Bruch der klassischen Shareholder-Doktrin

Neben Ansätzen, welche CSR in Zusammenhang mit den finanziellen Vorteilen für das Unternehmen bringen und somit vorrangig auf wirtschaftlichen Erwägungen beruhen, gibt es auch Theorien, welche primär der Frage nachgehen, warum Unternehmen auch andere, nicht-ökonomische Ziele verfolgen sollen. Diese bieten den Vorteil, dass sie auch soziale Zusammenhänge und Kontextfaktoren in Erklärungsansätze einbeziehen und die gesellschaftlichen Auswirkungen der unternehmerischen Tätigkeit mitberücksichtigen.[217] Der Fokus liegt im Unterschied zum *Business case* also nicht mehr auf der Profitmaximierung des Unternehmens, sondern auf dem Mehrwert für die Gesellschaft, sog. *Social case.* Dieser Begriff beschreibt die Auswirkungen der CSR-Maßnahmen auf eine oder mehrere Stakeholdergruppen und/oder die Umwelt,[218] und ist somit eng mit der Stakeholder-Theorie verbunden, welche als Gegenentwurf zur Shareholder-Doktrin entwickelt wurde. Während diese insbesondere von Milton Friedman

217 Brühl, Corporate Social Responsibility, 2018, S. 43.
218 Schwerk, in: Schneider/Schmidpeter (Hrsg.), Corporate Social Responsibility, 2015, S. 527.

vertretene Sichtweise auf der Annahme basiert, dass die primäre Verpflichtung von Unternehmen gegenüber ihren Anteilseigner besteht und Unternehmen entsprechend in allerersten Linie ihre Profitmaximierung vorantreiben sollten, besagt die Stakeholder-Theorie, dass Unternehmen mehreren Anspruchsgruppen verpflichtet sind, für welche ihre Tätigkeit ebenfalls einen Wert erzielen soll.[219]

Obwohl erste Denkanstöße in diese Richtung im Schrifttum bereits in den 1960er Jahren entwickelt wurden, trug erst das im Jahr 1984 von Edward Freeman veröffentlichte Buch *Strategic Management: A Stakeholder Approach* zur steigenden Beliebtheit der Stakeholder-Theorie.[220] In seinem bahnbrechenden Werk betonte Freeman die Notwendigkeit der Beziehungssteuerung des Unternehmens mit seinen jeweiligen Stakeholdergruppen; den Begriff Stakeholder definierte er als *„any group or individual who can affect or is affected by the achievement of an organization's purpose"*.[221] Dieses Verständnis schließt die Anteilseigner nicht aus, verwandelt sie aber lediglich in eine von vielen möglichen Anspruchsgruppen, deren Interessen durch das Unternehmen berücksichtigt werden müssen. Heutzutage erfreut sich die Stakeholder-Theorie einer allgemeinen Beliebtheit und gilt als eine der einflussreichsten im Bereich der CSR, da sie pragmatisch gesehen ein realistischeres Bild der heutigen Geschäftswelt vermittelt.[222] Gleichzeitig gibt es heute aber auch eine große Anzahl von Publikationen, welche die Stakeholder-Theorie in verschiedenen Ausprägungen modifizieren.[223] Wie auch bei der Debatte um den *Business case* müssen somit auch hier verschiedene Ebenen unterschieden werden; Donaldson und Preston differenzieren bspw. zwischen drei Ansätzen der Stakeholder-Theorie (deskriptiv, instrumentell und normativ), welche sich gegenseitig ergänzen und von denen der normative Ansatz als wesentliche Grundlage für die Theorie in allen ihren Formen dient.[224]

Auf der normativen Ebene begegnet die Stakeholder-Theorie mehreren Problemen, welche bisher nicht vollständig gelöst werden konnten. Zum einen ist es der bereits beschriebene Umstand, dass die Stakeholder-Theorie die

---

219 Hauska, in: Schneider/Schmidpeter (Hrsg.), Corporate Social Responsibility, 2015, S. 620.

220 Crane/Matten, Business ethics, 2016, S. 58 f.

221 Freeman, Strategic management, 2010, S. 141.

222 Crane/Matten/Spence (Hrsg.), Corporate social responsibility, 2014, S. 135.

223 Zur Übersicht vgl. bspw.Garriga/Melé, Journal of Business Ethics 53 (2004), S. 60.

224 Donaldson/Preston, The Academy of Management Review 20 (1995), S. 66.

Interessen der Anteilseigner zwar nicht vollständig außer Acht lässt, diese aber im Verhältnis zu Interessen anderer Anspruchsgruppen relativiert. Das steht zu einem starken Widerspruch mit der Shareholder-Doktrin, die insbesondere im anglo-amerikanischen Raum eine große Rolle spielt und auf der Annahme einer Geschäftsherr-Auftragnehmer-Beziehung (sog. *principal-agent-relationship*) zwischen den Anteilseignern und dem Management des Unternehmens beruht.[225] Sie wurde erstmals in der von Jensen und Meckling entwickelten Theorie der Firma als „*a contract under which one or more persons (the principal(s)) engage another person (the agent) to perform some service on their behalf which involves delegating some decision making authority to the agent*" beschrieben.[226]

Lange Zeit galt der Shareholder-Value Ansatz, welcher den grundlegenden Zweck eines Unternehmens in seiner Wertsteigerung betrachtet, als vorherrschend, weswegen ihn einige Autoren als „endemisch" bezeichneten[227] oder ihm eine „ideologische Hegemonie" zuschrieben.[228] Der Shareholder-Value Ansatz impliziert, dass die Unternehmensleitung aufgrund der bestehenden Treuhandbeziehung ausschließlich den Anteilseignern und ihren Interessen verpflichtet sein sollte, dennoch können für wichtige unternehmerische Entscheidungen auch andere Werte bzw. die Interessen anderer Gruppen ebenfalls von essentieller Bedeutung sein. Die Unternehmensleitung kann somit unter Umständen in eine verzerrte Lage kommen, weswegen Goodpaster in diesem Zusammenhang vom sog. „Stakeholder Paradox" spricht.[229] Aus dieser problematischen Lage heraus bildete sich eine immer stärkere Gegenposition, welche für den Stakeholder-Ansatz sowohl aus rechtlicher als auch wirtschaftlicher Perspektive plädiert. Bereits 1995 merkten Donaldson und Preston an, dass sich die Richtung des juristischen Denkens ändert und dass es neben den Anteilseignern auch andere Gruppen gibt, welche einen legitimen Anspruch auf Berücksichtigungen ihrer Interessen haben. Nach ihrer Auffassung sollte somit durch gesetzliche Regulierung bzw. ein geeignetes rechtliches Modell ein breiteres Konzept des Stakeholder-basierten Managements entwickelt werden.[230]

Das ist zwar in dieser Form nicht eingetreten, dennoch gibt es bereits verschiedene Gruppen, deren Interessen in rechtlicher Weise geschützt werden.

---

225 Crane/Matten, Business ethics, 2016, S. 233 ff.

226 Jensen/Meckling, Journal of Financial Economics 3 (1976), S. 308.

227 Stout, The shareholder value myth, 2012, S. 3.

228 Hansmann/Kraakman, The End of History for Corporate Law, 2000, S. 32.

229 Goodpaster, Business Ethics Quarterly 1 (1991), S. 63.

230 Donaldson/Preston, The Academy of Management Review 20 (1995), S. 82, 87.

Neben vertraglich geregelter Beziehungen mit Lieferanten, Mitarbeitern oder Kunden gibt es beispielweise ein immer dichteres Netz von Gesetzen, welche verschiedenen Interessensgruppen bestimmte Rechte und Ansprüche gegenüber dem Unternehmen verleihen.[231] Darüber hinaus wird in der Literatur des Öfteren hervorgehoben, dass gegen die Shareholder-Doktrin auch wirtschaftliche Gründe sprechen. Ghoshal erweitert diesen argumentativen Ansatz und kommt zum Ergebnis, dass es keine normative Begründung dafür gibt, die in der Regel sehr kurzfristigen Interessen der Anteilseigner über die Interessen anderer Gruppen zu stellen. Die Wertschöpfung eines Unternehmens wird nach seiner Vorstellung durch eine Kombination von Ressourcen erzeugt, die von verschiedenen Interessensgruppen bereitgestellt werden. Anteilseigner bringen bspw. ihr Finanzkapital ein, während bei den Arbeitnehmern das Humankapital ihre „Einlage" darstellt. Ghoshal spricht sich somit gegen die von Jensen und Meckling vertretene Ansicht aus, dass die erste Gruppe das größere Risiko trägt und somit lediglich ihre Rendite maximiert werden müssen; nach seiner Auffassung ist dieses Verhältnis gerade umgekehrt. Zudem ist der Beitrag der Mitarbeiter in Form von Wissen und eingebrachten Fähigkeiten im Hinblick auf die Wertschöpfung des Unternehmens viel wichtiger als die Kapitaleinlagen der Anteilseigner, weswegen es keine normative Rechtfertigung des Shareholder-Value Ansatzes gebe.[232] Zudem ändert sich heute auch die Sichtweise auf die von den Anteilseignern vertreten Interessen, welche nicht notwendigerweise von kurzfristiger Art sein müssen.

Mit ähnlichen Argumenten wird der Shareholder-Value Ansatz in der Literatur folglich als „moralisch nicht haltbar"[233] oder sogar als destruktiv[234] bezeichnet; in der Praxis hat diese Doktrin scheinbar ebenfalls ihre unangefochtene Herrschaft längst verloren. Nur ein Beispiel dieser Tendenz stellt die Äußerung des ehemaligen Geschäftsführers von General Electric und als „Vater der Shareholder-Value-Bewegung" geltenden Jack Welch dar, der in einem Interview im Jahr 2009 zugab, dass Gewinne mit einer Steigerung des langfristigen Unternehmenswertes verbunden sein sollten und der reine Shareholder-Value Ansatz „*the dumbest idea in the world*" sei.[235]

231 Crane/Matten, Business ethics, 2016, S. 63.

232 Ghoshal, Academy of Management Learning & Education 4 (2005), S. 80.

233 Donaldson/Preston, The Academy of Management Review 20 (1995), S. 88.

234 Stout, The shareholder value myth, 2012, S. 6.

235 Guerrera, Financial Times, 2009.

Im Ergebnis mögen zwar die Argumente zugunsten der Interessen auch anderer Gruppen als die der Anteilseigner überzeugen. Auf der anderen Seite werden damit jedoch weitere komplexe Fragen aufgeworfen. Bspw. muss näher bestimmt werden, wer zu den Stakeholdern eines Unternehmens gehört und wie das Management mit Interessenswidersprüchen der verschiedenen Gruppen umzugehen hat, da in diesem Falle ihre Berücksichtigung unvermeidbar mit Priorisierung bzw. Selektivität einhergeht.[236] Einen guten Überblick über die bisher entworfenen Stakeholder-Modelle bieten Crane/Matten.[237] Das erste Modell, welches sie als (1) „*Traditional model of managerial capitalism*" bezeichnen, unterscheidet lediglich zwischen vier Gruppen: Lieferanten, Mitarbeiter, Kunden und Anteilseigner, von denen die letztgenannte die dominante Gruppe ist. Beim zweiten, sog. (2) „*Stakeholder model*" wird der Kreis der Anspruchsgruppen um die Zivilgesellschaft, Regierung und Wettbewerber erweitert; zudem verlieren die Anteilseigner die dominante Stellung. Während die ersten zwei Modelle von einer wechselseitigen Beziehung zwischen dem Unternehmen und dem jeweiligen Stakeholder ausgehen, basiert das dritte, sog. (3) „*Network model*" in Anlehnung an die von Rowley entworfene Netzwerk-Theorie auf der Annahme, dass jeder Stakeholder ebenfalls die Interessen der eigenen Stakeholder zu berücksichtigen hat und dadurch ein weites, über dyadische Beziehungen hinausgehendes Netzwerk von Interaktionen entsteht.[238]

Neben den beschriebenen Modellen gibt es auch zahlreiche Definitionsversuche, welche den Begriff Stakeholder unterschiedlich weit fassen.[239] Die klassische von Freeman 1984 entworfene Definition verfolgt einen sehr weiten Ansatz, weswegen ihr vorgeworfen wird, dass sie zu vage sei und praktisch alle möglichen Anspruchsgruppen einbeziehen könne. Aus diesem Grund erarbeiteten Mitchell et al. einen Vorschlag, wie die Interessen der möglichen Gruppen geordnet und bei unternehmerischen Entscheidungen von der Leitung sinnvoll ausgewertet werden können. Dabei unterscheiden sie drei Kriterien, welche bei jeder Beurteilung einzubeziehen sind: die potentielle Machteinwirkung des Stakeholders auf das Unternehmen, die Legitimität bzw. Berechtigung seiner Interessen sowie die Dringlichkeit, mit welcher diese Interessen berücksichtigt werden sollen. Je

---

236 Bluhm, in: Maurer/Schimank (Hrsg.), Die Gesellschaft der Unternehmen, 2008, S. 151.

237 Vgl. dazu Crane/Matten, Business ethics, 2016, S. 58 ff.

238 Vgl. dazu Rowley, The Academy of Management Review 22 (1997), S. 890.

239 Für einen chronologischen Überblick vgl. Mitchell/Agle/Wood, The Academy of Management Review 22 (1997), S. 858.

nachdem, wie viele dieser Kriterien bei dem jeweiligen Stakeholder erfüllt sind, unterscheiden die Autoren anschließend sieben Stakeholder-Klassen, alle anderen gelten als Nonstakeholder.[240] Ihr Ansatz ist zwar aus pragmatischer Sicht zu begrüßen, weist in normativer Hinsicht aber ebenfalls einige Mängel auf. Matten und Crane weisen bspw. darauf hin, dass es fraglich ist, wie eine objektive und genaue Bewertung der Kriterien der Macht, Legitimität und Dringlichkeit sichergestellt werden kann und wie das Problem zu lösen ist, das durch die Anwendung der Kriterien schwache oder in Minderheit stehende Anspruchsgruppen nur zu leicht ignoriert werden, obwohl sie ebenfalls legitime Interessen haben, die berücksichtigt werden sollten.[241]

Zusammenfassend kann also festgehalten werden, dass obwohl die Stakeholder-Theorie den Blick der CSR-Forschung auf die Schaffung eines Mehrwerts für multiple Anspruchsgruppen richtet und sie somit in einen weiteren gesellschaftlichen Kontext einbettet, sie in normativer Hinsicht noch unvollständig ist.[242] Selbst Freeman erkannte, dass ein zu weit gefasster Inhalt des Begriffs Stakeholder mit der Gefahr verbunden ist, dass er zu einer bedeutungslosen Bezeichnung wird und deswegen eine Differenzierung des Begriffs bzw. präzisere Bestimmung derjenigen Gruppen, deren Interessen im Falle von Widersprüchen vorrangig zu berücksichtigen sind, notwendig ist.[243] Deswegen löste er sich von dem Anspruch, den Inhalt und Umfang des Begriffs Stakeholder normativ festlegen zu wollen und plädierte vielmehr für eine flexiblere und fallbezogene Bestimmung, um der Stakeholder-Theorie auch auf praktischer Ebene Relevanz zu verschaffen:

> From the standpoint of thinking about the definitional problem as singular and fixed, we face a seemingly intractable difficulty. No matter how many positive attributes any given candidate may have, no single definition seems to work for all purposes in all situations. All have limitations and weaknesses. From the standpoint of the search for the one correct definition, such a realization creates a real problem. However, one way to think about the role of the definitional problem is to return to the pragmatic perspective when thinking about the issues involved. Rather than seeing the definitional problem as a singular and fixed, admitting of one answer, we instead can see different definitions serving different purposes. Thus what might make one a (legitimate) stakeholder for one company, or for a given research agenda, may vary. While we might have meaningful

240 Dies., The Academy of Management Review 22 (1997), S. 865 ff.

241 Crane/Matten/Spence (Hrsg.), Corporate social responsibility, 2014, S. 137.

242 Bluhm, in: Maurer/Schimank (Hrsg.), Die Gesellschaft der Unternehmen, 2008, S. 151.

243 Freeman/Harrison/Wicks u.a., Stakeholder theory, 2010, S. 206 ff.

> conversations about what constitutes a poor use of terms and find reasons for settling on particular uses of them for certain purposes, the pragmatic perspective allows us to tolerate a range of definitions to exist under the umbrella of "stakeholder theory." Indeed, given the range of interpretations of stakeholder theory and how it is operationalized by organizations, such flexibility about terms may be an essential attribute to making it relevant and useful.[244]

3.2.1.3.2.2 Neo-institutionelle Organisationstheorie

Eine andere Erklärung, warum Unternehmen eine über rechtliche und vertragliche Verpflichtungen hinausgehenden Verantwortung übernehmen (sollen), präsentiert aus sozialwissenschaftlicher Perspektive die neo-institutionelle Organisationstheorie. Ihr Fundament besteht aus dem Argument, dass sich Organisationen und somit auch Unternehmen den Erwartungen in ihrem Umfeld anpassen.[245] Im Neo-Institutionalismus wird zwar anerkannt, dass es Ziele in Organisationen gibt, deren Verwirklichung nach den Kriterien der Effizienz und Zweckrationalität angestrebt werden, gleichzeitig wird aber hervorgehoben, dass die rational intendierten Ziele in der Regel aufgrund institutioneller Einflüsse entstehen.[246] Gerade die Institutionen der Gesellschaft, definiert als „Regeln für Handlungen, die zeitlich von langer Dauer, sozial verbindlich und sachlich relevant sind",[247] bestimmen nach Neo-Institutionalismus das Handeln der Organisationen. Daraus kann die zentrale Kernaussage abgeleitet werden, dass Organisationen in einer bestimmten Art und Weise nicht deswegen agieren, weil dies effizient oder rational im Sinne einer Nutzenabwägung ist, sondern weil ihr Umfeld bestimmt, welche Praktiken als angemessen und somit als legitim zu beurteilen sind.[248]

Auch wenn im Rahmen des Neo-Institutionalismus Unternehmen innerhalb eines gesellschaftlichen Bezugssystems gesehen werden[249] und diese Theorie ebenfalls eine Erklärung bietet, warum sich zunehmend auch Konzepte verbreiten, welche keinen direkten Einfluss auf den wirtschaftlichen Erfolg eines

244 Dies., Stakeholder theory, 2010, S. 211.

245 Bohn, in: Backhaus-Maul/Kunze/Nährlich (Hrsg.), Gesellschaftliche Verantwortung von Unternehmen in Deutschland, 2018, S. 258.

246 Senge, Das Neue am Neo-Institutionalismus, 2011, S. 19.

247 Dass., Das Neue am Neo-Institutionalismus, 2011, S. 98.

248 Bohn, in: Backhaus-Maul/Kunze/Nährlich (Hrsg.), Gesellschaftliche Verantwortung von Unternehmen in Deutschland, 2018, S. 261.

249 Senge, Das Neue am Neo-Institutionalismus, 2011, S. 14.

Unternehmens haben,[250] wird von Blum völlig zu Recht das formale Legitimationskonzept dieser Theorie kritisiert. Die Autorin argumentiert, dass die Adaption formaler Strukturen und Regeln auf Dauer keine Legitimität, sondern ganz im Gegenteil Misstrauen schafft, wenn Erwartungen aus der Umwelt unabhängig ihrer Sinnhaftigkeit und ohne Blick auf tatsächliche gesellschaftliche Verbesserungen erfüllt werden.[251] Folglich überzeugt der neo-institutionelle Begründungsansatz nicht; die Stakeholder-Theorie adressiert dagegen trotz der noch offenen Fragen wichtige Probleme der heutigen Gesellschaft im globalisierten Kontext und trägt somit wesentlich zur Entwicklung des CSR-Konzepts bei.

3.2.1.3.3 Politische Begründungsansätze und ethische Erwägungen

3.2.1.3.3.1 Unternehmen als politische Akteure

In den letzten Jahrzehnten veränderte sich die Beziehung von Staat und Wirtschaft, was dazu führt, dass Unternehmen zunehmend als politische Akteure gesehen werden. Eine wesentliche Treibkraft dieser Überlegungen ist, dass Unternehmen weltweit zu den wichtigsten Akteuren in der Gesellschaft gehören, weswegen sie neben ihrer wirtschaftlichen Macht auch über signifikante politische Macht verfügen können.[252] Des Weiteren wird angemerkt, dass aufgrund der tendenziellen Entgrenzung zwischen Markt und Staat sowie der voranschreitenden Globalisierung erhebliche Regelungslücken entstanden sind, deren Schließung auf politischer Ebene kaum möglich ist, weswegen nun private Akteure gefragt seien.[253] Scherer und Palazzo führen weiter aus, dass in vielen Bereichen regulierungsfreie Räume auch deswegen entstehen, weil Märkte zwar globalisiert werden, dies aber nicht auf demokratische Institutionen, welche einen unverzichtbaren Kontext des freien Marktes bilden, zutreffe. So werden viele soziale und wirtschaftliche Interaktionen über die Reichweite territorial gebundener nationaler Rechtsdurchsetzung ausgedehnt, was dazu führt, dass Nationalstaaten ihre Regulierungsmacht verlieren.[254]

250 Bohn, in: Backhaus-Maul/Kunze/Nährlich (Hrsg.), Gesellschaftliche Verantwortung von Unternehmen in Deutschland, 2018, S. 262.

251 Bluhm, in: Maurer/Schimank (Hrsg.), Die Gesellschaft der Unternehmen, 2008, S. 158.

252 Brühl, Corporate Social Responsibility, 2018, S. 226.

253 Baur, in: Backhaus-Maul/Kunze/Nährlich (Hrsg.), Gesellschaftliche Verantwortung von Unternehmen in Deutschland, 2018, S. 88.

254 Scherer/Palazzo, Journal of Management Studies 48 (2011), S. 902.

Historisch betrachtet wird diese Tendenz negativ bewertet und Unternehmen zum Vorwurf gemacht, die bestehenden Regelungslücken missbraucht und im Prozess der unternehmerischen Wertschöpfung staatlich anerkannte Normen wie Menschenrechte sowie Arbeitnehmer- oder Umweltschutzbestimmungen außer Acht gelassen zu haben.[255] Dies ist nicht ganz abwegig, denn viele Unternehmen verlagern große Teile der Produktion an Orte ohne demokratische Kontrolle, wogegen auch internationale Organisationen wie die UNO oder die ILO aufgrund des Prinzips der Nichteinmischung in die nationalstaatliche Souveränität kaum eine Lösung bieten können.[256] Insbesondere die Aktivitäten großer transnationaler Unternehmen, welche als zentrale Akteure der Globalisierung gelten, werden sehr kritisch betrachtet. Dabei handelt es sich um kein neues Phänomen; als gutes Beispiel dient die British East India Company, welche in ihrer Blütezeit des 18. Jahrhunderts über eine unvorstellbare sowohl wirtschaftliche als auch politische Macht (bspw. eine eigene Armee) verfügte.[257] Der „Konzernkoloss" erzielte zwar enorme Gewinne, allerdings wurden diese durch Geschäftspraktiken erzielt, welche zu zahlreichen Hungerkatastrophen während der britischen Herrschaft in Indien führten. Zwar führten die Missstände zu einer breiten Kritik in der Öffentlichkeit, doch diese bewirkte nicht die erhoffte Änderung des Kerngeschäfts des Unternehmens; Klawitter spricht sogar davon, dass gerade die British East India Company ein Geschäftsmodell entwickelte, welches bis heute als praktikabel gilt.[258]

Trotz aller aktuellen Debatten um unternehmerische Verantwortung zeigt sich, dass seine Aussage nicht ganz unberechtigt ist. Als gute Beispiele aus jüngerer Geschichte dienen die katastrophalen Arbeitsbedingungen und wiederholten Fabrikbrände in den für europäische Abnehmer produzierenden Textilfabriken in Bangladesch[259] oder die Ausbeutung von Arbeitern auf den Stadienbaustellen für die Fußball-Weltmeisterschaft in Katar.[260] Angesichts dieser historischen Entwicklung und der bis heute zahlreichen Bereiche, bei denen zugunsten höherer Profitabilität und Kostenersparnis moralisch fragwürdige Geschäftspraktiken

---

255 Coni-Zimmer/Rieth, in: Schneider/Schmidpeter (Hrsg.), Corporate Social Responsibility, 2015, S. 1163.

256 Scherer/Palazzo, Journal of Management Studies 48 (2011), S. 902.

257 Baur, in: Backhaus-Maul/Kunze/Nährlich (Hrsg.), Gesellschaftliche Verantwortung von Unternehmen in Deutschland, 2018, S. 88.

258 Klawitter, Spiegel Geschichte 1 (2013), S. 68 f.

259 Baur, in: Backhaus-Maul/Kunze/Nährlich (Hrsg.), Gesellschaftliche Verantwortung von Unternehmen in Deutschland, 2018, S. 88.

260 Armbrecht, Der Spiegel 2020.

angewandt werden, gibt es im Schrifttum zum Teil auch scharfe Kritik, wie das folgende Beispiel zeigt:

> Der Grad der Verantwortung hängt also von Status, Macht und Einfluss ab. Und genau darüber verfügen transnationale Konzerne im Kapitalismus des 21. Jahrhunderts in einem bisher unbekannten Ausmaß. […] Reichtum, wirtschaftliche Konzentration und politische Macht transnationaler Konzerne haben derart zugenommen, dass sie tendenziell sowohl die Märkte als auch die (inter-)nationale Politik beherrschen. Da eine marktdominierende Stellung mit politischem Einfluss einhergeht, sind transnationale Unternehmen in der Lage, Staaten gegeneinander auszuspielen. Diese Konzerne sind »too big to fail«, also in einem Maße systemrelevant, dass sie etwa durch die Androhung von Kapitalflucht Staaten bzw. deren Regierungen erpressen können, wie etwa die Reaktion auf die Finanzkrise 2008 gezeigt hat.[261]

Transnationale Unternehmen haben zweifellos große Einwirkungsmöglichkeiten im Bereich der Politik, diese müssen aber nicht zwangsläufig nur negativ sein. Im Laufe der Jahre wurde zunehmend anerkannt, dass Unternehmen durch ihr Engagement durchaus auch einen Beitrag zur Lösung gesellschaftlicher Probleme leisten können.[262] Ein rücksichtloses Ausnutzen der bestehenden Regulierungslücken liegt heutzutage zudem auch nicht im Interesse der Unternehmen, da im Falle von mit Menschenrechtsverletzungen oder Umweltverschmutzung verbundenen Skandalen ein Schaden des öffentlichen Ansehens droht, welcher auch massive wirtschaftliche Folgen haben könnte. Infolgedessen haben viele Unternehmen damit begonnen, die Regulierungslücken freiwillig zu schließen, indem sie bspw. öffentliche Güter bereitstellen,[263] und sich an der Regulierung von wirtschaftlichen Prozessen beteiligen, wodurch sie de facto als politischer Akteur handeln: „*In these cases, public issues that once were covered by nation-state governance now fall under the discretion and responsibility of corporate managers*“.[264]

Dadurch verändert sich die rein ökonomisch basierte Perspektive auf Unternehmen und auch wenn Wettstein zutreffend anmerkt, dass wirtschaftliche Fragen immer von öffentlicher Relevanz sind und Unternehmen als die wichtigsten Wirtschaftsakteure der Gesellschaft niemals als unpolitische Institutionen

---

261 Becker/Grimm/Krameritsch, Zum Beispiel: BASF, 2018, S. 37 f.

262 Coni-Zimmer/Rieth, in: Schneider/Schmidpeter (Hrsg.), Corporate Social Responsibility, 2015, S. 1163.

263 Bzw. eigentlich komplementär zur staatlichen Bereitstellung handeln, vgl. dazu Habisch/Schwarz, in: Schneider/Schmidpeter (Hrsg.), Corporate Social Responsibility, 2015, S. 130.

264 Scherer/Palazzo, Journal of Management Studies 48 (2011), S. 903.

begriffen werden dürfen,[265] wirft die gezielte Erweiterung des unternehmerischen Handlungsspielraums um politische Aspekte wichtige normative Fragen auf, bspw. im Hinblick darauf, ob sich unternehmerische Aktivitäten mit politischem Charakter überhaupt legitimieren lassen und welche konkrete Verantwortung die politische Macht von Unternehmen impliziert. Im Schrifttum gibt es diverse Ansatzpunkte, welche Baur in zwei grundlegende Kategorien unterteilt: das Konzept von Corporate Citizenship und das CSR-Konzept.[266]

3.2.1.3.3.2 Politische CSR und systematische Verantwortung

Wie auch beim Begriff CSR gibt es kein einheitliches Verständnis des Begriffs Corporate Citizenship, im Wesentlichen wird darunter jedoch freiwilliges Unternehmensengagement und vielfältige Formen von Sach-, Geld- und Dienstleistungen gemeint, durch welche das Unternehmen seine Vorstellungen über eine „gute Gesellschaft" zum Ausdruck bringt.[267] Häufig wird dieses Verständnis um die Idee erweitert, dass Unternehmen als Bürger zu verstehen sind, wodurch ihnen eine explizit politische Bedeutung zukommt.[268] Zu den Vertretern dieser Auffassung gehört bspw. Habisch, der das unternehmerische Bürgerengagement als „Aktivitäten, mit deren Hilfe Unternehmen selbst in ihr gesellschaftliches Umfeld investieren und ordnungspolitische Mitverantwortung übernehmen" begreift.[269] Nach seiner Vorstellung können Unternehmen nach diesem Verständnis dabei helfen, Strukturen bereichsübergreifender Zusammenarbeit aufzubauen, weswegen das Konzept von Corporate Citizenship eine Antwort auf die Herausforderungen darstellt, die aus der veränderten Weltlage und aus dem neuen gesellschaftlichen Umfeld des Unternehmens im 21. Jahrhunderts resultieren.[270] Dieser Ansatz weist aber das gleiche Problem wie auch das Konzept des „ehrbaren Kaufmanns" auf, nämlich dass der Fokus auf Tugenden des Unternehmens nicht ausreichend die Komplexität der heutigen, durch Globalisierung, Wertepluralismus und neuen Interaktionsformen

---

265 Wettstein, Multinational corporations and global justice, 2009, S. 182.

266 Baur, in: Backhaus-Maul/Kunze/Nährlich (Hrsg.), Gesellschaftliche Verantwortung von Unternehmen in Deutschland, 2018, S. 90 f.

267 Vgl. dazu auch mit Abgrenzung zu CSR Backhaus-Maul/Kunze, in: Schneider/Schmidpeter (Hrsg.), Corporate Social Responsibility, 2015, S. 103.

268 Baur, in: Backhaus-Maul/Kunze/Nährlich (Hrsg.), Gesellschaftliche Verantwortung von Unternehmen in Deutschland, 2018, S. 91.

269 Habisch, Corporate Citizenship, 2003, S. 58.

270 Ders., Corporate Citizenship, 2003, S. 58 ff.

geprägten Unternehmensumwelt berücksichtigt,[271] weswegen sich das Corporate Citizenship-Konzept als Begründungsansatz der politischen Aktivitäten des Unternehmertums als nur wenig geeignet erweist.

Auch rund um das CSR-Konzept wurde in den letzten Jahren vermehrt über die politische Rolle von Unternehmen diskutiert und zahlreiche Begründungsansätze entwickelt. Brühl unterteilt diese in drei Kategorien; in der ersten werden politische Strategien eines Unternehmens lediglich als ein Instrument betrachtet, welches der Sicherung der Gewinnerzielung dient (sog. „Nichtmarktstrategien"). Bei der zweiten Kategorie spricht Brühl von „politischer Verantwortung als Teil der CSR" und bezieht sich damit auf eine Position, die über eine rein finanzielle Betrachtung des Unternehmens hinausgeht und einen weiteren Kreis der Stakeholder und ihrer Interessen berücksichtigt. Sämtliche politische Aktivitäten eines Unternehmens werden auch unter dem Gesichtspunkt bewertet, inwieweit sie einen Beitrag für die verschiedenen Stakeholder-Gruppen des Unternehmens sowie für die gesamte Gesellschaft leisten können. Die letzte Kategorie der Begründungsansätze stellt die „politische CSR" dar, mit der am stärksten eine normative Position vertreten wird, da es bei dieser gerade um die Frage geht, wie Unternehmen politisch agieren sollen, um das gesellschaftliche Gemeinwohl zu fördern.[272] Meistens geht es dabei um Fälle, in denen staatliche Akteure nicht gewillt oder nicht in der Lage sind, wichtige Aufgaben zu übernehmen; von Unternehmen wird sodann erwartet, diese Leerstelle zu füllen. Baur veranschaulicht diesen Erwartungshorizont an dem bereits erwähnten Beispiel von Fabrikbränden in Bangladesch, bei welchen von Unternehmen nach den Vorfällen erwartet wird, aktiv in den Einflussbereich des Staates einzugreifen. Eigentlich wäre es nämlich die Aufgabe des Staates, die Feuersicherheit von Gebäuden zu überprüfen; da dieser aber nicht in der Lage dazu ist, wird die Verantwortung auf das Unternehmertum übertragen.[273]

Der Inhalt der politischen CSR ist also mit der Frage verbunden, ob Unternehmen als wichtige Akteure auch eine Systemverantwortung haben und sich somit für die Einführung und Durchsetzung von Institutionen und Normen einsetzen sollen.[274] Scherer und Palazzo gehören zu den bedeutsamsten Vertretern dieser Ansicht und führen aus, dass der gesellschaftliche Wandel die Grenzen zwischen

---

271 S. dazu Ausführungen in Kap. 3.2.1.1.

272 Vgl. dazu Brühl, Corporate Social Responsibility, 2018, S. 226 f.

273 Baur, in: Backhaus-Maul/Kunze/Nährlich (Hrsg.), Gesellschaftliche Verantwortung von Unternehmen in Deutschland, 2018, S. 90.

274 Brühl, Corporate Social Responsibility, 2018, S. 214.

politischen und wirtschaftlichen Aktivitäten eines Unternehmens verschwimmen lässt und deswegen eine neue Perspektive in der Theoriebildung zu CSR notwendig ist. Sie unternehmen ebenfalls den Versuch, eine solche zu entwerfen und bestimmen folgende fünf Schlüsselmerkmale der politischen CSR: (1) Übergang von nationaler zu globalen Ordnungspolitik (sog. *global governance*); (2) Übergang von Hard Law zu Soft Law und Selbstregulierung; (3) Übergang von Haftung zur gesellschaftlichen Verbundenheit (sog. *social connectedness*); (4) Übergang von der pragmatischen zur moralischen Legitimität und (5) Übergang von der liberalen zur deliberativen Demokratie.[275] Bezüglich des letzten Punktes führen die Autoren aus, dass die steigenden politischen Aktivitäten von Unternehmen zu Bedenken hinsichtlich des demokratischen Defizits führen, da die demokratisch gewählten Regierungen häufig weniger Einwirkungsmöglichkeiten haben als Unternehmen, die kein demokratisches Mandat besitzen und auch keiner parlamentarischen Kontrolle unterworfen sind. Das Modell der liberalen Demokratie biete keine Verankerungsmöglichkeit der tiefgreifenden Veränderungen von Institutionen, Verantwortlichkeiten und Legitimitätsanforderungen, weswegen das alternative Modell der deliberativen Demokratie besser geeignet sei. Die deliberative Idee baue auf dem Gedanken einer Dezentralisierung von politischen Entscheidungen auf, wodurch Unternehmen nach Auffassung der Autoren in zweierlei Hinsicht politisiert werden: "*they operate with an enlarged understanding of responsibility; and help to solve political problems in cooperation with state actors and civil society actors. Furthermore, with their growing power and through their engagement in processes of self-regulation, they become subjects of new forms of democratic processes of control and legitimacy*".[276]

Diese Sichtweise ist jedoch äußerst problematisch, da sie die politische Verantwortung der Unternehmen um eine allgemeine Systemverantwortung erweitert. Obwohl es wie oben ausführlich geschildert einige gute Gründe gibt, Unternehmen auch als politische Akteure zu betrachten, ist bei einer solchen weitreichenden Verantwortungsübertragung große Vorsicht geboten, insbesondere im Hinblick auf die Legitimität. Aus der Perspektive des organisationssoziologischen Legitimitätsansatzes, welcher vorrangig die moralische Legitimität als maßgebliche Ermächtigungsquelle ansieht, könnte die Legitimität des unternehmerischen Handelns im politischen Bereich unter Umständen bejaht werden. Nach diesem Ansatz wird nämlich die Akzeptanz der Stakeholder des Unternehmens (sog. „*political embeddedness*") als demokratietheoretisches Äquivalent

---

275 Vgl. dazu Scherer/Palazzo, Journal of Management Studies 48 (2011), S. 906 ff.
276 Dies., Journal of Management Studies 48 (2011), S. 918.

(quasi als Wählerersatz) gewertet und könnte diverse systemgestalterische Handlungen des Unternehmens legitimieren, sofern sie von den wichtigsten Stakeholdern als akzeptabel eingestuft werden. Darüber hinaus kann diese Form der Legitimation zusätzlich durch regelmäßigen Dialog mit den jeweiligen Interessensgruppen weiter vertieft werden.[277] Allerdings wird selbst gegen diesen Ansatz vorgetragen, dass für die Realisierung einer deliberativen Demokratie alle Teilnehmer des Diskurses über ausreichende Informationen verfügen müssen; in einem Stakeholder-Dialog dürften häufig jedoch die Unternehmensvertreter die „besser informierten Teilnehmer" sein.[278]

Der größte Widerspruch besteht jedoch mit den demokratischen Legitimitätsanforderungen, wonach politische Entscheidungen auf den Willen des Volkes zurückführbar sein müssen. Diese Voraussetzung kann bei politischen, durch ein Unternehmen getroffenen Entscheidungen aber kaum zu erfüllen sein, da diese undemokratisch organisiert sind und letztendlich bei ihren Handlungen eigene finanzielle Ziele verfolgen.[279] Zudem wird die Bevölkerung im Falle von geplanten Investitionsentscheidungen oder Implementierung von CSR-Maßnahmen nur selten ausreichend beteiligt, sodass selbst bei einer Einbeziehung der Regelungsbetroffenen in den Entscheidungsfindungsprozess kaum eine auf den Willen der Bevölkerung basierte Entscheidung zu statuieren wäre.[280] Ein weiterer relevanter Aspekt im Hinblick auf die demokratischen Legitimitätsanforderungen ist die Rechenschaftspflicht und Sanktionierung beim Nichteinhalten der unternehmerischen Selbstverpflichtungen. Bei politischen Ämtern besteht nämlich die Möglichkeit der Abwahl, was aber bei privatrechtlich organisierten Unternehmen nicht der Fall ist.[281] Zwar ist in den letzten Jahren die öffentliche Erwartungshaltung deutlich gestiegen, wenn jedoch kein strafrechtlich relevantes Verhalten vorliegt, haben negative Geschäftspraktiken nach wie vor nur in den seltensten Fällen Konsequenzen.[282]

Auch wenn also viele vom Unternehmertum verlangen, dass dieses die Ordnungsprobleme löst, welche die Politik nicht bewältigen kann oder möchte,[283] darf

277 Coni-Zimmer/Rieth, in: Schneider/Schmidpeter (Hrsg.), Corporate Social Responsibility, 2015, S. 1176.
278 Brühl, Corporate Social Responsibility, 2018, S. 236.
279 Ders., Corporate Social Responsibility, 2018, S. 236.
280 Coni-Zimmer/Rieth, in: Schneider/Schmidpeter (Hrsg.), Corporate Social Responsibility, 2015, S. 1174.
281 Brühl, Corporate Social Responsibility, 2018, S. 237.
282 Coni-Zimmer/Rieth, in: Schneider/Schmidpeter (Hrsg.), Corporate Social Responsibility, 2015, S. 1174.
283 Vgl. bspw. Elkington/Zeitz/Branson, The Breakthrough Challenge, 2014, S. 1.

das Problem der Legitimität nicht ohne Weiteres außer Acht gelassen werden. Darüber hinaus sind Unternehmen primär wirtschaftliche Akteure und die Politik darf keinesfalls zur Arena der unternehmerischen Verantwortung gemacht werden;[284] oder mit anderen Worten zutreffend zum Ausdruck gebracht: „ […] *a heathy, competitive economy requires an effective government […]. That well-functioning polity does not exist today, but empowering the bosses of big business to act as an expedient substitute is not the answer*".[285]

3.2.1.3.3.3 Aktuelle Entwicklungen und Tendenz zur politischen Verantwortungsübernahme im Bereich der Wirtschaft

Auch wenn die obigen Ausführungen zur politischen Verantwortung der Unternehmen zu dem Ergebnis führen, dass eine allgemeine systematische Verantwortungsübernahme aufgrund fehlender Legitimität nicht gerechtfertigt werden kann, bedeutet das nicht, dass dem Unternehmertum keine Möglichkeit gewährt werden sollte, neue Formen des Engagements und der unternehmerischen Verantwortung zu entwickeln, welche unter Umständen auch mit einer politscher Dimension verbunden sein können.

Die größten Erwartungen in Bezug auf die politische Verantwortung von Unternehmen liegen derzeit – auch als Konsequenz der oben beschriebenen Skandale der letzten Jahre – im Bereich des Schutzes und der Beachtung der Menschenrechte. Dies ist nicht völlig überraschend, denn lange Zeit wurde der Schutz der Menschenrechte als ausschließliche Aufgabe des Staates wahrgenommen. Während die Menschenrechtsstandards im Kontext der durch Staaten und internationale Organisationen vorangetriebenen Kodifizierung in den letzten Jahrzehnten enorm gestiegen sind, wurde den nichtstaatlichen Akteuren in diesem Bereich kaum Aufmerksamkeit geschenkt.[286] Das zeigt sich auch darin, dass innerhalb der UNO in der Vergangenheit zahlreiche Versuche, ein international verbindliches Regelwerk zur menschenrechtlichen Verantwortung von Unternehmen zu erarbeiten, stets gescheitert sind, bis der UN-Menschenrechtsrat am 16. Juni 2011 schließlich das Dokument "*Guiding Principles on Business and Human Rights*" (Leitprinzipien für Wirtschaft und Menschenrechte) angenommen hat.[287]

---

284 Brühl, Corporate Social Responsibility, 2018, S. 225.

285 The Economist, What companies are for: Competition, not corporatism, is the answer to capitalism's problems, 2019, S. 10.

286 Weissbrodt/Kruger, American Journal of International Law 97 (2003), S. 901.

287 Human Rights Council, Human rights and transnational corporations and other business enterprises, 2021.

Diese Leitprinzipien wurden durch den UN-Sonderbeauftragten des Generalsekretärs John Ruggie erarbeitet und basieren auf drei grundlegenden Säulen: (1) Die Pflicht des Staates zum Schutz der Menschenrechte; (2) Die Verantwortung des Unternehmens zur Achtung der Menschenrechte und (3) Zugang von Opfern von Menschenrechtsverletzungen zur Abhilfe. Die zweite Säule setzt verschiedene Maßnahmen fest, durch welche Wirtschaftsunternehmen (*Business enterprises*) zur Prävention von Menschenrechtsverletzungen, aber auch zur Unterstützung und Förderung von Menschenrechten beitragen können. Vermutlich die wichtigste Maßnahme ist das Einführen einer Sorgfaltspflichtprüfung (*Human Rights Due Diligence*), welche Wirtschaftsunternehmen dazu verpflichtet, die nachteiligen menschenrechtlichen Auswirkungen ihrer Tätigkeit zu ermitteln, zu minimieren sowie Rechenschaft darüber abzulegen, wie sie ihnen begegnen.[288]

Obwohl die Leitprinzipien insgesamt einen breiten Ansatz zur Beachtung und zum Schutz der Menschenrechte durch Unternehmen verfolgen, wurde ihnen zurecht zum Vorwurf gemacht, dass sie rechtlich unverbindlich bleiben und die Nichteinhaltung der darin enthaltenen Verpflichtungen grundsätzlich folgenlos bleibt.[289] Tatsächlich sehen die Prinzipien nämlich keine Möglichkeit der Staaten vor, die von Unternehmen geforderte Sorgfaltspflichten durch entsprechende Gesetze oder Sanktionen durchzusetzen; gerade die inhaltliche Abschwächung des Regelwerks führte jedoch zu einem breiten Konsens in der UN, weswegen Ruggie seinen Ansatz als „prinzipientreuen Pragmatismus" verteidigte.[290] In seinem Finalbericht nahm er folgende Stellungnahme zur Verbindlichkeit der von ihm entworfenen Prinzipien:

> What do these Guiding Principles do? And how should they be read? Council endorsement of the Guiding Principles, by itself, will not bring business and human rights challenges to an end. But it will mark the end of the beginning: by establishing a common global platform for action, on which cumulative progress can be built, step-by-step, without foreclosing any other promising longer-term developments. The Guiding Principles' normative contribution lies not in the creation of new international law obligations but in elaborating the implications of existing standards and practices for States and businesses; integrating them within a single, logically coherent and comprehensive

288 United Nations, Guiding Principles on Business and Human Rights, 2011, S. 17 f.

289 Kusch, in: Burckhardt (Hrsg.), Corporate Social Responsibility - Mythen und Maßnahmen, 2013, S. 38.

290 Strohscheidt/Paasch, in: Burckhardt (Hrsg.), Corporate Social Responsibility - Mythen und Maßnahmen, 2013, S. 28.

> template; and identifying where the current regime falls short and how it should be improved.[291]

Trotz aller Kritik kann rückblickend festgehalten werden, dass dieses Vorhaben Ruggie insgesamt gelungen ist, denn das Konzept wurde in den Folgejahren zum festen Bestandteil anderer Regelungswerke, weswegen Kindermann von einer „*significant convergence in a previously polarized arena*“ spricht.[292] Auch die Europäische Kommission erklärt bspw., dass die europäische CSR-Strategie mit diesem Rahmen voll und ganz in Einklang gebracht werden sollte.[293]

Neben dem politischen Charakter könnten die von Ruggie erarbeiteten Leitlinien auch als ein Stakeholder-basierter Ansatz bezeichnet werden, da sie die unternehmerische Verantwortung um die Achtung der Menschenrechte und somit die zu beachtenden Interessen deutlich erweitern. Der weite Blick auf die gesellschaftlichen Aspekte bei der Gestaltung einer gerechten Wirtschaftsordnung war ein fester Bestandteil Ruggies akademischer Laufbahn[294] und er beschäftigte sich vertieft mit der Frage, wie die Bedürfnisse der Märkte und der Gesellschaft verträglicher gemacht werden können. Bereits im Jahr 1982 führte er in Anlehnung an Polanyis Vorstellung der aus der Gesellschaft entbetteten Wirtschaft das Konzept des „*embedded liberalism*“ ein,[295] welchen er sodann im Jahr 2008 im Rahmen seines UN-Mandats inhaltlich weiter fortentwickelte. In einem an den UN-Menschenrechtsrat adressierten Bericht wies er dem Markt “*powerful forces capable of generating economic growth, reducing poverty, and increasing demand for the rule of law, thereby contributing to the realization of a broad spectrum of human rights*” zu, gleichzeitig betonte er jedoch, dass Märkte nur dann funktionieren können, wenn sie in Regeln, Bräuche und Institutionen eingebettet sind, welche den negativen Auswirkungen der Marktdynamik entgegenwirken. Die eskalierenden Menschenrechtsverletzungen durch unternehmerische Aktivitäten bezeichnete er als „*the canary in the coal mine, signalling that*

---

291 Ruggie, Report of the Special Representative of the Secretary-General on the issue of human rights and transnational corporations and other business enterprises, John Ruggie, 2011, S. 5.

292 Kinderman, in: Backhaus-Maul/Kunze/Nährlich (Hrsg.), Gesellschaftliche Verantwortung von Unternehmen in Deutschland, 2018, S. 111.

293 Europäische Kommission, Eine neue EU-Strategie (2011-14) für die soziale Verantwortung der Unternehmen (CSR), 2011, S. 8.

294 Melish/Meidinger, Protect, Respect, Remedy and Participate: 'New Governance' Lessons for the Ruggie Framework, 2011, S. 1 f.

295 Ruggie, International Organization 36 (1982), S. 392.

all is not well",[296] und durch seine Leitlinien trug er wesentlich zu einem neuen Verständnis der gesellschaftlichen Verantwortung des Unternehmertums bei.

Neben dieser menschenrechtsbezogenen Entwicklung des Konzepts der CSR scheint sich auch noch ein anderer Trend zu verbreiten, welcher den Unternehmen auch Aufgaben zuschreibt, die in der Vergangenheit Gegenstand der staatlichen Regulierung waren. Dadurch kommt es zu einem „Verschmelzen von freiwilligen Initiativen und staatlichen Gesetzen",[297] insbesondere in Form von Beteiligung des Unternehmertums bei der Entwicklung von Normen im Bereich der Wirtschaft.[298] Das beste Beispiel stellen verschiede sog. Multi-Stakeholder Initiativen dar, bei welchen Unternehmen die sozialen und ökologischen Standards gemeinsam mit verschiedenen Stakeholdern definieren und welche sich insbesondere seit dem Beginn des 21. Jahrhunderts in vielen Bereichen stark verbreiten.[299]

Wichtiger Vorantreiber solcher Initiativen war der ehemalige Generalsekretär der UNO Kofi Annan, der 1999 auf dem Weltwirtschaftsforum in Davos die Wirtschafsführer aufforderte, sich gemeinsam für eine gerechte Globalisierung zu engagieren.[300] Aus dieser Idee entstand ein Jahr später der United Nations Global Compact (UNGC), heute die weltweit größte und wichtigste Initiative für verantwortungsvolle Unternehmensführung, der sich bereits 15.268[301] Unternehmen in 163 Ländern angeschlossen haben.[302] Er basiert auf zehn Prinzipien, welche in vier Bereiche untergliedert werden: Menschenrechte, Arbeitsnormen, Umwelt sowie Korruption. Auf der Grundlage dieser Prinzipien soll nicht nur die Vision eines inklusiven und verantwortungsvollen Wirtschaftsmodells verwirklicht, sondern auch strategische Maßnahmen ergriffen werden, um breitere gesellschaftliche Ziele voranzubringen. Dabei wird explizit auf die SDGs verwiesen[303] und anerkannt, dass die Erfüllung dieser Ziele alle Bereiche der Gesellschaft betrifft, die Wirtschaftsakteure dabei aber eine wichtige Rolle

---

296 Ruggie, Protect, Respect and Remedy: a Framework for Business and Human Rights, 2008, S. 3.

297 Baur, in: Backhaus-Maul/Kunze/Nährlich (Hrsg.), Gesellschaftliche Verantwortung von Unternehmen in Deutschland, 2018, S. 96.

298 Brühl, Corporate Social Responsibility, 2018, S. 214.

299 Baur, in: Backhaus-Maul/Kunze/Nährlich (Hrsg.), Gesellschaftliche Verantwortung von Unternehmen in Deutschland, 2018, S. 95.

300 Karaaslan, United Nations Global Compact – Global Impact?, 2017.

301 Stand 28.12.2021.

302 United Nations Global Compact (https://www.unglobalcompact.org/).

303 Dass., Our Mission.

spielen.[304] Damit Unternehmen die Nachhaltigkeitsziele in ihre Geschäftsstrategie leichter verankern können, entwickelte der UNGC einen sog. SDG Kompass, der konkrete Werkzeuge und Informationen für die Praxis beinhaltet, bspw. zur Priorisierung der Indikatoren, Integration in die Unternehmensprozesse oder Berichterstattung.[305]

Bezüglich der Rechtsnatur des UNGC muss konstatiert werden, dass es sich nicht um einen verbindlichen Verhaltenskodex, sondern vielmehr um eine Initiative handelt, die auf der freiwilligen Verpflichtung des Unternehmensmanagement beruht, die von der UNO entwickelten Ziele der Nachhaltigkeit umzusetzen.[306] Gerade weil die Initiative keine zertifizierbaren Standards präsentiert, rechtlich unverbindlich ist und auch die Möglichkeiten der Sanktionierung stark begrenzt sind, wurde der UNGC – genau wie die Leitprinzipien für Wirtschaft und Menschenrechte – zum Teil kritisch bewertet und ihm insbesondere die fehlende Effektivität zum Vorwurf gemacht.[307] Auch wenn der UNGC den globalen Einfluss bisher nicht erreichen konnte, den man sich bei seiner Gründung erhofft hat, darf sein praktischer Einfluss trotzdem nicht unterschätzt werden. Er bietet nämlich eine Dialogplattform mit der staatlichen Verwaltung und breiten Teilen der Gesellschaft[308] und erhöht insgesamt die Legitimität der politischen Aktivität von Unternehmen.[309] Darüber hinaus ist auch die Verknüpfung der zehn Prinzipien mit den Zielen der nachhaltigen Entwicklung von besonderer Bedeutung. Während sich die SGDs nämlich an Staaten richten, stellt der UNGC eine Unternehmensinitiative dar und bietet somit einen Gestaltungsraum für zukünftige innovative Konzepte einer verantwortungsvollen und nachhaltigen unternehmerischen Tätigkeit.

Während also eine allgemeine politische Systemverantwortung des Unternehmertums als nicht angemessen erscheint, fällt die Beurteilung anders im Hinblick auf ein System aus, in welchem Unternehmen zu den wichtigsten Akteuren gehören, nämlich das System der Wirtschaft. Bspw. liegt es zum großen Teil in der Verantwortung der Unternehmen, dass Märkte störungsfrei funktionieren. Da sie in einigen Bereichen über einen tieferen Einblick in ihre Funktionsweise

---

304 Dass., Global Goals for people and planet.

305 Dass., SDG Compass, Leitfaden für Unternehmensaktivitäten zu den SDGs, 2015.

306 Dass., Our Mission.

307 Baur, in: Backhaus-Maul/Kunze/Nährlich (Hrsg.), Gesellschaftliche Verantwortung von Unternehmen in Deutschland, 2018, S. 96.

308 Karaaslan, United Nations Global Compact – Global Impact?, 2017.

309 Baur, in: Backhaus-Maul/Kunze/Nährlich (Hrsg.), Gesellschaftliche Verantwortung von Unternehmen in Deutschland, 2018, S. 96.

als der regulierende Staat verfügen, ist es nach Brühl wünschenswert – wenn nicht sogar erforderlich – dass sie sich an der Entwicklung und Durchsetzung von Normen im System der Wirtschaft beteiligen.[310] Zu diesem Verständnis tendiert auch die Europäische Kommission, die in ihrer neuen Strategie für die CSR folgendes festhält: „Bei der Entwicklung von CSR sollten die Unternehmen selbst federführend sein [...]. Unternehmen müssen die nötige Flexibilität erhalten, damit sie innovativ sein und ein auf ihr Umfeld abgestimmtes Konzept entwickeln können".[311] Es zeigt sich also erneut deutlich, dass das Konzept der CSR sehr lebendig ist, sich um Laufe der Zeit verändert und auch die Erwartungen auf die politische Verantwortungsübernahme des Unternehmertums im Bereich der Wirtschaft kontinuierlich wachsen.

3.2.2 Ebene der Investoren

Dem Thema der gesellschaftlichen Verantwortung kommt eine steigende Bedeutung nicht nur auf der Ebene der Unternehmen und des Unternehmensmanagements, sondern zunehmend auch auf dem Finanzmarkt und insbesondere auf dem Kapitalmarkt zu, wo das Thema CSR die höchste Relevanz besitzt.[312] Ein Umdenken wird folglich nicht nur bei unternehmerischen Tätigkeiten, sondern auch bei investitionsbezogenen Aktivitäten verlangt. Diese Tendenz ist nur folgerichtig, wenn man bedenkt, dass die Finanzbranche eine volkswirtschaftliche Schlüsselbranche darstellt, die wesentlich über die Allokation und die Kosten von Kapital mitentscheidet.[313] Genauso wie Unternehmen durch ihr Handeln können also auch Investoren – insbesondere die institutionellen – durch ihre Investmententscheidungen große Auswirkungen auf die Gesellschaft haben, auch wenn die Folgen auf den ersten Blick nicht so offensichtlich sind wie es bei den Unternehmen der Fall ist. Der Zusammenhang ist auf der Ebene der Investoren also ein unmittelbarer, doch durch die Zurverfügungstellung des Kapitals bilden sie nicht nur eine wichtige Stakeholdergruppe jedes Unternehmens, sondern prägen auch die Entwicklung neuer Geschäftsmodelle und die Richtung ihrer Kapitalströme besitzt sowohl wirtschaftliche als auch gesellschaftliche

310 Brühl, Corporate Social Responsibility, 2018, S. 228.

311 Europäische Kommission, Eine neue EU-Strategie (2011-14) für die soziale Verantwortung der Unternehmen (CSR), 2011, S. 9.

312 Baumast, in: Schneider/Schmidpeter (Hrsg.), Corporate Social Responsibility, 2015, S. 949.

313 Friesenbichler, in: Schneider/Schmidpeter (Hrsg.), Corporate Social Responsibility, 2015, S. 1023.

Relevanz. Parallel zur gesellschaftlichen Verantwortung des Unternehmertums, der CSR, entstand einige Jahre später somit das Konzept einer solchen auf Ebene der Investoren. Zum besseren Verständnis dieser Ebene werden zunächst die Grundlagen der kollektiven Vermögensanlage vorgestellt, sodann die gesellschaftliche Verantwortungsübernahme in diesem Bereich und das Konzept von verantwortungsvollen Investments erläutert und schließlich die diversen existierenden Strategien beschrieben.

3.2.2.1 Grundlagen der kollektiven Vermögensanlage

Die Begriffe Anlage, Investment und Investitionen beziehen sich nach allgemeinem Verständnis auf den Einsatz von Anlagegegenständen zur planmäßigen Erzielung von Einnahmen durch Partizipation an einer zukünftigen Wertentwicklung, welche für eine gewisse Dauer ausgelegt ist.[314] Kapitalanlagen können durch Kapitalanleger grundsätzlich individuell oder kollektiv erfolgen.[315] Zu den wichtigsten Kapitalanlageinstrumenten gehören Investmentfonds, die eine Form der kollektiven, fremdverwalteten Vermögensanlage bilden. Von der individuellen Vermögensverwaltung unterscheiden sie sich dadurch, dass sie die Liquidität vieler Einzelinvestoren bündeln. Darüber hinaus ist ein zweites konstitutives Merkmal die Beauftragung eines professionellen Vermögensverwalters, wodurch sie sich von der persönlichen Verwaltung des eigenen Vermögens unterscheiden.[316] Ihr Ursprung geht auf den steigenden wirtschaftlichen Wohlstand seit Mitte des 18. Jahrhunderts zurück, welcher zu einer Kumulierung von Finanzmitteln führte. Diese flossen über die Kapitalanlagen wieder in den Wirtschaftskreislauf zurück, wodurch die Nachfrage nach Finanzmarktprodukten gestiegen ist und somit letztendlich die Funktionsfähigkeit der Finanzmärkte gestärkt wurde. Diese Umstände begünstigten eine rasche Institutionalisierung von Kollektivanlagen in der zweiten Hälfte des 20. Jahrhunderts; bis heute ist ein kontinuierliches Wachstum zu beobachten.[317]

Die wesentlichen Gründe der steigenden Bedeutung von Investmentfonds im Finanzsektor liegen in der wirtschaftlichen Logik der kollektiven Vermögensanlage, bspw. in der Nutzung professioneller Expertise, über welche Kleinanleger

---

314 Zetzsche, Prinzipien der kollektiven Vermögensanlage, 2015, S. 70.

315 Eckhold/Balzer, in: Assmann/Schütze/Buck-Heeb u.a. (Hrsg.), Handbuch des Kapitalanlagerechts, 2020, Rn. 1.

316 Emde, in: Emde/Dornseifer/Dreibus u.a. (Hrsg.), KAGB, 2019, Rn. 2.

317 Zur historischen Entwicklung vgl. bspw. Zetzsche, Prinzipien der kollektiven Vermögensanlage, 2015, S. 3 f.

in der Regel nicht verfügen oder in der Kostensenkung, welche ein Fonds durch die Bündelung von Ressourcen im Vergleich zum Individualanleger beim Kauf und Verkauf von Vermögensgegenständen erzielt. Weitere für die kollektive Vermögensanlage sprechende Gründe sind die Möglichkeit der Diversifizierung der Anlagegenstände und die daraus resultierende Risikosenkung sowie der rechtliche Schutz, welcher durch die staatliche Aufsicht über die Geschäftstätigkeit von Fondsverwaltern gewährleistet ist.[318] Insgesamt kann also festgehalten werden, dass die kollektive Form die Geldanlage deutlich erleichtert und durch die Risikodiversifikation und professionelle Verwaltung das Risiko-Ertragsverhältnis erheblich optimiert werden kann.

Angesicht dieser Besonderheiten der kollektiven Vermögensanlage ist es also nicht überraschend, dass die wirtschaftliche Bedeutung der Fondsindustrie enorm gestiegen ist. Insbesondere seit der globalen Wirtschafts- und Finanzkrise 2008/2009 ist der Wert der sog. *Assets under Management* (AuM, die Gesamtheit aller Anlagen, die von einem Vermögensverwalter für seine Kunden verwaltet werden) kontinuierlich gestiegen. Auch das Jahr 2019 endete für die globale Vermögensverwaltungsbranche mit einem neuen Höhepunkt, als die AuM im Vergleich zum Vorjahr um 15% auf 89 Billionen USD gestiegen sind, mit dem stärksten Wachstum (19%) in Nordamerika, der größten Vermögensverwaltungsregion der Welt.[319] Schätzungen zu Folge wird die Vermögensverwaltungsbranche auch weiter rasch wachsen, einige Prognosen gehen bspw. davon aus, dass die AuM bis 2025 weltweit auf 145,4 Billionen USD steigen und sich somit im Vergleich zum Jahr 2016 fast verdoppeln werden.[320] Wie sich die Corona-Pandemie auf die Fondsbranche auswirken wird bleibt abzuwarten. Einige befürchten einen Rückgang der verwalteten Anlagen, die Branche zeigte aber bereits während der Krisenjahre 2008/2009, dass solche Auswirkungen in der Regel nur von kurzer Dauer sind. Es wird somit angenommen, dass die Pandemie auch die Fondbranche prägen und eine Neubewertung der bisher etablierten Geschäftsmodelle sowie strukturelle Änderungen in Bereichen von Produktinnovation und Wachstumsstrategie erforderlich machen wird.[321]

---

318 Emde, in: Emde/Dornseifer/Dreibus u.a. (Hrsg.), KAGB, 2019, Rn. 2.

319 Boston Consulting Group, Global Asset Management 2020, 2020, S. 3.

320 PwC, Asset & Wealth Management Revolution:Embracing Exponential Change, 2017, S. 6.

321 Boston Consulting Group, Global Asset Management 2020, 2020, S. 3.

3.2.2.2 Gesellschaftliche Verantwortung im Bereich der kollektiven Vermögensanlage

Bei der kollektiven Vermögensanlage in Form von Investmentfonds stellen sich im Hinblick auf gesellschaftliche Verantwortung ähnliche Fragen wie bei der Unternehmensführung. Diese hängen mit der Struktur und Funktionsweise von Investmentfonds sowie mit der Rechtsbeziehung zwischen den Anlegern und dem Vermögensverwalter zusammen. Das Geld der Anleger wird in dem jeweiligen Fonds gebündelt und von einer Fondsgesellschaft verwaltet, welche das Anlagekonzept entwickelt und dementsprechend in die zulässigen Vermögensgegenstände investiert. In Deutschland wird diese Fondsgesellschaft als sog. Kapitalverwaltungsgesellschaft („KVG") bezeichnet und im Einklang mit § 17 Abs. 1 KAGB als ein Unternehmen definiert, dessen Geschäftsbetrieb darauf gerichtet ist, Investmentvermögen zu verwalten. Das Rechtsverhältnis der KVG zu den Anlegern wird durch einen Investmentvertrag begründet und durch Anlagebedingungen bestimmt. Für jedes verwaltete Investmentvermögen muss die Fondsgesellschaft eine Verwahrstelle beauftragen, welche nicht nur die verwahrungsfähigen Vermögensgegenstände verwahrt, sondern auch die Interessen der Anleger vertritt und die Tätigkeit der Fondsgesellschaft kontrolliert.[322] Diese Konstellation wird typischerweise als sog. Investment-Dreieck bezeichnet und beschreibt das vertragliche sowie gesetzliche Beziehungsgefüge zwischen den drei zentralen Akteuren des Investmentgeschäfts,[323] welches graphisch vereinfacht wie folgt dargestellt werden kann:

322 Zur Rechtsnatur und gesellschaftsrechtlichen Beziehungen bei einer Investmentgesellschaft vgl. Gietzelt, Nachhaltiges Investment, 2019, S. 31 ff.

323 Emde, in: Emde/Dornseifer/Dreibus u.a. (Hrsg.), KAGB, 2019, Rn. 12.

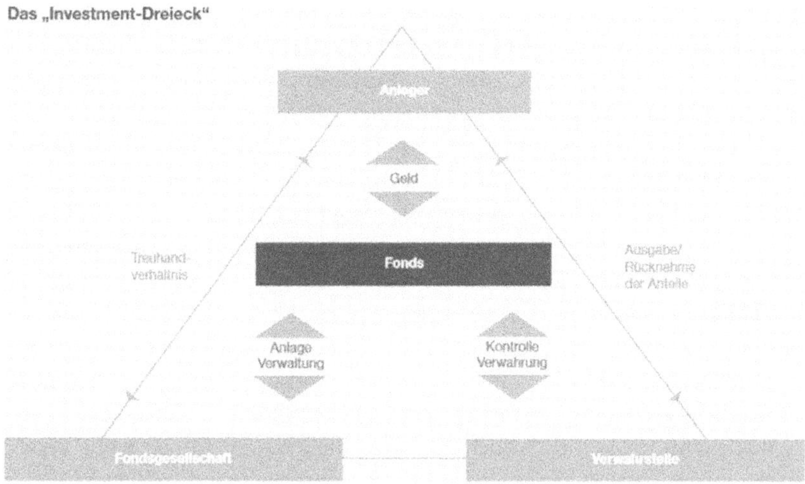

Abbildung 3: Investment-Dreieck nach Darstellung des BVI Bundesverbands Investment und Asset Management e.V.

Die zivilrechtliche Einordnung der Vermögensverwaltung kann (je nach konkreter Gestaltung der Rechtsbeziehung) grundsätzlich als fremdnütziges Verwaltungstreuhandverhältnis beschrieben werden.[324] Aus dieser Treuhänderstellung sowie aus dem Investmentvertrag ergibt sich die Pflicht der KVG, im Interesse der Anleger zu handeln; diese wird zudem auch in § 26 Abs. 1, Abs. 2 Nr. 2 durch eine öffentlich-rechtliche Norm zum Ausdruck gebracht.[325] Auch hier entsteht somit die oben bereits beschriebene *principal-agent*-Beziehung: die Anleger erhalten Fondsanteile entsprechend ihrem Investitionsanteil und die KVG muss bei sämtlichen Entscheidungen im Einklang mit den Interessen der Anteilhaber handeln. Dieses Verständnis entspricht auch der deutschen Legaldefinition eines Investmentfonds, welche in § 1 Abs. 1 KAGB wie folgt festgehalten wird: „jeder Organismus für gemeinsame Anlagen, der von einer Anzahl von Anlegern Kapital einsammelt, um es gemäß einer festgelegten Anlagestrategie **zum Nutzen dieser Anleger**[326] zu investieren. In diesem Zusammenhang wird auch bei der Vermögensverwaltung – so wie es längt beim Thema der Unternehmensführung

---

324 Glander/Mayr, in: Emde/Dornseifer/Dreibus u.a. (Hrsg.), KAGB, 2019, Rn. 17.
325 Gietzelt, Nachhaltiges Investment, 2019, S. 148.
326 Hervorhebung durch Verf.

der Fall ist – diskutiert, ob der Gesetzgeber nur monetäre Interessen als relevante Anlegerinteressen intendiert hat, was zur Folge hätte, dass die Berücksichtigung sämtlicher nicht rein wirtschaftlicher Faktoren ausgeschlossen wäre, sofern ihnen keine monetäre Bedeutung zukommen würde.[327]
Durch die treuhänderische Pflicht des Vermögensverwalters wird dieser in der Regel bemüht sein, möglichst hohe Rendite zu erzielen. Das ist logischerweise auch in seinem Sinne, denn seine Vergütung hängt in den allermeisten Fällen zum einen von dem Wert der verwalteten Vermögensgegenstände und zum anderen von der Höhe der erzielten Erträge ab. Das führt zu einem eher kurzfristig gerichteten Blick des Vermögensverwalters, welcher auch durch den Umstand gefördert wird, dass der Verwalter nicht nur jährlich, sondern häufig quartalsweise über seine Tätigkeit und die Wertentwicklung der verwalteten Vermögensgegenstände berichten muss. Üblicherweise wird auch der anvisierte Kapitalgewinn im Voraus festgelegt, sodass die gesamte Tätigkeit des Verwalters darauf gerichtet ist, die zulässigen Vermögensgegenstände mit dem Geld der Anleger zu erwerben, deren Wert während der Laufzeit des Fonds zu erhöhen und sie schließlich gewinnbringend zu veräußern.

3.2.2.3 Entstehung des Konzepts von (Socially) Responsible Investments

Nach dem klassischen Verständnis ist die kollektive Vermögensanlage grundsätzlich „zwecklos", was bedeutet, dass im Mittelpunkt der Anlagedimension lediglich die Gewinnerzielung aus Kapitalerträgen steht und der Anleger an dem Vermögenszuwachs, nicht jedoch an dem Betrieb eines Unternehmens partizipieren möchte.[328] Während diese Orientierung in der Vergangenheit aus ethischen Gesichtspunkten kritisiert und dem Anleger der Vorwurf des passiven Profits durch sein Vermögen gemacht wurde, hat sich die soziale Bewertung des Anlegers in den letzten Jahrzehnten grundlegend verändert. In der Zwischenzeit wurde nämlich anerkannt, dass die Anlagetätigkeit durchaus sozial nützlich ist und der Anleger nicht nur einen Dienst an sich verrichtet (bspw. durch Altersversorgung), sondern auch als Finanzier von Innovation und Produktion agiert, wodurch er gleichzeitig einen Dienst an andere leistet.[329] Der wirtschaftliche Sinn der kollektiven Vermögensanlage wird somit längst nicht mehr lediglich darin gesehen, für den Anleger möglichst hohe Rendite

327 Gietzelt, Nachhaltiges Investment, 2019, S. 149.
328 Zetzsche, Prinzipien der kollektiven Vermögensanlage, 2015, S. 227.
329 Ders., Prinzipien der kollektiven Vermögensanlage, 2015, S. 250.

bei gleichzeitig möglichst geringem Risiko zu erzielen; vielmehr wird der Vermögensverwaltungsindustrie ein durchaus weiter Aufgabenkreis zugeschrieben. Dieser besteht darin, für eine effektive Kapitalallokation zu sorgen, indem die Gelder derjenigen, die sie gewinnbringend investieren wollen, denen zur Verfügung gestellt werden, die sie benötigen und produktiv einsetzen wollen.

Durch den Umstand, dass der Investmentbranche eine deutlich breitere und auch im gesellschaftlichen Sinne signifikante Rolle zugeschrieben wird, sehen sich immer mehr Vermögensverwalter mit der Herausforderung konfrontiert, auch andere als rein wirtschaftliche Kriterien bei der Bewertung ihrer Anlagestrategie zu berücksichtigen. Die ausschlaggebenden Beweggründe können wie auch im Falle der CSR ganz unterschiedlich sein: das Spektrum reicht von erhöhten regulatorischen Anforderungen (insbesondere als Folge der globalen Krise 2008/2009) über Änderung der Erwartungshaltung der Anleger und ethische Erwägungen bis hin zur Überzeugung, dass sich durch die gezielte Verantwortungsübernahme höhere Rendite oder zumindest eine Risikominimierung erreichen lassen können. Unabhängig von der leitenden Motivation kann jedoch im Allgemeinen festgehalten werden, dass sich die Wahrnehmung grundlegend ändert und Themen der gesellschaftlichen Verantwortung oder Nachhaltigkeit allmählich auch in der Fondsbranche nicht mehr wegzudenken sind; in der Praxis und akademischen Welt werden sie häufig unter dem Begriff *(Socially) Responsible Investments* („(S)RI") diskutiert.

Genauso wie CSR stellt auch das SRI-Konzept keine Entwicklung der jüngsten Zeit dar, sondern hat eine lange Geschichte. Bereits im 17. und 18. Jahrhundert haben religiöse Gruppen wie die Quäker oder Methodisten Leitfaden entwickelt, nach welchen sich ihre Anhänger bei Investitionsentscheidungen zu richten hatten. Als der erste moderne Fonds, welcher nach ethischen Kriterien ausgerichtet war, wird der Pax World Fund betrachtet. Dieser wurde im Jahr 1971 als Reaktion auf den Vietnamkrieg errichtet und basierte auf der Exklusion von Investitionen in die Waffenproduktion. Einen weiteren wichtigen Meilenstein in der Entwicklung des Konzepts der gesellschaftlich verantwortungsvollen Anlagen stellen die sog. Sullivan-Prinzipen, welche Ende der 1970er Jahre mit dem Ziel erarbeitet wurden, sich in dem südafrikanischen Apartheid-Regime für Menschenrechte und Gleichstellung aller Bevölkerungsgruppen einzusetzen.[330]

Heutzutage wird der Begriff SRI als ein Überbegriff für diverse Strategien und Methoden verwendet, bei denen neben der Rendite-Risiko-Relation auch andere,

330 Zur historischen Entwicklung vgl. bspw. CFA Society United Kingdom, ESG Investing, 2020, S. 54.

nicht unmittelbar finanzielle Faktoren berücksichtigt werden.[331] Obwohl dieser Begriff in der Praxis immer mehr an Relevanz gewinnt, wird seine konkrete inhaltliche Bedeutung, genau wie im Falle von CSR, keinesfalls einheitlich interpretiert. Derzeit gibt es keine übereinstimmende Definition oder Kriterien, ganz im Gegenteil gibt es eine breite Palette von Ansätzen, welche als (gesellschaftlich) verantwortungsvolle Investments wahrgenommen werden. Weitere häufig verwendete Begriffe sind auch „Ökologisches Investment", „Ethisches Investment", „Nachhaltiges Investment" oder „ESG[332]-Integration".[333] Andere Autoren sprechen im Hinblick auf die Berücksichtigung außerökonomischer Kriterien bei Anlageentscheidungen auch von prinzipiengeleiteten Investments, wodurch der Wunsch vieler Kapitalgeber zum Ausdruck gebracht wird, mit dem eigenen Kapital verantwortungsvoll handeln zu wollen.[334] Auch wenn dieser Terminologie ähnliche und zum Teil sich überlappende Konzepte zugrunde liegen, sind sie keinesfalls als Synonyme zu verstehen.

Die in der Praxis am meisten verbreitete Definition bietet die Investoreninitiative *Principles for Responsible Investment* (PRI), welche mit dem Ziel ins Leben gerufen wurde, Grundsätze für verantwortungsbewusste Kapitalanlagen zu entwickeln. Wie auch im Falle des UNGC, der weltweit größten Initiative für verantwortungsvolle Unternehmensführung,[335] war ein wichtiger Vorantreiber der PRI-Initiative der ehemalige Generalsekretär der UNO Kofi Annan. Anfang 2005 hat dieser eine Gruppe der weltweit größten institutionellen Investoren eingeladen, sich einem Prozess zur Entwicklung der Prinzipien für verantwortungsbewusste Investments anzuschließen. Die 20-köpfige Investorengruppe, die sich aus Institutionen in 12 Ländern zusammensetzte, wurde zusätzlich von einer 70-köpfigen Gruppe von Experten aus der Investmentbranche, zwischenstaatlichen Organisationen und der Zivilgesellschaft unterstützt und entwickelte insgesamt sechs Prinzipen, welche die Investmentbranche und deren Verständnis von gesellschaftlicher Verantwortung neu definierte.[336]

Die PRI definiert den Begriff *Responsible Investment* wie folgt: "*a strategy and practice to incorporate environmental, social and governance (ESG) factors in investment decisions and active ownership*".[337] Aus dieser Definition geht hervor,

---

331 Scharlau, Socially Responsible Investment, 2009, S. 7.

332 ESG steht dabei für Environmental, Social und Governance.

333 Friesenbichler, in: Schneider/Schmidpeter (Hrsg.), Corporate Social Responsibility, 2015, S. 1023.

334 Eichel, Prinzipiengeleitetes Investment und Wirtschaftspolitik, 2011, S. 21.

335 S. dazu Kap. 3.2.1.3.3.3.

336 Zur Entwicklung der Initiative vgl. Principles for Responsible Investment, An Investor Initiative in Partnership with UNEP Finance Initiative and the UN Global Compact, 2020, S. 6.

337 Principles for Responsible Investment, What is responsible investment?.

dass der Fokus auf drei Beurteilungskriterien liegt: (1) Umwelt (bspw. Klimawandel, Ressourcenverknappung, Umweltverschmutzung, Entwaldung, Biodiversität oder Energieeffizienzthemen); (2) Soziales (bspw. Menschenrechte, Arbeitsbedingungen und -sicherheit, Kinderarbeit, Gesundheitsschutz, Diversität) und (3) Governance bzw. Unternehmensführung (bspw. Bestechung, Korruption, Vergütung von Führungskräften, Vielfalt im Vorstand und Aufsichtsrat, Steuerstrategie, Kontroll- und Steuerungsprozesse). Ethische bzw. wertbasierte Aspekte finden nach dieser Kategorisierung grundsätzlich keine Anwendung, des Öfteren werden sie jedoch als Teil der Bereiche Soziales oder Governance mitberücksichtigt (bspw. Ausschluss solcher Unternehmen, welche in schwere ethische Kontroversen verwickelt sind).

Wie auch beim UNGC handelt es sich bei PRI um eine freiwillige Initiative. Die erarbeiteten sechs Prinzipien besitzen somit keine Rechtsverbindlichkeit, die Bedeutung der Initiative kann aber trotzdem nicht unterschätzt werden. Von den sich den Prinzipien freiwillig unterwerfenden Unterzeichnern wird nämlich nicht nur die Einhaltung, sondern auch jährliche Berichterstattung verpflichtend gefordert, wodurch dem Markt insgesamt deutlich mehr Informationen über verantwortungsvolle Investments zur Verfügung gestellt werden. Zudem setzt sich die Initiative für eine größere Verbreitung solcher Anlagen ein (Prinzip Nr. 4) und die Prinzipien sind unter anderem auch darauf ausgerichtet, ein Umdenken bei den investierten Unternehmen einzuleiten und ihre Berichterstattung zu optimieren (Prinzip Nr. 3). Dadurch verändert sich das Marktumfeld allmählich, was sich an der rasch wachsenden Zahl der Unterzeichner offenbart. Als die Initiative im Jahr 2006 startete, beteiligten sich lediglich 63 Unterzeichner; aktuell (Jahr 2021) kann die Initiative mit insgesamt 3.826 Unterzeichnern rechnen und es ist von Jahr zu Jahr eine kontinuierliche Steigerung der Neumitglieder zu beobachten. Dementsprechend wachsen auch die AuM – von 6,5 Billionen USD im Jahr 2006 auf 121,3 Billionen USD im Jahr 2021.[338] Es handelt sich damit um die weltweit größte Investoreninitiative im Bereich der gesellschaftlich verantwortungsvollen Formen der kollektiven Vermögensanlage, weswegen nachfolgend ihre Kategorisierung der jeweiligen Strategien als Grundlage weiterer Ausführungen verwendet wird.[339]

---

338 Dass., About the PRI.

339 Es bleibt jedoch festzuhalten, dass diese im Wesentlichen auch anderen in der Branche üblichen Klassifizierungssystemen entsprechen, beispielweise der Global Sustainable Investment Alliance (GSIA), der European Fund and Asset Management Association (EFAMA) oder dem European Sustainable Investment Forum (Eurosif).

3.2.2.4 *Strategien der verantwortungsvollen Investments*

Es gibt viele Möglichkeiten, verantwortungsbewusst zu investieren. Die Ansätze sind in der Regel eine Kombination aus zwei übergreifenden Bereichen: zum einen handelt es sich um Strategien, die sich auf die konkreten Investitionsentscheidungen, also auf die Zusammensetzung des Portfolios auswirken (Portfolioselektion), und zum anderen um Strategien, bei denen es um direkte oder mittelbare Einflussnahme auf das investierte Unternehmen geht. Während Scharlau zu der ersten Kategorie insbesondere alle Arten von Screenings, also des Ausschlusses oder der Bevorzugung bestimmter Wertpapiere bzw. Unternehmen bei der Selektion des Portfolios eines Kapitalanlagevermögens zählt,[340] teilt die PRI-Initiative die erste, portfoliobasierte Kategorisierung der verantwortungsvollen Investmentstrategien in drei Bereiche, zu denen neben den (1) Screenings auch (2) ESG-Integration im engeren Sinne und sog. (3) „*Thematic Investments*" gehören. Diese drei Strategien bilden zusammen die sog. „*ESG incorporation*", während die Strategien des sog. „*Engagement* " und „*Proxy voting*" gemeinsam unter die Kategorie der „*Active Ownership*" (auch „*Stewardship*" genannt) fallen.[341]

3.2.2.4.1 *Negative Screenings und Ausschlüsse*

Die PRI definiert Screenings als „*Applying filters to lists of potential investments to rule companies in or out of contention for investment, based on an investor's preferences, values or ethics*".[342] Nach diesem Verständnis geht es vor allem um sog. negative Screenings (auch Exklusion genannt), bei denen bestimmte Investments wie z.B. Unternehmen, Branchen oder Geschäftstätigkeiten (aber auch Länder) aus dem Anlageuniversum ausgeschlossen werden, wenn sie gegen gewisse Kriterien verstoßen.[343] Es handelt sich um die älteste und eine sehr einfache Strategie, welche in der Vergangenheit bereits von unterschiedlichen religiösen Gruppen basierend auf ihren ethischen und moralischen Vorstellungen eingesetzt wurde und auch heute je nach persönlichem Hintergrund und der jeweiligen Präferenz der Anleger häufig zur Anwendung kommt. Beispielweise ist es im Islam den Anlegern im Einklang mit der Scharia untersagt, in Unternehmen zu investieren, deren Tätigkeit im Zusammenhang mit Alkoholproduktion,

---

340 Scharlau, Socially Responsible Investment, 2009, S. 15.

341 Principles for Responsible Investment, What is responsible investment?.

342 Dass., What is responsible investment?.

343 Stüttgen/Mattmann, IFZ Sustainable Investments Studie 2018, 2018, S. 89.

Pornografie, Glücksspielen oder mit der Darlehensverzinsung steht. Katholische Anleger werden dagegen bemüht sein, durch negative Screenings solche Investitionen auszuschließen, welche Abtreibungen, Empfängnisverhütung oder embryonale Stammzellenforschung fördern könnten.[344] Solche Kriterien stellen sog. wertebasierte Ausschlusskriterien dar und spielen insbesondere auf der Ebene von Privatanlegern eine große Rolle.

Institutionelle Anleger bevorzugen dagegen sog. normbasierte Kriterien, bei denen Emittenten ausgeschlossen werden, die bestimmte anerkannte Standards oder internationale Abkommen verletzen.[345] Bspw. könnten aufgrund international anerkannter Regeln durch die sog. Ottawa-Konvention nach diesem Screening solche Unternehmen ausgeschlossen werden, die Landminen und Streubomben herstellen. Die Bandbreite möglicher Ausschlusskriterien ist groß und soll insbesondere dabei helfen, ethisch kontroverses Verhalten zu verhindern und mögliche Reputationsrisiken zu verringern.[346] Scharlau differenziert je nach Anknüpfungspunkt des negativen Screenings drei gängige Ausschlusskriterien: Anknüpfung an universale Werte (bspw. Menschenrechtsverletzungen, Kinderarbeit oder Korruption), Anknüpfung an den Herstellungsprozess (bspw. Massentierhaltung, Gentechnik, vermeidbare Tierversuche oder Kernenergie) und Anknüpfung an das jeweilige Produkt oder Dienstleistung (bspw. Waffen, Tabak, Alkohol oder Chemikalien).[347] Auch im Einklang mit der Zielsetzung der SGD dürfte die Anknüpfung an universale Werte derzeit die größte Praxisrelevanz besitzen und Normen und Konventionen wie *Universal Declaration of Human Rights, ILO Declaration on Fundamental Principles and Rights at Work* oder die *United Nations Convention against Corruption* dienen häufig als Referenzpunkte der negativen normbasierten Screenings.

In der Praxis spielt diese Strategie der SRI eine große Rolle und stellt in Deutschland sogar die meistverbreitete Strategie dar. Laut einer aktuellen Studie aus dem Jahr 2021 nutzen 92% aller nachhaltigen Fonds in Deutschland eine Kombination aus Ausschlusskriterien und normbasierten Screenings (auch wenn hier im Vergleich zum Vorjahr (99%) ein leichter Rückgang zu beobachten ist). Dieselbe Studie kommt zu dem Ergebnis, dass folgende Ausschlusskriterien am weitesten verbreitet sind (in absteigender Reihenfolge): Menschenrechtsverletzungen,

344 CFA Society United Kingdom, ESG Investing, 2020, S. 10.

345 Stüttgen/Mattmann, IFZ Sustainable Investments Studie 2018, 2018, S. 89.

346 Gesamtverband der Deutschen Versicherungswirtschaft e.V., Berücksichtigung von Nachhaltigkeit in der Kapitalanlage, S. 20.

347 Scharlau, Socially Responsible Investment, 2009, S. 21.

Korruption und Bestechung, Kohle, Arbeitsrechtsverletzungen, Tabak, Umweltzerstörung, Pornografie, Waffen, Kernenergie und Glücksspiel.[348] Bei Unternehmen, die nur teilweise in ausgeschlossenen Bereichen tätig sind, wird danach differenziert, welcher Anteil diesem Bereich am Gesamtumsatz zukommt und eine bestimmte Umsatzschwelle definiert; wird diese überschritten, wird der Emittent aus dem Portfolio entfernt und ist für die Zukunft nicht mehr invertierbar.[349]

3.2.2.4.2 Positive Screenings und Best-in-Class-Ansatz

Den Gegenpol zu negativen Screenings bilden logischerweise die sog. positiven Screenings, bei denen gezielt solche Investmentobjekte ausgewählt werden, die ethische, ökologische, soziale oder Governance-spezifische Kriterien besonders gut erfüllen.[350] Nach dieser Bewertung qualifizieren sich nur gut geführte und verantwortungsvoll handelnde Unternehmen für eine mögliche Anlage. Die festgelegten Kriterien können nach ihrer Art und Gewichtung unterschiedlich ausgestaltet sein, als gute Beispiele dienen Investitionen in Dienstleistungen, die umwelt- und sozialverträgliches Wirtschaften oder regionale Kreisläufe fördern. Logischerweise stellen die positiven und negativen Screenings keine sich ausschließenden Konzepte dar, sondern ergänzen sich inhaltlich und werden in der Praxis deshalb gerne kombiniert.[351]

Eine spezifische Konkretisierung der positiven Screenings stellt die sog. Best-in-Class-Anlagestrategie dar. Bei dieser werden die für eine Anlage in Betracht kommenden Unternehmen entsprechend ihrer Bewertung anhand ausgewählter Kriterien in eine Rangfolge gebracht und anschließend solche Unternehmen für die Anlage ausgewählt, welche im Vergleich zu ihren Wettbewerbern besser abschneiden.[352] Bei der Bewertung wird eine Vielzahl von Aspekten berücksichtigt, die je nach Sektor unterschiedlich gewichtet werden können, denn für ein Unternehmen innerhalb des Informationstechnologiesektors spielt bspw. ein verantwortungsvoller Umgang mit Wasser eher eine untergeordnete Rolle, während die Bedeutung eine ganz andere für wasserintensive Industrien wie die Landwirtschaft ist. Je besser ein Unternehmen bei den einzelnen Positivkriterien

---

348 Atalay/Balázs/Dittrich u.a., Marktbericht Nachhaltige Geldanlagen, 2021, S. 9 f.

349 Scharlau, Socially Responsible Investment, 2009, S. 21.

350 Stüttgen/Mattmann, IFZ Sustainable Investments Studie 2018, 2018, S. 89.

351 Gesamtverband der Deutschen Versicherungswirtschaft e.V., Berücksichtigung von Nachhaltigkeit in der Kapitalanlage, S. 21.

352 Dass., Berücksichtigung von Nachhaltigkeit in der Kapitalanlage, S. 22.

bewertet wird, umso höher steht es in der Rangliste; die Position in der Liste entscheidet letztendlich, ob sich ein Unternehmen für die Anlage qualifiziert oder nicht.[353] In Deutschland ist diese Strategie gut verbreitet und es ist ein ständiger Zuwachs zu verzeichnen; die Anlagevolumina unter Anwendung des Best-in-Class-Ansatzes wuchsen bspw. um knapp 67% im Vergleich zum Vorjahr.[354]

Während der Best-in-Class-Ansatz auf relativer Betrachtung basiert, gibt es auch eine Screening-Methode, welche sich nicht auf eine relative Rangliste bezieht, sondern allein absolut-qualitative Kriterien berücksichtigt (sog. *Pioneer Screening*). Bei diesem Ansatz werden Investitionskandidaten „herausgefiltert", die im Hinblick auf bestimmte Kriterien besonders positiv bewertet werden. In der Regel handelt es sich um besonders innovative Produkte, Dienstleistungen und Herstellungsprozesse wie bspw. Recyclingfähigkeit, Minimierung von Schadstoffen, Entwicklungsförderung oder Überwachung von Zulieferern.[355] Es ist offensichtlich, dass sämtliche Screening-Strategien zwar das investierbare Universum der in Betracht kommenden Anlagen deutlich reduzieren und somit auch mit einem – je nach konkreter Ausprägung der erwünschten Kriterien – nicht zu unterschätzenden Diversifikationsproblem einhergehen, es ist aber zugleich eine sehr effektive Methode, aus der ESG-Perspektive potentiell gefährliche Anlagen auszuschließen, das Reputationsrisiko zu reduzieren oder die Anlage nach bestimmten als positiv bewerteten Kriterien auszurichten.

3.2.2.4.3 ESG-Integration

Der Ansatz von ESG-Integration im engeren Sinne erweitert erheblich das klassische Screening-Verfahren und wird von der PRI-Initiative wie folgt definiert:„*Explicitly and systematically including ESG issues in investment analysis and decisions, to better manage risks and improve returns*".[356] Im Wesentlichen geht es also darum, dass ESG-Aspekte bei jeder Investitionsentscheidung – sowohl bei der Analyse der strategischen und taktischen Allokation als auch über den ganzen Portfoliomanagementprozess – systematisch berücksichtigt werden[357] und zu einem integralen Bestandteil der traditionellen Finanzanalyse werden.[358] Wie eine solche Integration in der Praxis zu erfolgen hat wird nicht

353 CFA Society United Kingdom, ESG Investing, 2020, S. 7.

354 Atalay/Balázs/Dittrich u.a., Marktbericht Nachhaltige Geldanlagen, 2021, S. 10.

355 Scharlau, Socially Responsible Investment, 2009, S. 23.

356 Principles for Responsible Investment, What is responsible investment?.

357 Gesamtverband der Deutschen Versicherungswirtschaft e.V., Berücksichtigung von Nachhaltigkeit in der Kapitalanlage, S. 24.

358 Stüttgen/Mattmann, IFZ Sustainable Investments Studie 2018, 2018, S. 89.

einheitlich beantwortet, was aber angesichts der Unterschiede im Hinblick auf Assetklassen, Investorenklassifizierung sowie sektorenbezogene Einzelheiten nur folgerichtig ist.

Eine sehr gute Orientierung bietet bspw. der gemeinsame Leitfaden des CFA Instituts und der PRI-Initiative, *Guidance and Case Studies for ESG Integration: Equities and Fixed Income*, welcher auf der Grundlage von zahlreichen Fallstudien über die ESG-Integrationstechniken führender Praktiker aus unterschiedlichen Regionen erarbeitet wurde. Zwar werden in diesem Alternative Investments nicht berücksichtigt, im Wesentlichen handelt es sich jedoch um das umfassendste ESG- Integrationsrahmenwerk, welches bis heute erarbeitet wurde. In diesem werden anhand der Ergebnisse der Untersuchungen die weltweit eingesetzten Techniken zur ESG-Integration graphisch wie folgt zum Ausdruck gebracht:

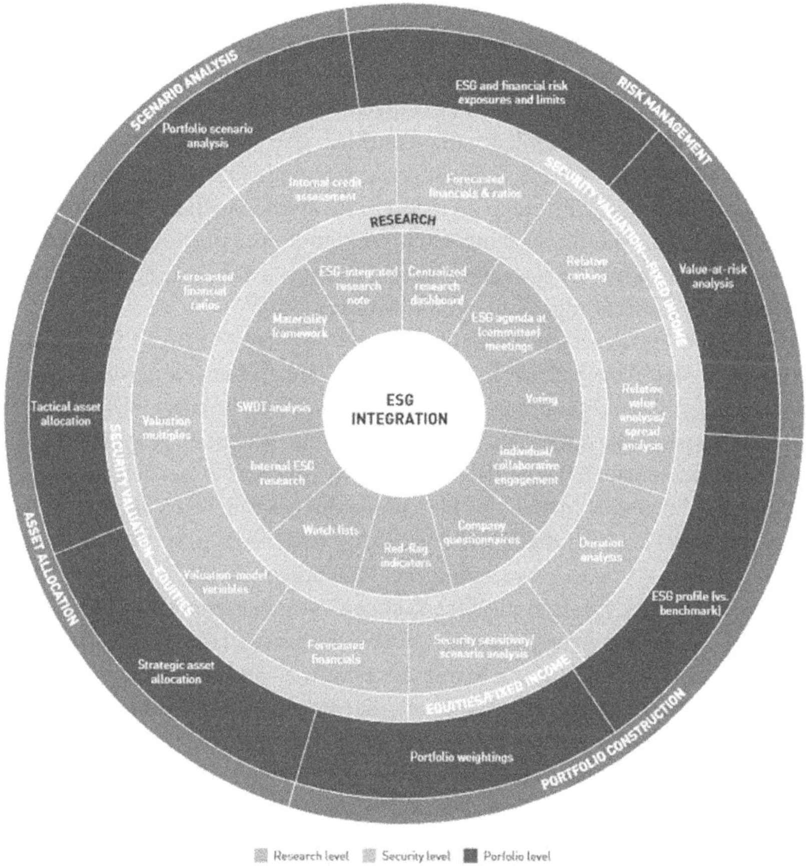

Abbildung 4: ESG Integration Framework nach CFA/PRI

Zusammenfassend hält der Leitfaden fest, dass die ESG-Integration typischerweise aus drei Komponenten bzw. Phasen besteht. Die erste bezieht sich auf die (1) **Recherchetätigkeit** und beinhaltet die Informationsbeschaffung (Sammeln von Informationen aus verschiedenen Quellen wie Unternehmensberichten, eigenen Recherchen sowie externen Research Reports), Materialitätsanalyse (Analyse der verfügbaren Informationen zur Identifikation derjenigen Finanz- und ESG-Faktoren, welche sich auf das Portfolio auswirken können und somit als wesentlich anzusehen sind) sowie ggfs. ergänzend die sog. *active ownership* – Beurteilung.

Die zweite Phase der ESG-Integration beinhaltet die (2) **Bewertung bzw. Sicherheits- und Portfolioanalyse**; bei dieser werden die Auswirkungen wesentlicher finanzieller und ESG-Faktoren auf die Portfolioperformance bewertet. Das kann unter Umständen zu Anpassungen der prognostizierten Finanzkennzahlen, Bewertungsmultiplikatoren, Variablen der Bewertungsmodelle oder anderen Indikatoren führen. Schließlich führen die Identifikation und entsprechende Bewertung der Faktoren zu einer (3) **Investitionsentscheidung**, also der konkreten Entscheidung im Hinblick auf die Zusammensetzung des Portfolios (Erwerb/Beibehalten der jeweiligen Vermögensgegenstände, Erhöhung/Verringerung ihrer Gewichtung oder ggfs. Desinvestment).[359]

Im Laufe dieses Prozesses dürfte die Bestimmung der relevanten ESG-Kriterien den Schritt darstellen, welcher in der Praxis mit den größten Herausforderungen verbunden ist. Das liegt zum einen daran, dass wie bereits ausgeführt innerhalb diverser Sektoren die einzelnen ESG-Faktoren unterschiedlich gewichtet werden und zum anderen auch daran, dass der Vermögensverwalter bei der Zusammensetzung des Portfolios (neben der Einhaltung der gesetzlichen Vorgaben je nach Art des Fonds) auch an die Vereinbarung mit Investoren gebunden ist, welche ebenfalls eigene Vorstellungen über die Wesentlichkeit der jeweiligen Faktoren haben können. Obwohl die Mehrheit der Vermögensverwalter mittlerweile eigene Kriterien zur Beurteilung der Materialität entwickelt,[360] bietet bspw. die von Sustainability Accounting Standards Board entwickelte „*materiality map*" eine gute Orientierungshilfe, indem sie die verschiedenen Problemkategorien identifiziert, die sich auf die finanzielle Lage oder die operative Leistung von Unternehmen innerhalb einer bestimmten Branche auswirken können.[361]

Die ESG-Integration erfreut sich in den letzten Jahren – auch dank der allgemeinen Akzeptanz der PRI-Initiative und der kontinuierlichen Erweiterung deren Unterzeichner – einer steigenden Beliebtheit und stellt die meistverbreitete Strategie des verantwortungsvollen Investments in den Märkten USA, Kanada und Australien dar.[362] Auch in Deutschland wird die ESG-Integration zum festen Bestandteil in den meisten nachhaltigen Fonds und Mandaten: das Forum Nachhaltige Geldanlagen spricht von 81% der Assets, was einem Zuwachs von etwa 38% im Vergleich zum Vorjahr entspricht.[363]

---

359 CFA Institute/Principles for Responsible Investment, Guidance and case studies for ESG Integration: Equities and fixed income, 2018, S. 9.

360 CFA Society United Kingdom, ESG Investing, 2020, S. 281.

361 Sustainability Accounting Standards Board, SASB Materiality Map, 2018.

362 CFA Society United Kingdom, ESG Investing, 2020, S. 57.

363 Atalay/Balázs/Dittrich u.a., Marktbericht Nachhaltige Geldanlagen, 2021, S. 10.

3.2.2.4.4 Themenfonds

Den nächsten Ansatz der verantwortungsvollen Investments, welcher sich auf die Ebene der Portfolioselektion bezieht, stellt nach der PRI-Initiative neben den Screenings und der ESG-Integration das sog. Thematic Investment dar, definiert als "*seeking to combine attractive risk return profiles with an intention to contribute to a specific environmental or social outcome*".[364]

Bei dieser Strategie wird der Fokus auf Anlagetitel bzw. Emittenten gelegt, die in einer als nachhaltig eingeschätzten Branche tätig sind oder unter ein Thema fallen, welches als besonders nachhaltig gilt.[365] Die thematische Ausrichtung kann sehr vielfältig sein und umfasst bspw. aktive Investitionen in folgende Branchen und Sektoren: erneuerbare Energien, nachhaltige Rohstoffe, grüne Immobilien, Abfallentsorgung oder Mikrofinanzierungen.[366] Ein Themenfonds muss sich aber nicht nur auf eine Branche festlegen, sondern kann das Portfolio auch anhand eines spezifischen Themas wie z.B. „*Smart City*" zusammenstellen (bspw. Investitionen in intelligente Netztechnologien, Elektrofahrzeuge, umweltfreundliches Bauwesen etc.).[367]

Die Beurteilung dieser Fonds fällt insgesamt gemischt aus. Zwar können sie durch ihre starke thematische Ausrichtung gewisse gesellschaftlich relevante Themen vorantreiben, doch gleichzeitig führt der Themenfokus (insbesondere bei der Beschränkung auf eine bestimmte Branche) dazu, dass wie auch bei den Screenings die Anzahl der in Betracht kommenden Unternehmen deutlich reduziert wird, wodurch logischerweise auch die Diversifikation des gesamten Portfolios erheblich reduziert wird.[368] Wenn man bedenkt, dass gerade die Diversifikation zu einem der wichtigsten Vorteile von Investmentfonds gehört, ist solche Einschränkung aus der Sicht der Anleger bedenklich und wird im Vergleich zu den positiven Effekten wie bei den Screenings auch nicht ausreichend ausgeglichen. Hinzukommt, dass bei Themenfonds, die einen sozial-ökologischen Bezug allein durch die Branchenbeschränkung auf sozial oder ökologisch positiv bewertete Branchen herstellen, keine besonderen Prüfpflichten bezüglich der Einhaltung von ESG-Kriterien bestehen.[369] Das kann unter Umständen dazu führen, dass ein im Bereich der Nachhaltigkeit investierender Fonds gar nicht als verantwortungsvolles Investment zu bewerten

---

364 Principles for Responsible Investment, What is responsible investment?.
365 CFA Society United Kingdom, ESG Investing, 2020, S. 8.
366 Gesamtverband der Deutschen Versicherungswirtschaft e.V., Berücksichtigung von Nachhaltigkeit in der Kapitalanlage, S. 22 f.
367 CFA Society United Kingdom, ESG Investing, 2020, S. 8.
368 Scharlau, Socially Responsible Investment, 2009, S. 83.
369 Dass., Socially Responsible Investment, 2009, S. 83.

wäre. Zudem ist fraglich, ob Themenfonds bei der Abbildung diverser „Modethemen" tatsächlich ein überzeugendes Geschäftsmodell mit langfristigen Renditeaussichten aufweisen. Aufgrund dieser Bedenken ist die praktische Bedeutung von *Thematic Investment* insgesamt eher gering;[370] auch in Deutschland spielen sie eher eine untergeordnete Rolle.[371]

3.2.2.4.5 Shareholder Engagement

Neben den oben beschrieben Strategien der verantwortungsvollen Investments, welche auf der Ebene der Portfolioselektionsebene angesiedelt sind, gibt es auch Strategien mit der gleichen Zielsetzung, jedoch einer grundlegend anderen Vorgehensweise. Diese basieren auf der Stellung des Investors und nutzen das bestehende rechtliche und tatsächliche Verhältnis zwischen diesen und den Unternehmen;[372] von der PRI werden sie unter den Begriffen *„active ownership"*, bzw. *„stewardship"* kategorisiert. Im Vordergrund dieser Strategien steht nicht die Auswahl der investierbaren Vermögensgegenstände, sondern die gezielte Einflussnahme auf die investierten Unternehmen, um diese zum verantwortungsbewussten Handeln zu bewegen. Im Einklang mit diesem Verständnis definiert die PRI-Initiative den Begriff Engagement als *„discussing ESG issues with companies to improve their handling, including disclosure, of such issues"*.[373]

Die intendierte Einflussnahme kann in verschiedenen Formen erfolgen und hängt insbesondere von der Aktivität des Investors sowie von der Art des Investments ab. Denkbare Wege sind bspw. die Stimmrechtsausübung, Mitwirkung in Unternehmensgremien, Einflussnahme an Branchenvertretungen oder auch gemeinsames Engagement von Institutionen.[374] Im Wesentlichen kann der Shareholder-Ansatz je nach der konkreten Ausübungsform der Teilhaberechte in zwei Hauptkategorien unterteilt werden. Bei der ersten geht es um ein aktives Gespräch mit dem Unternehmen, welches individuell oder kollektiv stattfinden kann; bei der zweiten geht es um die Ausübung von Stimmrechten, insbesondere durch Abstimmen während der Hauptversammlung,[375] sodass in der Praxis häufig von sog. *Voice* und *Vote* gesprochen wird.

Im Rahmen der zielgerichtet geführten Dialoge mit Unternehmen findet ein regelmäßiger bilateraler Austausch statt, um Näheres über die Geschäftspolitik

370 CFA Society United Kingdom, ESG Investing, 2020, S. 57.
371 Atalay/Balázs/Dittrich u.a., Marktbericht Nachhaltige Geldanlagen, 2021, S. 10.
372 Scharlau, Socially Responsible Investment, 2009, S. 15.
373 Principles for Responsible Investment, What is responsible investment?.
374 Gesamtverband der Deutschen Versicherungswirtschaft e.V., Berücksichtigung von Nachhaltigkeit in der Kapitalanlage, S. 25.
375 CFA Society United Kingdom, ESG Investing, 2020, S. 234 ff.

und die künftige Entwicklung zu erfahren und auf diese ggfs. Einfluss zu nehmen; das kann bspw. durch direktes Ansprechen problematischer Aspekte, Bekundung der Unzufriedenheit oder Ankündigung geplanter Maßnahmen für den Fall einer Kurswechselweigerung seitens der Unternehmensleitung (zukünftiger Ausschluss des Emittenten vom Erwerb) erfolgen.[376] In den letzten Jahren gewinnt zunehmend die kollektive Form des Engagements an Bedeutung, da sie drei wesentliche Vorteile gegenüber der individuellen Form bietet: zum einen wird durch die geographische und kulturelle Vielfalt innerhalb der Gruppe das Wissen geteilt und dadurch auch das Verständnis der Investoren für (branchenspezifische) Probleme verbessert, wodurch ein nuancierter und in der Praxis leichter umsetzbarer Ansatz des Engagements gewählt wird. Zum anderen wird durch die Ressourcenteilung der Investoren auch die Effizienz erhöht. Schließlich führt die Bündelung der Stimmen dazu, dass dem von den Anlegern verfolgten Anliegen ein höheres Gewicht verliehen wird, wodurch die Erfolgsaussichten des Engagements signifikant erhöht werden.[377] Aus diesem Grund unterstützen einige Investorenorganisationen ihre Mitglieder bei der Ausübung dieser Form der Einflussnahme, unter anderem auch die PRI-Initiative, welche eine eigene Plattform für kollektives Engagement (sog. *Collaboration Platform*)[378] ins Leben rief. Diese ist unter Investoren besonders beliebt und diente bereits als Austausch- und Unterstützungsforum für mehr als 600 kollektive Investorenengagements, die sich an etwa 2.000 unterschiedliche Unternehmen richteten.[379]

Die Ausübung von Stimmrechten auf Hauptversammlungen wird ebenfalls als ein wichtiges Schlüsselinstrument der Engagement-Strategie gesehen, da dieses zur Erläuterung von Themen führen kann, die sich nicht zwangsläufig in den finanziellen Ergebnissen des Unternehmens widerspiegeln.[380] Diese Form der Einflussnahme definiert die PRI-Initiative als "*formally expressing approval or disapproval through voting on resolutions and proposing shareholder resolutions on specific ESG issues*".[381] Im Zusammenhang mit der Stimmabgabe wird häufig

---

376 Gesamtverband der Deutschen Versicherungswirtschaft e.V., Berücksichtigung von Nachhaltigkeit in der Kapitalanlage, S. 26.

377 Principles for Responsible Investment, Introductory Guide to Collaborative Engagement, 2013, S. 5.

378 Dass., Join forces, share information and enhance influence: The PRI Collaboration Platform.

379 CFA Society United Kingdom, ESG Investing, 2020, S. 249.

380 Gesamtverband der Deutschen Versicherungswirtschaft e.V., Berücksichtigung von Nachhaltigkeit in der Kapitalanlage, S. 26.

381 Principles for Responsible Investment, What is responsible investment?.

auch das Thema von „*Proxy-Voting*" diskutiert; damit ist die Inanspruchnahme eines professionellen Dienstleisters entweder als Abstimmungsberater oder sogar Abstimmungsbevollmächtigtem gemeint.[382] Diese Praxis gerät zunehmend in Kritik, da den Beratern zum Vorwurf gemacht wird, zu viel Macht auszuüben und ihre Abstimmungsempfehlungen anhand von allgemeinen Leitlinien auszusprechen, die nur wenig Flexibilität zulassen.[383] In einigen Fällen scheint die Kritik berechtigt zu sein, weswegen in der Praxis mit zunehmender Tendenz zu beobachten ist, dass institutionelle Anleger nicht nur eigene Engagement-, sondern auch Abstimmungsrichtlinien überarbeiten und dadurch eine höhere Transparenz anstreben.

Das wesentliche Ziel aller Formen der Einflussnahme soll in der langfristigen Wertsteigerung bestehen. In einigen Ländern geht der Gesetzgeber bereits davon aus, dass Engagement einen Mehrwert schafft, der sich nicht nur auf das einzelne Portfolio, sondern auch auf die Märkte in ihrer Gesamtheit positiv auswirken kann. Insbesondere seit der Finanz- und Wirtschaftskrise 2008/2009 steigt die Zahl entsprechender Regelwerke. Einen Vorreiter stellt Großbritannien mit dem im Jahr 2010 verabschiedeten *Stewardship Code* dar, welcher im Jahr 2020 grundlegend überarbeitet wurde. Diesem Vorbild folgten seitdem mehr als 20 Länder, insbesondere in Asien.[384] Dass gerade in dieser geographischen Region eine solche Regulierung stattgefunden hat, kann durch die wirtschaftskulturellen Faktoren erklärt werden, da hier dem Thema des Engagements eine hohe Bedeutung zugeschrieben wird; in Japan stellt die Strategie des Engagements sogar die vorherrschende Form der verantwortungsvollen Investments dar.[385] Im europäischen Raum und auch in Deutschland ist die Haltung aufgrund des notwendigen Umsetzungsaufwands noch etwas zurückhaltender, auch wenn hier ebenfalls große Zuwachsraten zu verzeichnen sind. Das trifft insbesondere auf die Ausübung von Stimmrechten auf Aktionärsversammlungen zu (Wachstum von 97% im Vergleich zum Vorjahr), jedoch ist auch der Zuwachs im Bereich des Engagements signifikant (58% im Vergleich zum Vorjahr).[386]

382 Gesamtverband der Deutschen Versicherungswirtschaft e.V., Berücksichtigung von Nachhaltigkeit in der Kapitalanlage, S. 26.

383 CFA Society United Kingdom, ESG Investing, 2020, S. 251.

384 Vgl. dazu dass., ESG Investing, 2020, S. 239 ff.

385 Dass., ESG Investing, 2020, S. 57.

386 Atalay/Balázs/Dittrich u.a., Marktbericht Nachhaltige Geldanlagen, 2021, S. 10.

3.2.2.5 *Offene Herausforderungen und aktuelle Markttendenzen im Bereich der SRI*

Unabhängig von der gewählten Strategie der verantwortungsvollen Investments stehen Anleger sowie Vermögensverwalter noch vor zahlreichen praktischen Herausforderungen, welche insbesondere mit der Vollständigkeit, Konsistenz, Vergleichbarkeit und Überprüfbarkeit der Daten im Zusammenhang stehen.[387] Die Gewinnung der zur Beurteilung von ESG- und nachhaltigkeitsbezogenen Aspekten notwendigen Daten kann unmittelbar durch öffentlich verfügbare Dokumente wie jährliche Berichte oder durch direkte Kommunikation mit dem potentiell investierbaren Unternehmen erfolgen. Dieser Weg ist jedoch sehr umständlich, da sich die Offenlegung im Bereich von ESG-Themen trotz beginnender Regulierung noch in ihrer Entwicklungsphase befindet; hinzukommt, dass die Mehrheit von ESG-Indikatoren im Unterschied zu finanziellen Kennzahlen noch nicht durch einen Prüfer auditiert wird. Aus diesem Grund verlassen sich viele Anleger und Vermögensverwalter auf sekundäre Quellen, bei welchen die relevanten Daten verarbeitet und in Form von Punktzahlen, Ratings oder anderen Bewertungsformen zum Ausdruck gebracht werden.[388] Sie werden in der Regel durch Research-Anbieter erarbeitet und zur Verfügung gestellt und können je nach Anzahl der untersuchten Unternehmen, ausgewählter Methodologie und der Qualität der durchgeführten Recherchen als gute Investitionsentscheidungsgrundlage dienen. Neben den bekannten Kredit-Ratingagenturen Standard and Poor's (S&P) und Moody's und Fitch Ratings haben sich auch ESG-spezialisierte Ratingagenturen entwickelt, von denen heute folgende vier eine marktbeherrschende Stellung einnehmen: Sustainalytics (seit 07/2020 Teil von Morningstar), MSCI ESG, ISS ESG und Vigeo Eiris (seit 04/2019 Teil von Moody's).[389]

Die Nützlichkeit der ESG-Ratings ist nicht von der Hand zu weisen, da die Bewertung eine große Indizwirkung für potentielle Investoren hat, sie sind aber gleichzeitig noch mit einer Vielzahl von offenen Fragen verbunden. Das größte noch zu klärende Problem ist ihre Vergleichbarkeit und Aussagekraft, da die Anbieter ihren Ratings zum Teil stark abweichende Methodik zugrunde legen und die Bewertungen somit nicht selten unterschiedlich ausfallen. Einige Studien belegen bspw., dass die durchschnittliche Korrelation zwischen den Ratings von unterschiedlichen

387 CFA Society United Kingdom, ESG Investing, 2020, S. 302.
388 Dass., ESG Investing, 2020, S. 319.
389 Bürger, private banking magazin 23.04.2020.

ESG-Datenanbieter eher gering ausfällt.[390] Die Divergenz der Ratings kann bei vielen Investoren und Fondsverwaltern logischerweise zu Verunsicherung führen. Auf der anderen Seite ist aber klar, dass die ESG-Ratingbranche noch weiterentwickelt werden muss und die unterschiedlichen Ansätze der Ratingagenturen per se nicht schädlich sind, da sie eine tiefere Auseinandersetzung ihrer Anwender mit den ESG-Kriterien zur Folge haben. Zudem verringern sie auch das Risiko des sog. Herdendenkens, welches typischerweise bei hoher Korrelation von Kreditrankings entsteht und im Falle einer Falschbewertung schwere systematische Auswirkungen haben kann.[391]

Genauso wie sich Vermögensverwalter bei der Zusammenstellung des Portfolios im Hinblick auf ESG-Kriterien an den ESG-Ratings der Unternehmen orientieren, bieten diverse Anbieter auch ESG-Bewertungen von Investmentfonds bzw. von deren Verwaltern an. Zu einem der wichtigsten Anbietern auf dem Markt gehört aktuell Morningstar mit seinem Sustainability Rating, welches im Jahr 2016 ins Leben gerufen wurde und seitdem etwa 20.000 Investmentfonds im Hinblick auf ESG-Kriterien bewertete. Dieses Rating basiert auf den von Sustainalytics vorgenommenen ESG-Bewertungen auf Unternehmensebene und besteht aus einer 1 bis 5 Sterne-Skala.[392] Gerade wegen der einfachen und übersichtlichen Darstellung wird dieses Rating von Investoren gerne genutzt, doch gleichzeitig wird es auch dafür kritisiert, dass es nur Aussagen im Hinblick auf die Vergangenheit zulässt. Genauso wie viele andere Fondsratings wird hier nämlich der sog. "Holding-basierte Ansatz" (ein gewichteter Durchschnitt der ESG-Bewertungen von Portfoliounternehmen) gewählt, bei dem zukunftsorientierte Strategien wie Engagement nicht berücksichtigt werden. Gerade im Hinblick darauf, dass keine Einheitlichkeit bezüglich der ESG-Beurteilung besteht und die Ratings unterschiedlicher Anbieter zum Teil stark voneinander abweichen, plädieren einige dafür, den Blickwinkel deutlich zu erweitern und alternative, auf einem ganzheitlichen Ansatz basierende Fondsratings zu entwickeln.[393] Diese befinden sich derzeit noch in Entstehung, einige Anbieter entwickeln jedoch bereits eine auf einem zukunftsorientierten Research basierende Bewertung; zu den Vorreitern auf diesem Gebiet gehören bspw. der Real Impact Tracker[394] oder der Mercer FundWatch[395].

---

390 Vgl. dazu ausführlich CFA Society United Kingdom, ESG Investing, 2020, S. 308 f.; Krosinski, The Failure of Fund Sustainabililty Ratings, 2018.

391 CFA Society United Kingdom, ESG Investing, 2020, S. 308.

392 Chen/Scott, Morningstar Sustainability Rating, 2020.

393 Krosinski, The Failure of Fund Sustainabililty Ratings, 2018.

394 Zum Ansatz des Ratings vgl. Real Impact Tracker, Our Methodology.

395 Zum Ansatz des Ratings vgl. Mercer FundWatch, Modern Ratings for Modern Investors.

Zusammenfassend kann somit festgehalten werden, dass in der Praxis noch verschiedene datenbezogene Probleme gelöst werden müssen, deren Lösung aber gleichzeitig auch als Chance begriffen werden kann. Die große Vielfalt und bestehende Heterogenität der Daten- und Bewertungssysteme werden in der Zukunft nämlich zwangsläufig dazu führen, dass sich verantwortungsvoll handelnde und nachhaltigkeitsinteressierte Investoren mit der Frage befassen müssen, nach welchen Prinzipien und Kriterien ihre Gelder angelegt werden sollen. Diese Diskussion ist angesichts der raschen Änderung der umwelt-, sozial- und gesellschaftsbezogenen Gegebenheiten dringend nötig und längst überfällig, sodass die Suche nach gemeinsamen und allgemein akzeptierten Ratingkriterien auch zum Beginn eines weitreichenden Umdenkprozesses werden kann.

3.3 Erstrebenswertigkeit der gesellschaftlichen Verantwortung des Privatsektors

Obwohl wie im Kap. 3.2.1.3 beschrieben zahlreiche Begründungsansätze zur gesellschaftlichen Verantwortungsübernahme des Privatsektors[396] entwickelt wurden, ist damit noch die grundlegende Frage beantwortet, ob seine gesellschaftliche Verantwortung im Kontext einer marktbasierten Wirtschaftsordnung überhaupt wünschenswert ist. Trotz der aktuell überwiegenden Entwicklungen und Tendenzen, welche eindeutig in Richtung stärkerer Verantwortungserwartungen gehen, erinnern uns zahlreiche Gegenpositionen und Vorhalte daran, dass die Annahme der gesellschaftlichen Verantwortung des Privatsektors nach wie vor eines kritischen Diskurses bedarf. Die ökonomische und rechtliche Verantwortung des Privatsektors wird kaum ernsthaft bestritten, etwas anderes gilt aber für die Herausbildung eines Verantwortungsverständnisses, welches über diese Bereiche hinausgeht.[397] Auch wenn die modernen CSR- bzw. SRI-Ansätze also bereits vor mehreren Jahrzehnten entwickelt wurden und die gesellschaftliche Verantwortungsübernahme des Privatsektors immer häufiger sowohl von der Politik als auch von der breiten Gesellschaft erwartet wird, behält die Frage, ob eine solche Aufgabenzuweisung überhaupt gesellschaftlich erstrebenswert ist, nach wie vor ihre Relevanz.

396 Nachfolgend wird bei der Darstellung nicht explizit zwischen der Ebene der Unternehmen und der Investoren differenziert, sondern für beide Kategorien einheitlich der Begriff Privatsektor verwendet, so auch EU Technical Expert Group on Sustainable Finance, Sustainable recovery from the Covid-19 pandemic requires the right tools, 2020, S. 1.

397 Spießhofer, Unternehmerische Verantwortung, 2017, S. 54.

Ein gutes Beispiel dieser Spaltung aus der jüngsten Vergangenheit stellt die gesellschaftliche Debatte in den USA dar, welche nach dem Vorschlag der Senatorin Elizabeth Warren im Jahr 2018 ausgelöst wurde. Aus ihrer Überzeugung heraus, dass das Unternehmertum als solches kein Recht, sondern eher ein Privileg darstellt, schlug die demokratische Senatorin vor, dass große Unternehmen zur Aufrechterhaltung ihrer Geschäftstätigkeit zur Beachtung der Interessen von diversen Stakeholdern verpflichtet sein sollten.[398] Während einige CEOs diesen Vorschlag mit großem Enthusiasmus begrüßten, wurde er von anderen stark kritisiert und als die Einleitung vom Ende des Kapitalismus gesehen. Das Magazin *The Economist* beschrieb diese Sichtweise zwar als extrem, doch gleichzeitig stellte es die provokante Frage, welche sicherlich in Gedanken von vielen Managern geschwebt haben dürfte: „*if the purpose of the company slips ist shareholder-value moorings, who knows where it might end up*?"[399]. Damit warf das Magazin nicht nur die Frage der allgemeinen Erstrebenswertigkeit des Privatsektors, sondern auch andere, heutzutage vielleicht noch wichtigere Fragestellungen auf, nämlich die nach den Grenzen der Verantwortungskonzepte, die auch von den Befürwortern der gesellschaftlichen Verantwortung des Privatsektors sehr unterschiedlich ausgelegt werden.

3.3.1 Zurück zu Adam Smith und seiner Lehre

Der erste Denker, dessen Schriften dahingehend interpretiert werden könnten, dass der Privatsektor ausschließlich wirtschaftliche Aspekte zu beachten hat, ist kein anderer als der bereits erwähnte Moralphilosoph Adam Smith. In seinen Schriften lässt sich zwar keine konkrete Aussage zu den oben genannten Fragen finden, doch seine Sichtweise könnte sich möglicherweise aus anderen von ihm formulierten Prinzipien ableiten lassen. Wie bereits in Kap. 2.3.1 ausführlich beschrieben, wird Smiths′ Werk nicht einheitlich interpretiert und insbesondere in der älteren Leseart seines Buches *The Wealth of Nations* das Profitstreben so ausgelegt, dass sich daraus der Ausschluss jeglicher über die bloße Gewinnmaximierung hinausgehenden Verantwortung ableiten lassen könnte. Ebenfalls im Einklang mit den im Kap. 2.3.1 im Detail formulierten Ausführungen muss jedoch festgehalten werden, dass diese Interpretation den Gesamtkontext seines Werkes verkennt. Zwar begriff Smith den Eigennutz als die treibende Kraft sämtlicher unternehmerischer Handlungen, doch gleichzeitig musste die

398 Warren, The Wall Street Journal, 2018.

399 The Economist, What are companies for?: Big business is beginning to accept broader social responsibilities, 2019, S. 17.

wirtschaftliche Aktivität nach seiner Vorstellung in einen ethischen Rahmen eingebettet worden sein, sodass seine Schriften keinesfalls im Sinne einer Ablehnung der gesellschaftlichen Verantwortung des Privatsektors verstanden werden können.

3.3.2 Ludwig von Mises

Heutzutage beruft sich die Mehrheit derjenigen, die die Verantwortung des Privatsektors auf eine rein wirtschaftliche Sphäre beschränken wollen, meistens auf die Schriften von Ludwig von Mises und Milton Friedman. Der österreichisch-amerikanische Vertreter der österreichischen Schule der klassischen Ökonomie von Mises äußerte sich zwar ebenfalls nicht unmittelbar zum Thema der gesellschaftlichen Verantwortung des Privatsektors, doch in seinen Schriften nahm er ausführlich Stellung zur Rolle der Unternehmer in einer Marktwirtschaft. Insbesondere in seiner Kurzschrift *Profit and Loss* beschrieb er den Preisbildungsprozess in kapitalistischen Wirtschaftssystemen und sah die grundlegende Aufgabe des Unternehmers in der Sicherstellung einer effizienten Ressourcenallokation. Als maßgeblich galt für von Mises die Orientierung an Marktpreisen, welche die Wünsche der Konsumenten widerspiegeln. Das Streben nach Profit war nach seiner Vorstellung ein logischer und zwingender Teil dieses Prozesses, denn wenn es dem Unternehmer nicht gelingt, diese Wünsche auf eine effiziente Weise zu erfüllen, wird er Verluste erleiden und letzten Endes aus seiner unternehmerischen Position vertrieben werden. Es liegt also in seinem ureigenen Interesse, jegliche Verschwendung zu vermeiden und knappe Ressourcen zum gesellschaftlich bestmöglichen Zweck einzusetzen:

> In the capitalist system of society's economic organization the entrepreneurs determine the course of production. In the performance of this function they are unconditionally and totally subject to the sovereignty of the buying public, the consumers. If they fail to produce in the cheapest and best possible way those commodities which the consumers are asking for most urgently, they suffer losses and are finally eliminated from their entrepreneurial position. Other men who know better how to serve the consumers replace them. […] The activities of the entrepreneur consist in making decisions. He determines for what purpose the factors of production should be employed. Any other acts which an entrepreneur may perform are merely accidental to his entrepreneurial function. It is this that lay men often fail to realize. […] No good should remain unproduced on account of the fact that the factors required for its production were used—wasted—for the production of another good for which the demand of the public is less intense. To

> achieve this is under capitalism the function of entrepreneurship that determines the allocation of capital to the various branches of production.[400]

Die Kurzschrift wurde noch vor der bahnbrechenden Publikation von Bowen zur gesellschaftlichen Verantwortung der Unternehmen verfasst und geht auf diese somit nicht explizit ein, dennoch kann aus den Zeilen abgeleitet werden, dass es nach seiner Vorstellung der Markt und nicht der „gute Wille einzelner Unternehmer" war, der zu einer effizienten Allokation und somit zur Steigerung der gesellschaftlichen Wohlfahrt führt.[401]

3.3.3 Milton Friedman

Der erste, der sich ausdrücklich gegen die gesellschaftliche Verantwortung des Unternehmertums positionierte und bis heute als Referenz sämtlicher Gegenpositionen gegen das Konzept der CSR genannt wird, ist der US-amerikanische Wirtschaftsnobelpreisträger Milton Friedman. Er gehörte zu den überzeugtesten Vertretern des freien Marktes und seine grundlegenden Ansichten zur Funktionsweise der Marktwirtschaft formulierte er umfassend in seinem erstmals im Jahr 1962 erschienenen Buch *Capitalism and Freedom*. In diesem bezog er sich bereits auf die zur damaligen Zeit aufkommenden Debatten um die Frage der gesellschaftlichen Verantwortung von Unternehmen und bezeichnete den CSR-Ansatz als eine *„fundamentally subversive doctrine"*.[402] Statt sich auf die Erweiterung der unternehmerischen Verantwortung zu fokussieren plädierte er für eine *shareholder-value* bezogene Profitmaximierung, sofern die unternehmerische Tätigkeit innerhalb der „Spielregeln" ausgeübt wird, also im Rahmen eines freien Wettbewerbs und frei von Täuschung oder Betrug:

> „The view has been gaining widespread acceptance that corporate officials and labor leaders have a "social responsibility" that goes beyond serving the interest of their stockholders or their members. This view shows a fundamental misconception of the character and nature of a free economy. In such an economy, there is one and only one social responsibility of business – to use its resources and engage in activities designed to increase its profits so long as is stays within the rules of the game, which is to say, engages in open and free competition, without deception or fraud."[403]

---

400 Mises, Profit and Loss, 2008, S. 7 ff.

401 Hoffmann/Hentrich, Nachhaltigkeit als Element der Marktwirtschaft, 2010, S. 2.

402 Friedman, Capitalism and freedom, 2002, S. 133.

403 Ders., Capitalism and freedom, 2002, S. 133.

Acht Jahre später setzte Friedman seine Gedanken zur unternehmerischen Verantwortung im Zeitungsartikel „*The social responsibility of business is to increase its profits*" fort und vertiefte seine Argumentation im Hinblick darauf, warum die eigentliche soziale Verantwortung von Unternehmen in der Gewinnmaximierung liegt. Zunächst warf er die Frage auf, inwieweit in der Geschäftswelt („*Business*") überhaupt von einer Verantwortungsübernahme die Rede sein kann, da Unternehmen (grundsätzlich) als juristische Personen konzipiert sind. Deswegen betonte er, dass es notwendig sei, genau zu präzisieren, an wen und wem gegenüber sich die Verantwortung richten soll. Wenn die Unternehmensführung bspw. freiwillige Umweltschutzmaßnahmen beschließt, wird der Preis entweder von Anteilseignern getragen oder – im Falle einer gleichzeitigen Preiserhöhung der Produkte oder Dienstleistungen des Unternehmens – auf Verbraucher abgewälzt. Beide Fälle hätten nach seiner Argumentation de facto jedoch zur Folge, dass der Unternehmensführung das Recht eingeräumt worden wäre, Steuern aufzuerlegen und zu entscheiden, wie die erzielten Steuereinnahmen ausgegeben werden sollen. Dies sei jedoch die ureigene Aufgabe des Staates, weswegen dem Unternehmertum eine solche parlamentarische Entscheidungskompetenz nicht übertragen werden dürfe. Wenn das Unternehmensmanagement frei bei der Festlegung der zur verfolgenden Ziele ist, kann es nach seiner Auffassung zu willkürlichen Handlungen und zum ineffektiven Wirtschaften kommen. Zudem müsse nach seiner Argumentationslinie auch kritisch hinterfragt werden, ob die Unternehmensleitung überhaupt die notwendige Kompetenz besitzt, welche zur Lösung der anvisierten gesellschaftlichen Probleme notwendig ist.

Diese Erwägungen führten Friedman zum eindeutigen Ergebnis, dass die Unternehmensführung ausschließlich den Anteilseignern im Sinne einer *principal-agent*-Beziehung zur Verantwortung verpflichtet sei. Das CSR-Konzept stellt für ihn eine Gefahr für die Funktionsweise der freien Marktwirtschaft dar, da es nicht nur die ohnehin vorherrschende Meinung verstärke, dass das Profitstreben zwangsläufig sündhaft ist, sondern letztendlich zu einer kollektivistischen Gesellschaft führe:

> […] it helps to strengthen the already too prevalent view that the pursuit of profits is wicked and immoral and must be curbed and controlled by external forces. Once this view is adopted, the external force that curb the market will not be the social consciences, however highly developed, of the pontificating executives; it will be the iron fist of Government bureaucrats. Here, as with price and wage controls, business seems to me to reveal a suicidal impulse. […] the doctrine of "social responsibility" taken seriously would extend the scope of the political mechanism to every human activity. It does

not differ in philosophy from the most explicitly collective doctrine. It differs only by professing to believe that collectivist ends can be attained without collectivist means.[404]

3.3.4 Treuhänderische Pflichten als wahrgenommener Widerspruch der gesellschaftlichen Verantwortungsübernahme

Friedmans Gedanken werden nach wie vor, wenn auch in abgewandelten Formen, als Grundlage der Ablehnung gesellschaftlicher Verantwortung des Privatsektors verwendet. Gestützt wird diese Betrachtungsweise überwiegend auf die treuhänderischen Pflichten, welche die Unternehmensleitung gegenüber den Anteilseignern bzw. der Vermögensverwalter gegenüber den Anlegern hat. Diese auf einer sog. *principal-agent*-Beziehung basierende Shareholder-Doktrin[405] findet insbesondere in Ländern des angelsächsischen Rechtskreises eine allgemeine Zustimmung, die auch durch gesetzliche Bestimmungen bekräftigt wird. Die kontinentaleuropäischen Rechtssysteme erkennen diese Treuepflichten als solche nicht an, jedoch unterliegen die Unternehmensvorstände und Vermögensverwalter auch in diesen Rechtsordnungen zahlreichen Bestimmungen, welche unter Umständen zu gleichwertigen Pflichten führen. Je nach Land variiert der Inhalt der gesetzlichen Bestimmungen, im Allgemeinen haben sie aber einige Gemeinsamkeiten, insbesondere die Pflicht, im Interesse der Begünstigten zu handeln und Rentabilität anzustreben.[406]

Auch das deutsche Recht bestätigt diese Annahme; Krämer untersucht bspw. die grundlegenden Prinzipien des deutschen Aktienrechts und kommt zu dem Ergebnis, dass der Vorstand und Aufsichtsrat einer Aktiengesellschaft als Treuhänder der Aktionäre anzusehen sind, welche mit der treuhänderischen Wahrnehmung fremder Vermögensinteressen betraut sind und somit die Erzielung von Gewinn als grundlegendes Ziel zu verfolgen haben. Zur Bekräftigung seiner These führt er aus, dass sich bereits aus § 90 Abs. 1 Nr. 2 AktG ergibt, dass der Vorstand für die Rentabilität der Gesellschaft zu sorgen hat. Des Weiteren argumentiert er, dass auch der Unternehmensgegenstand der Aktiengesellschaft die Gewinnerzielung voraussetzt, da die Gesellschaft ohne wirtschaftlichen Erfolg

---

404 Ders., The New York Times, 1970.

405 Vgl. dazu Ausführungen in Kap. 3.2.1.3.2.1.

406 Freshfields Bruckhaus Deringer/United Nations Environment Programme Finance Initiative/UNEP FI Asset Management Working Group, A legal framework for the integration of environmental, social and governance issues into institutional investment, 2005, S. 10.

nicht in der Lage sein würde, ihren vorgesehenen Unternehmensgegenstand zu verfolgen. Seine Analyse kommt abschließend zu dem Ergebnis, dass die Erzielung von Gewinnen bei einer Aktiengesellschaft sogar als deren Verhaltensmaxime und Sorgfaltsmaßstab gelte.[407] Ähnliches lässt sich auch im Bereich des deutschen Investmentrechts ableiten; bspw. durch das in § 1 Abs. 1 KAGB zum Ausdruck gebrachte Gebot, dass die KVG das von Anlegern eingesammelte Kapital zu ihrem Nutzen investieren soll, womit vorrangig die wirtschaftliche Rentabilität gemeint sein dürfte.

Insofern ist es nachvollziehbar, dass einige in der Berücksichtigung auch anderer Kriterien als der Interessen von Anteilseignern/Investoren eine mögliche Verletzung der rechtlichen Pflichten sehen. Hoffmann und Hentrich bezeichnen die Befreiung von der Verpflichtung zur Steigerung des Gewinns bspw. als einen „Freifahrtschein für das Management“ und behaupten deswegen, dass kein Anlass dazu bestünde, vom Ziel der unternehmerischen Profitmaximierung abzuweichen, nur um den Ansprüchen der Kooperationspartner gerecht zu werden.[408] Auch für Goldschmidt ergibt sich die primäre Verantwortung des Unternehmertums aus der marktwirtschaftlichen Logik, die sich am Gewinn orientiert; in einer poetischen Weise bring er diesen Gedanken in Abwandlung der bekannten Gedichtzeile *„Rose is a rose is a rose is a rose“* mit folgendem Satz zum Ausdruck: „Ein Unternehmen ist ein Unternehmen ist ein Unternehmen“.[409] Auch wenn Friedman seine provokative Aussage, dass die Verantwortung der Geschäftswelt ausschließlich in der Profitmaximierung besteht, zur späteren Zeit scheinbar relativiert hat,[410] ist die Frage der Erstrebenswertigkeit der gesellschaftlichen Verantwortung des Privatsektors bis heute nicht abschließend geklärt und gilt insbesondere im Zusammenhang mit den treuhänderischen Pflichten als kontrovers und umstritten.

---

407 Vgl. Krämer, Das Unternehmensinteresse als Verhaltensmaximeder Leitungsorgane einer Aktiengesellschaftim Rahmen der Organhaftung –in Abgrenzung zum Gesellschaftsinteresse und unter Berücksichtigung US amerikanischer Rechtsprechung und Literatur, 2002, S. 50.

408 Hoffmann/Hentrich, Nachhaltigkeit als Element der Marktwirtschaft, 2010, S. 3 f.

409 Goldschmidt, in: Was ist Corporate Social Responsibility (CSR)?, 2011, S. 11.

410 Hüther sieht diese Relativierung bspw. in folgender Aussage von Friedman aus dem Jahr 2005: “Maximizing profits is an end from the private point of view; it is a means from the social point of view”, vgl. dazu Hüther, in: Backhaus-Maul/Kunze/Nährlich (Hrsg.), Gesellschaftliche Verantwortung von Unternehmen in Deutschland, 2018, S. 32.

3.3.5 Erkenntnisse des sog. *Freshfields report* und des Berichts *Who cares wins*

Bahnbrechend im Hinblick auf die oben beschriebene Kontroverse war das im Auftrag der United Nations Environment Programme Finance Initiative (UNEP FI) erstellte und im Oktober 2005 erschienene Dokument *A legal framework for the integration of enviromental, social and governance issues*, welches von der internationalen Anwaltssozietät Freshfields Bruckhaus Deringer erarbeitet und deswegen auch als sog. „*Freshfields report*" bekannt wurde. Die UNEP FI beauftragte die Kanzlei mit dem Erstellen eines Gutachten, in welchem die Frage beantwortet werden sollte, ob die Integration von ESG-Faktoren in die Anlagestrategie im Rahmen der Vermögensverwaltung erlaubt, gesetzlich vorgeschrieben oder bestehende Regulierung behindert bzw. als unzulässig anzusehen ist.[411] Die Untersuchung umfasste mehrere Jurisdiktionen sowohl aus dem angelsächsischen als auch kontinentaleuropäischen Rechtskreis und das Ergebnis hätte Friedman zum Zeitpunkt seiner Buchpublikation sicherlich überrascht. Die Kanzlei kam nämlich zu dem Ergebnis, dass die Berücksichtigung von ESG-Faktoren in allen untersuchten Ländern nicht nur zulässig, sondern unter dem geltenden rechtlichen Rahmen sogar erforderlich ist:

> Conventional investment analysis focuses on value, in the sense of financial performance. [...] the links between ESG factors and financial performance are increasingly being recognised. On that basis, integrating ESG considerations into an investment analysis so as to more reliably predict financial performance is clearly permissible and is arguably required in all jurisdictions. It is also arguable that ESG considerations must be integrated into an investment decision where a consensus (express or in certain circumstances implied) amongst the beneficiaries mandates a particular investment strategy and may be integrated into an investment decision where a decision-maker is required to decide between a number of value-neutral alternatives.[412]

Bei der Erstellung des Berichts hat die Kanzlei unter Bezugnahme auf die *Enhanced Analytics Initiative* die ESG-Faktoren ausdrücklich als solche definiert, die das öffentliche Interesse in den Vordergrund stellen; zudem verwies sie auf den Zusammenhang zwischen der Berücksichtigung der ESG-Faktoren

---

411 Freshfields Bruckhaus Deringer/United Nations Environment Programme Finance Initiative/UNEP FI Asset Management Working Group, A legal framework for the integration of environmental, social and governance issues into institutional investment, 2005, S. 6.

412 Dies., A legal framework for the integration of environmental, social and governance issues into institutional investment, 2005, S. 13.

und der finanziellen Performance der Investitionen.[413] Der *Freshfields report* ist damit inhaltlich mit einem anderen, ein Jahr zuvor veröffentlichen Bericht im Zusammenhang zu sehen, welcher explizit der Frage nachging, wie sich die Berücksichtigung von ESG-Themen auf finanzielle Erträge auswirkt. Dessen Erstellung wurde vom ehemaligen Generalsekretär der Vereinten Nationen Kofi Annan initiiert, der eine gemeinsame Initiative einiger der größten Finanzinstitutionen weltweit (unter anderem bspw. Goldman Sachs, Deutsche Bank oder World Bank Group) ins Leben rief. An der Initiative beteiligten sich insgesamt zwanzig Finanzinstitutionen aus neun Ländern mit einem verwalteten Vermögen von über sechs Billionen USD.[414] Das Ergebnis ihrer gemeinsamen Arbeit präsentierten die beteiligten Institutionen im Bericht *Who cares wins*, der wesentlich zu einer größeren Beachtung der ESG-Faktoren beitrug und zusammen mit dem *Freshfields report* schließlich dazu führte, dass die PRI-Initiative ins Leben gerufen wurde. Der wesentliche Treiber war die Erkenntnis, dass sich mit der Beachtung von ESG-Kriterien nicht nur Gutes bewirken, sondern auch der Unternehmenswert steigern lässt und die ESG-Integration somit nicht im Widerspruch, sondern im Einklang mit den treuhänderischen Pflichten steht. Im Bericht *Who cares wins* werden die ESG-Faktoren als wichtige Wertschöpfungstreiber begriffen und die Logik hinter der gezielten Implementierung der ESG-Kriterien in die Investitionsentscheidung wie folgt beschrieben:

> The investment rationale for more rigorous inclusion of ESG criteria in financial analysis rests on the business case at the level of the company. Several recent studies of companies and industries have contributed to better understanding the value drivers through which good management of ESG issues contributes to shareholder value creation. Furthermore, many studies confirm that the way a company manages ESG issues is often a good indicator of overall risk levels and general management quality — which are both strong determinants of companies' long-term success. [...] Companies with better ESG performance can increase share-holder value by better managing risks related to emerging ESG issues, by anticipating regulatory changes or consumer trends, and by accessing new markets or reducing costs. Instead of focusing on single issues, successful companies have learned to manage the entire range of ESG issues relevant to their business, thereby achieving the best results in terms of value creation. Moreover, ESG issues can have a strong impact on reputation and brands, an increasingly important part of company value. It is not uncommon that intangible assets, including reputation and

413 Dies., A legal framework for the integration of environmental, social and governance issues into institutional investment, 2005, S. 28.

414 The Global Compact, Who Cares Wins. Connecting Financial Markets to a Changing World, 2004, S. i f.

> brands, represent over two-thirds of total market value of a listed company. It is likely that ESG issues will have an even greater impact on companies' competitiveness and financial performance in the future.[415]

Gerade die Verknüpfung der Beachtung von ESG-Kriterien mit der potentiellen Steigerung des wirtschaftlichen Erfolgs revolutionierte die bisher vorherrschende Denkweise und wirkt bis heute als das mächtigste Schwert, wenn es um die Bekämpfung des gängigen Vorurteils geht, dass die Gewinnerzielungsabsicht nicht mit der Verwirklichung gesellschaftlich wünschenswerter Ziele zu vereinbaren sei.[416] Dieser Punkt war auch deswegen von maßgeblicher Bedeutung, weil er der Marktlogik folgt; spätestens wenn sich die Missachtung umwelt- und sozialbezogener Aspekte nämlich auf die Ebene der Rendite niederschlägt, werden auch Aktionäre bzw. Investoren hellhörig und verlangen eine Strategieänderung. Somit wurde – zumindest im Bereich von SRI – bereits anerkannt, dass die Erfüllung von treuhänderischen Pflichten nicht zwangsläufig der Verfolgung breiterer gesellschaftlicher Ziele widerspricht. Heutzutage geht die PRI-Initiative mit einem Selbstverständlichkeitsverständnis bspw. davon aus, dass die moderne Auslegung von treuhänderischen Pflichten gerade die Einbeziehung von ESG-Faktoren in die Investitionsentscheidung beinhaltet; in diesem Sinne statuiert die Präambel der Verpflichtung, mit welcher sich ein Unterzeichner zur Einhaltung der sechs Prinzipen der Verantwortungsvollen Investments der PRI-Initiative bekennt, folgende Passage:

> As institutional investors, we have a duty to act in the best long-term interests of our beneficiaries. In this fiduciary role, we believe that environmental, social, and corporate governance (ESG) issues can affect the performance of investment portfolios. We also recognise that applying these Principles may better align investors with broader objectives of society.[417]

Als das wesentliche Ergebnis kann somit festgehalten werden, dass eine gesellschaftliche Verantwortungsübernahme des Privatsektors nicht nur im Hinblick auf soziale und umweltbezogene Aspekte, sondern auch aufgrund der ureigenen Logik des Marktes erstrebenswert ist. Der sog. *Business case*[418] spielt in der

---

415 Dass., Who Cares Wins. Connecting Financial Markets to a Changing World, 2004, S. 9.

416 In gewisser Hinsicht kann der Bericht als eine Weiterentwicklung der bereits im Jahr 1970 veröffentlichten Publikation A new Rationale for Corporate Social Policy verstanden werden, vgl. dazu Ausführungen im Kap. 3.2.1.3.1.1.

417 Principles for Responsible Investment, Asset Owner Signatory Declaration.

418 Vgl. dazu ausführlich Kap. 3.2.1.3.1.

Praxis nämlich eine große Rolle und zahlreiche Beispiele und wissenschaftliche Studien zeigen, dass sich durch gezielte gesellschaftliche Verantwortungsübernahme nicht nur eine positive Wirkung im Bereich Umwelt/Soziales, sondern auch zumindest marktübliche Profitabilität erzielen lässt. Aktuell gibt es eine Fülle von Studien, die den umstrittenen Zusammenhang zwischen der CSR-Implementierung und dem finanziellen Erfolg des Unternehmens untersuchen.[419] Eine der ersten solcher Studien war die von Orlitzky et al. im Jahr 2003 durchgeführte Meta-Studie, welche anhand von 52 Studien mit insgesamt 33.878 Beobachtungen zu dem Ergebnis kam, dass der positive gesellschaftliche Beitrag eines Unternehmens (sog. *corporate social/environmental performance* (CSP)) und der wirtschaftliche Erfolg eines Unternehmens (sog. *corporate financial performance* (CFP)) miteinander positiv korrelieren. Der wesentliche Vorteil dieser Meta-Studie im Vergleich zu früheren Untersuchungen bestand im Hinblick auf die Methodologie darin, dass sie nicht nur das Aggregationsverfahren, sondern verschiedene statistische Methoden eingesetzt und insbesondere bei der Auswertung der Ergebnisse mögliche Stichprobenfehler und Messabweichungen berücksichtigt hat.[420] Einen aktuelleren und explizit auf die Integration von Nachhaltigkeitsaspekten bezogenen Überblick über die Ergebnisse der bisher durchgeführten Untersuchungen bietet der Bericht *From the Stockholder to the Stakeholder,* welcher mehr als 190 akademische Studien, Branchenberichte sowie diverse Pressequellen auswertete und zusammenfassend zu dem Ergebnis kam, dass durch die Erwägungserweiterung um umweltbezogene und soziale Aspekte bei unternehmerischen Entscheidungen nicht nur die Kosten gesenkt (etwa 90% der ausgewerteten Studien), sondern auch die Aktienkursentwicklung von Unternehmen positiv beeinflusst werden können (80% der ausgewerteten Studien). Die Autoren des Berichts hielten somit fest: "*Based on the economic impact, it is in the best interest of investors and corporate managers to incorporate sustainability considerations into their decision-making processes*".[421]

Das gleiche Ergebnis lässt sich auch im Bereich der Verantwortungsvollen Investments beobachten. Die PRI-Initiative nennt bspw. drei wesentliche Gründe, warum es vorzugswürdiger ist, verantwortungsvolle Investments im

---

419 Auf eine vollständige Ergebnisauswertung der bisher durchgeführten Untersuchungen und Studien wird vorliegend verzichtet; die aufgenommenen Beispiele dienen nur der Veranschaulichung der allgemeinen Tendenz und haben somit keinen Anspruch auf Vollständigkeit.

420 Orlitzky/Schmidt/Rynes, Organization Studies 24 (2003), S. 406.

421 Clark/Feiner/Viehs, From the Stockholder to the Stakeholder, 2015, S. 9.

Vergleich zu klassischen Anlageformen zu tätigen. Neben der Reaktion auf die sich ändernde Erwartungshaltung der Anleger sowie der Erfüllung regulatorischer Anforderungen sieht die Initiative den dritten maßgeblichen Grund gerade in der Materialität im Sinne der Erkenntnis, dass ESG-Faktoren die Risiken und Erträge der Investition positiv beeinflussen können; dabei bezieht sich die Initiative explizit auf die Auswertung von mehr als 2.000 akademischen Studien.[422] Weitere wissenschaftliche Untersuchungen und Beispiele aus der Praxis bekräftigen die Aussage der PRI-Initiative.

Laut einem Bericht der Deutsche Bank Gruppe aus dem Jahr 2012 erzielen SRI-Fonds bspw. finanzielle Renditen, welche mit denen herkömmlicher Benchmarks vergleichbar sind.[423] Ein überwiegend neutrales oder sogar positives, also über der durchschnittlichen Marktperformance liegendes Ergebnis bestätigt auch der Bericht *Demystifying Responsible Investment Performance* der UNEP FI, in welchem die Ergebnisse von insgesamt zwanzig akademischen Studien analysiert wurden.[424] Einige der anhand spezifischer Kriterien ausgewählten Studien kamen zwar zu dem Ergebnis, dass die Berücksichtigung von ESG-Faktoren zur Verringerung der finanziellen Performance des Portfolios führen kann. Dabei ist jedoch auffällig, dass diese Studien auf der SRI-Strategie der (negativen) Screenings basierten; damit liegt die Vermutung nahe, dass die negative Performance auf die Einschränkung der investierbaren Vermögensgegenstände und fehlende Diversifikation zurückzuführen sein könnte. Heutzutage werden die jeweiligen SRI-Strategien jedoch selten alternativ, sondern vielmehr kumulativ angewandt und einer aktuellen Studie des Global Impact Investing Network (GIIN) aus dem Jahr 2020 zufolge werden die Erwartungen der Investoren im Hinblick auf die finanziellen Erträge in 68% erfüllt und in 20% sogar übertroffen; lediglich bei 12% der Fälle liegen die erzielten Erträge unter der Erwartungshaltung der Anleger.[425]

Auch wenn die Aussagekraft der bisher durchgeführten Studien aufgrund der nicht einheitlichen methodologischen Vorgehensweise nicht abschließend bewertet werden kann, ist zweifelsohne die klare Tendenz zu erkennen, dass die gesellschaftliche Verantwortungsübernahme des Privatsektors und die Beachtung auch breiterer Interessensgruppen den wirtschaftlichen Erfolg eines

---

422 Principles for Responsible Investment, What is responsible investment?.

423 DB Climate Change Advisors, Sustainable Investing, 2012, S. 61.

424 United Nations Environment Programme Finance Initiative; Mercer, Demystifying Responsible Investment Performance, 2007, S. 36 ff.

425 Hand/Dithrich/Sunderji u.a., 2020 Annual Impact Investor Survey, 2020, S. 59.

Unternehmens/Investments erhöhen oder diesen bei gleichzeitiger Verringerung des Risikoprofils zumindest nicht schmälern lassen. Die Shareholder-Doktrin ist also zumindest in solchen Fällen widerlegt, wo die Berücksichtigung auch anderer als rein finanzieller Kriterien zur Wertsteigerung der Anteilsinhaber führt. Die Erzielung von Gewinnen ist dann sowohl aus Sicht der Gesellschaft als auch im Hinblick auf die Interessen der Anteilseigner durchaus erstrebenswert.

Nachhaltigkeitsorientierte Erneuerung der Marktwirtschaft „von innen heraus“: Potential des Privatsektors am Beispiel vom sozialen Unternehmertum und Impact Investing

Wenn man davon ausgeht, dass der Privatsektor ein großes Transformationspotential bei der Neugestaltung der aktuellen Wirtschaftsordnung in Richtung Nachhaltigkeit hat, können Unternehmen und Investoren als die wichtigsten Marktakteure neue und innovative Lösungsansätze für die mit der Marktwirtschaft im Zusammenhang stehenden Probleme entwickeln und dadurch nicht nur die Marktwirtschaft „von innen heraus“ transformieren, sondern auch den Bedarf an sozialpolitischen Eingriffen seitens der öffentlichen Hand reduzieren. Nach der obigen Feststellung, dass eine gesellschaftliche Verantwortungsübernahme durch den Privatsektor nicht nur gesellschaftlich, sondern auch aus wirtschaftlichen und rechtlichen Gründen erstrebenswert sein kann, muss zwingend ein neues Verständnis des Konzepts der gesellschaftlichen Verantwortung des Privatsektors entwickelt werden, welches in Anlehnung an den Nachhaltigkeitsgedanken die Sphären des Wirtschaftlichen, des Ökologischen und des Sozialen in ein Balanceverhältnis bringt. Das neue Verständnis der gesellschaftlichen Verantwortung muss jedoch im Sinne der Nachhaltigkeit ganzheitlich begriffen werden und deutlich weiter gehen als bisher angenommen. Dieses Kapitel präsentiert also zunächst (1) das mögliche Neuverständnis der gesellschaftlichen Verantwortung des Privatsektors, welche mit der Entwicklung solcher Geschäftsmodelle einhergeht, die das erwartete Gleichgewicht herstellen können.

Sodann werden die Konzepte (2) des sozialen Unternehmertums sowie (3) des Impact Investing vorgestellt, welche solche Geschäftsmodelle bereits entwickeln und als marktorientiert gelten. In diesem Zusammenhang wird tiefer insbesondere darauf eingegangen, wie hoch der Anteil der Eigenmittelerwirtschaftung (bei den sozialen Unternehmen) bzw. wie hoch die zu erwartende finanzielle Rendite (bei Impact Investoren) sein muss, um den grundlegenden Anforderungen der Marktlogik in einer Gesamtbetrachtung noch gerecht zu werden. Des Weiteren wird (4) das Potential dieser spezifischen Formen des Privatsektors bei der Bewältigung der Herausforderungen im Zusammenhang mit der Corona-Pandemie und darüber hinaus anhand von einigen Beispielen aus der Praxis aufgezeigt. Im letzten Abschnitt wird (5) noch kurz das Thema aufgegriffen, wie dieses Potential durch den Privatsektor selbst und durch die Gesellschaft gestärkt werden kann; dieser Teil soll bereits als Einleitung des kommenden Kapitels dienen, in welchem (unter anderem) die Rolle des wichtigsten Impulsgebers für eine volle Potentialentfaltung des Privatsektors, nämlich des Gesetzgebers, in einem eigenständigen Kapitel aufgearbeitet wird.

4.1 Nachhaltigkeitsbezogenes Neuverständnis der gesellschaftlichen Verantwortung des Privatsektors

Die heute vorherrschenden Vorstellungen über die gesellschaftliche Verantwortung des Privatsektors haben zwar ein großes Potential im Hinblick auf die Weiterentwicklung und Innovation der geltenden Wirtschaftsordnung, weisen aber noch einige Lücken auf. Es müssen somit neue Wege geebnet werden, welche die Stellung des Privatsektors nicht nur am Rande thematisieren, sondern tiefer gehen und sowohl die größtmögliche Freiheit des Privatsektors ermöglichen als auch der Gesellschaft den größtmöglichen Nutzen bringen. Die Schriften von Friedman stammen aus einer Zeit, in der Begriffe wie Klimawandel oder Nachhaltigkeit in öffentlichen Debatten im Wesentlichen noch nicht präsent waren, doch wie Spießhofer betont, machen die enormen Änderungen im globalen Kontext eine Fortsetzung der Debatte im Zusammenhang mit der gesellschaftlichen Verantwortung des Privatsektors wichtiger denn je, da diese das Zusammenspiel von Markt und Staat sowie den Ordnungsrahmen einer globalen Wirtschaft maßgeblich mitprägen werden.[426]

Gerade im Hinblick auf die massiven Änderungen der heutigen Verhältnisse von Gesellschaft und Wirtschaft versucht Beckmann eine konstruktive Leseart von Friedman zu entwickeln, die aus drei Elementen besteht: (1) den wesentlichen Teil von Friedmans Argument zu bewahren; (2) ihn in einem wichtigen Punkt zu kritisieren und (3) seine Position schließlich auf eine höhere Ebene hinaufzuheben. Bezüglich des ersten Punktes soll als Ausgangspunkt daran festgehalten werden, dass in funktionierenden Märkten Unternehmen primär die Aufgabe erfüllen, gesellschaftliche Bedürfnisse durch eine Wertschöpfung zu befriedigen, deren Erfüllung letzten Endes durch Gewinnerzielung zum Ausdruck gebracht wird. Die Kritik gegen Friedmans Argument richtet sich gegen den Umstand, dass die obige Prämisse nur dann gültig ist, sofern ihr eine ideale Rahmenordnung des perfekten Wettbewerbs zugrunde liegt, was in der Praxis nur selten der Fall ist. Wenn Fehlanreize wie bspw. Externalisierung von

426 Spießhofer, Unternehmerische Verantwortung, 2017, S. 55 f.

Umweltverschmutzungen oder Korruptionswettläufe die Marktabläufe stören, trägt das Profitstreben nicht mehr zur gesellschaftlichen Wertschöpfung bei, sondern kann für diese sogar schädlich sein. Aufgrund der eventuellen Lücken in der idealisierten Rahmenordnung muss Friedmans Argumentation also weiterentwickelt werden und seine berühmte Aussage „*The social responsibility of business is to increase its profits*" auf eine höhere Ebene hinaufgehoben werden, die Beckmann wie folgt formuliert: „*The social responsibility of business is to address societal needs through value creation*".[427] Dieser Ansatz erinnert stark an den von Kurucz et al. als synergetische Wertschöpfung beschriebenen *Business case* bzw. an das von Porter und Kramer präsentierte Konzept von *shared value*, bei dem gleichzeitig wirtschaftlicher als auch gesellschaftlicher Nutzen angestrebt wird.[428]

Zunehmend wird also erkannt, dass der Privatsektor ein großes Potential im Hinblick auf die Lösung verschiedener sozialer und ökologischer Probleme der Gegenwart haben kann, und somit gewinnt die Frage, wie die gezielte Verantwortungsübernahme des Privatsektors in einer Marktwirtschaft im Dienste aller am sinnvollsten gestaltet werden kann, erneut eine große Bedeutung. Das vorzugswürdigste Modell scheint zu sein, das Verständnis der gesellschaftlichen Verantwortung des Privatsektors aus dem Nachhaltigkeitskonzept im Sinne der Agenda 2030 abzuleiten, da dieses ein grundlegendes Umdenken impliziert und die soziale und ökologische Verantwortung gerade zum Kernanliegen des wirtschaftlichen Agierens anhebt. Ein wesentlicher Punkt ist die explizite Statuierung, dass das Potential des Privatsektors zur nachhaltigen Wirtschaftsentwicklung genutzt werden kann; im Dokument *The future we want*, welches die grundlegenden Annahmen und Ziele der Agenda 2030 zusammenfasst, wird diesbezüglich folgendes festgehalten: „*We recognize that a dynamic, inclusive, well-functioning and socially and environmentally responsible private sector is a valuable instrument that can offer a crucial contribution to economic growth and reducing poverty and promoting sustainable development*".[429] Darüber hinaus bietet das Nachhaltigkeitskonzept ein integratives Modell, welches auch Polanyis Kritik zur gesellschaftlichen „Entbettung" der Märkte standhalten könnte.

Das Nachhaltigkeitskonzept spricht aber nicht nur von der sozialen und ökologischen Verantwortung des Privatsektors, sondern von auch von dessen „entscheidendem Beitrag zum Wirtschaftswachstum". Dieser Aspekt ist genauso

427 Beckmann, in: Was ist Corporate Social Responsibility (CSR)?, 2011, S. 16 f.
428 Vgl. dazu Kap. 3.2.1.3.1.3.
429 United Nations, The future we want, 2012, S. 69.

wichtig wie die sozialen und ökologischen Belange; ein Rangverhältnis wird nicht festgelegt, sondern die jeweiligen Säulen ganzheitlich betrachtet. Es ist gerade dieses Charakteristikum, welches das Nachhaltigkeitskonzept im Vergleich zu anderen Ansätzen zu einem überlegenen macht, denn trotz aller Erwartungen darf ein wichtiger wirtschaftlicher Grundsatz nicht außer Acht gelassen werden, nämlich dass das gesellschaftliche Wohlergehen bei einer ganzheitlichen Betrachtung nicht steigen wird, wenn der Privatsektor zwar zur Förderung von einzelnen sozialen und/oder ökologischen Zielen beiträgt, deren Nutzen aber insgesamt geringer ausfällt als der finanzielle Aufwand.[430] Deswegen darf die wirtschaftliche Perspektive im Sinne der Marktlogik nicht unterschätzt werden, wenn das Nachhaltigkeitskonzept nicht zu einer Utopie werden soll. Nachhaltige Wirtschaftsmodelle können auf dem Markt nämlich nur dann mit Erfolg bestehen, wenn sie nicht nur gesellschaftlich verantwortungsvoll, sondern auch gewinnbringend sind. Auch Elkington war bei der Entwicklung seiner nachhaltigkeitsbezogenen Wertbilanzmethode klar, dass die ökonomische Dimension gleichberechtigt neben der sozialen und ökologischen bestehen bleiben muss. Eine Neukonzeptualisierung der Begriffe CSR bzw. SRI im Sinne einer nachhaltigen Entwicklung entspricht somit auch der Logik des Marktes und erneuert die Marktwirtschaft von „innen heraus“, nämlich durch Anpassung der bestehenden Geschäftsmodelle und Verbindung der Profitabilität mit einem positiven gesellschaftlichen Beitrag.

Solche Modelle sind in der Praxis kein Neuland. Eine höhere Ebene der gesellschaftlichen Verantwortung des Privatsektors weisen auf Ebene der Unternehmen insbesondere soziale Unternehmen auf, deren Tätigkeit vorrangig darauf abzielt, eine positive soziale Wirkung zu erzielen. Darüber hinaus stellen sie laut einer Umfrage der GlobeScan Sustainability Survey 2019 die zweitwichtigste Kraft im Hinblick auf ihren Beitrag zur Erreichung der SDGs (direkt nach den NGOs),[431] sodass ihnen aus guten Gründen eine wichtige Rolle bei der von der Politik anvisierten Nachhaltigkeitswende zugeschrieben wird. Dieses unternehmerische Modell, welches gleichzeitig das Wirtschaftswachstum fördert und zur Lösung von sozialen und ökologischen Problemen beiträgt, könnte die Politik in vielen Bereichen entlasten und die Notwendigkeit von staatlichen Eingriffen in den Markt reduzieren.

---

430 Keim, The Academy of Management Review 3 (1978), S. 39.

431 Globescan/SustainAbility, GlobeScan-SustainAbility Survey 2019: Evaluating Progress on the SDGs, 2019, S. 15.

Das gleiche gilt auch im Hinblick auf die Finanzierung des sozialen Unternehmertums durch Quellen, welche dem Bereich der verantwortungsvollen Investments zuzuordnen sind. Insbesondere das Impact Investing wird sehr häufig zur Finanzierung des sozialen Unternehmertums eingesetzt und wird im Wesentlichen durch die Bestrebung des Erreichens einer positiven gesellschaftlichen Wirkung gekennzeichnet. Dem sozialen Unternehmertum und dem Impact Investing liegen ähnliche Leitgedanken zugrunde und ihr Transformationspotential könnte den Markt insgesamt stärker mit den Bedürfnissen der Gesellschaft und der Umwelt versöhnen. Im folgenden Kapitel werden somit die grundlegenden Ideen des Geschäftsmodells des soziales Unternehmertums und seiner Finanzierung durch Impact Investing einschließlich des noch nicht einheitlich bewerteten Aspekts der Notwendigkeit von Gewinnerzielung erläutert und schließlich das Potential des Privatsektors bei der Bewältigung der Folgen der Corona-Pandemie sowie bei der Herstellung einer widerstandsfähigen Wirtschaftsordnung anhand von positiven Beispielen aus der Praxis diskutiert.

4.2 Konzept des sozialen Unternehmertums

Wenn man nach einer einheitlichen und allgemein anerkannten Definition des Begriffs soziales Unternehmertum suchen würde, würde man auf die gleichen Herausforderungen wie schon bei der Thematik der gesellschaftlichen Verantwortung von Unternehmen stoßen. Die abweichenden Konzepte, Definitionen und Erklärungslogiken führen dazu, dass der Begriff zwar immer häufiger verwendet wird, sich dabei aber auf unterschiedlich interpretiertes Verständnis stützt. So könnte man auch hier von einem „Dschungel der Definitionen" sprechen, sodass Gebauer und Ziegler sowohl den Begriff der CSR als auch des sozialen Unternehmertums in Anlehnung an Walter Gallies Ideen als sog. unbestimmte Begriffe (*Contested Concepts*) einordnen.[432]

4.2.1 Historische Entwicklung in verschieden soziokulturellen Kontexten

Für Verwirrung bei der inhaltlichen Auslegung des Begriffs „soziales Unternehmen" sorgt unter anderem auch der Umstand, dass die Bedeutung der verwendeten Terminologie in Abhängigkeit von der soziokulturellen Wahrnehmung stark variieren kann. Obwohl nachfolgend zwischen der deutschen und der

432 Gebauer/Ziegler, in: Gebauer/Schirmer (Hrsg.), Unternehmerisch und verantwortlich wirken?, 2013, S. 18 f.

englischen Fassung (*Social Entrepreneurship*) des Begriffs nicht weiter differenziert wird, weist Birkhölzer darauf hin, dass sich dieser in ganz unterschiedlichen soziokulturellen Kontexten befindet. In den USA besteht bspw. angesichts einer weitgehenden Abwesenheit sozialstaatlicher Regelungen eine lange Tradition philanthropischen Unternehmertums, welchem eine tragende Rolle in der Gesellschaft zukommt. Unter dem Leitbild vom ‚*Social Entrepreneur*' sei es somit anstelle des Staates vor allem die Aufgabe privater unternehmerischer Initiativen, für die sozialen und ökologischen Belange einzutreten.[433] Etwas anderes gelte aber in Kontinentaleuropa und vor allem in Deutschland, wo gemeinwohlorientierte Themen und soziale Probleme traditionell dem Staat (und ggfs. den Wohlfahrtsverbänden) überlassen werden.[434]

Dieser Umstand ist einer der wesentlichen Gründe, warum das Interesse am sozialen Unternehmertum – wie auch zuvor bezogen auf die CSR – lange Zeit insbesondere in angelsächsischen Ländern vorherrschend war. Maßgebliche Impulse dieser Entwicklung waren die anhaltend hohe Arbeitslosigkeit, Entstehung einer großen Zahl kleiner Betriebe sowie ein ideologischer Wandel vom Keynesianismus zur marktliberalen, individualistischen Ausrichtung der Regierungen von Margaret Thatcher in Großbritannien und Ronald Reagan in den USA, weswegen der Beginn des sozialen Unternehmertums zumeist in die 1980er Jahre zurückdatiert wird.[435] Während dieser Begriff also relativ neu ist und in der Wissenschaft ein vergleichsweise junges Forschungsfeld darstellt, existiert das Unternehmertum mit einer gesellschaftlichen Mission in verschiedenen Ausprägungen schon viel länger.[436] Als das beste Beispiel dient die im Gesundheitswesen tätige Florence Nightingale, welche während des Krimkriegs die Pflege von verwundeten britischen Soldaten verbesserte und anschließend im Jahr 1860 die erste Krankenschwesternschule Englands gründete. Dadurch ist es ihr nicht nur gelungen, die medizinische Pflege signifikant zu erhöhen, sondern durch das Erlernen eines anerkannten Berufs auch die Lebenslage vieler Frauen zu verbessern.[437] Weitere Beispiele von unternehmerischen Persönlichkeiten mit

433 Birkhölzer, in: Jähnke/Christmann/Balgar (Hrsg.), Social Entrepreneurship, 2011, S. 23 f.

434 Herdrich, in: Kraemer/Edinger-Schons (Hrsg.), CSR und Social Enterprise, 2019, S. 7.

435 Gebauer/Ziegler, in: Gebauer/Schirmer (Hrsg.), Unternehmerisch und verantwortlich wirken?, 2013, S. 19.

436 Beckmann, in: Hackenberg/Empter (Hrsg.), Social Entrepreneurship - Social Business: für die Gesellschaft unternehmen, 2011, S. 69.

437 Gergs, in: Hackenberg/Empter (Hrsg.), Social Entrepreneurship - Social Business: für die Gesellschaft unternehmen, 2011, S. 179 f.

innovativen Ansätzen lassen sich auch in der Suffragetten-Bewegung zur Erlangung des Frauenwahlrechts, in der Abolitionismus-Bewegung zur Abschaffung der Sklaverei oder in den Gefängnisreformen des 19. Jahrhunderts finden.[438]

In Deutschland ist die Lage ähnlich: zwar ist der aufkommende Sektor des sozialen Unternehmertums noch jung, das Phänomen des gesellschaftlichen Unternehmertums hat aber eine lange Tradition.[439] Das Interesse der Politik nahm zwar erst mit der sozialdemokratischen Regierung von Bundeskanzler Gerhard Schröder zu,[440] in der Geschichte lassen sich aber zahlreiche Beispiele von „gesellschaftlichen" Unternehmern finden, welche bis ins 19. Jahrhundert zurückgehen. Habisch sieht ihren Ursprung in der durch die Industrialisierung bedingte gesellschaftliche Modernisierung und spricht von der Tradition eines christlich-sozialen, gesellschaftspolitisch ambitionierten Unternehmertums; als Beispiele nennt er das vom schwäbischen Theologen Gustav Werner gegründete „Bruderhaus" zur Schaffung menschenwürdiger Arbeitsbedingungen oder die von Franz Brandts eingeführten innovativen Formen der Sozialpartnerschaft.[441] Ein weiteres bekanntes Beispiel stellt die im 19. Jahrhundert von Friedrich Wilhelm Raiffeisen gegründete Genossenschaft „Flammersfelder Hülfsverein zur Unterstützung unbemittelter Landwirte".[442] Da für Raiffeisen nicht die Profimaximierung, sondern die soziale Orientierung in Form von Unterstützung benachteiligter Landwirte im Vordergrund stand, ließ er die erzielten Dividenden sozialen Projekten zugutekommen, wodurch es ihm gelungen ist, die genossenschaftlichen Ansichten grundlegend zu verändern.[443]

---

438 Beckmann, in: Hackenberg/Empter (Hrsg.), Social Entrepreneurship - Social Business: für die Gesellschaft unternehmen, 2011, S. 70.

439 Hackenberg/Empter, in: dies. (Hrsg.), Social Entrepreneurship - Social Business: für die Gesellschaft unternehmen, 2011, S. 12.

440 Gebauer/Ziegler, in: Gebauer/Schirmer (Hrsg.), Unternehmerisch und verantwortlich wirken?, 2013, S. 19.

441 Habisch, in: Hackenberg/Empter (Hrsg.), Social Entrepreneurship - Social Business: für die Gesellschaft unternehmen, 2011, S. 53 f.

442 Beckmann, in: Hackenberg/Empter (Hrsg.), Social Entrepreneurship - Social Business: für die Gesellschaft unternehmen, 2011, S. 70.

443 Wetzel, Bewertungskriterien von Social Enterprises als Entscheidungsgrundlage für Investoren, 2018, S. 8.

4.2.2 Diverse konzeptuelle Ansätze und dominierende Meinungsschulen

Heutzutage führen die unterschiedlichen Definitionen und die damit verbundenen Erwartungshaltungen zu zahlreichen Kontroversen im Hinblick auf die Konzeptualisierung des sozialen Unternehmertums. Obwohl sich nun auch die Aufmerksamkeit der Politik auf dieses Phänomen mit zunehmender Aufmerksamkeit richtet, schien in der Vergangenheit insbesondere die Praxis die Entwicklungsdynamiken maßgeblich zu bestimmen, weswegen vereinzelt sogar von einer „Deutungshoheit von Förderorganisationen“ gesprochen wird.[444]

Trotz der Diversität der Konzepte besteht allgemeine Einigkeit darüber, dass der Begriff, wie schon seine Bestandteile verraten, aus zwei Elementen besteht: zum einen ist es die Fokussierung auf soziale Zielsetzungen und Problemfelder und zum anderen der unternehmerische Zugang zu möglichen Problemlösungen.[445] Wie auch schon beim Begriff CSR wird hier „sozial“ nicht im engen deutschen Verständnis als sozial, sondern im angelsächsischen Sinn als „gesellschaftlich“ genutzt und kann somit auch auf ökologische Fragestellungen gerichtet sein.[446]

Als Oberbegriff steht das soziale Unternehmen für Initiativen, die gemeinnützige Zwecke mit unternehmerischem Handeln verfolgen.[447] Im Vordergrund steht also die Verbindung von sozialer Mission und unternehmerischen Methoden;[448] oder mit anderen Worten, es handelt sich um eine „*entrepreneurial activity with an embedded social purpose*“.[449] Soziales Unternehmertum stellt somit eine hybride Form des Unternehmertums dar und liegt an der Schnittstelle zwischen rein gemeinwohlorientierten Organisationen und dem traditionellen profitorientierten Unternehmertum.[450] Der unternehmerische Aspekt kommt bspw. durch den unternehmerischen Ansatz oder den Wettbewerbsgedanken zum Ausdruck, äußerst umstritten ist jedoch die Finanzierung, also die Frage, ob soziale Unternehmen in der Lage sein sollten, ihre Eigenmittel langfristig selbst

---

444 Rummel, Wer sind Social Entrepreneurs in Deutschland?, 2011, S. 22.

445 Gebauer/Ziegler, in: Gebauer/Schirmer (Hrsg.), Unternehmerisch und verantwortlich wirken?, 2013, S. 20.

446 Kunz, in: Kraemer/Edinger-Schons (Hrsg.), CSR und Social Enterprise, 2019, S. 13.

447 Gebauer/Ziegler, in: Gebauer/Schirmer (Hrsg.), Unternehmerisch und verantwortlich wirken?, 2013, S. 19.

448 Rummel, Wer sind Social Entrepreneurs in Deutschland?, 2011, S. 27.

449 Austin/Stevenson/Wei-Skillern, Entrepreneurship Theory and Practice 30 (2006), S. 1.

450 Herdrich, in: Kraemer/Edinger-Schons (Hrsg.), CSR und Social Enterprise, 2019, S. 8.

zu bestreiten.[451] Diese Frage ist so elementar, dass sich innerhalb der Literatur zwei unterschiedliche Schulen bzw. Meinungsströme herausgebildet haben: die sog. *Social Enterprise School* und die sog. *Social Innovation School*.[452]

4.2.2.1 Social Innovation School

Die *Social Innovation School* versteht das Unternehmertum insbesondere im Zusammenhang mit Innovationen und geht somit auf die von Joseph Schumpeter entwickelte Theorie der Entwicklung zurück, nach welcher Innovation zur Verbreitung neuer Ideen und schließlich zum Fortschritt führt.[453] Schumpeter ging von der Vorstellung eines dynamischen Unternehmers aus, der in der in Lage ist, Führerschaft zu übernehmen, einen Wandel zu bewirken und schließlich im Wege der „schöpferischen Zerstörung" neue Entwicklungsdynamiken voranzutreiben.[454] Im Einklang mit diesen Gedanken stellt die Gewinnorientierung bzw. ein eigenes Einkommen über den Verkauf von Produkten und Dienstleistungen am Markt zwar ein mögliches Mittel, aber keine zwingende Voraussetzung dar.[455]

Sozialem Unternehmertum kommt nach Ansicht der *Social Innovation School* primär die Rolle zu, die Gesellschaft durch eigene Initiative, kreative Neukombinationen bestehender Ressourcen und aktives Erarbeiten und Bereitstellen von neuen Konzepten zu verändern und dabei gleichzeitig neue Lösungswege für die drängenden sozialen und ökologischen Probleme zu finden, wodurch sie sich von reinen Erfindern, aber auch von *Social Activists* unterscheiden.[456] Unter der erwarteten sozialen Innovation ist somit eine neuartige Lösung für ein gesellschaftliches Problem zu verstehen, die wirksamer, effizienter, nachhaltiger oder gerechter als die bestehenden Lösungen ist und bei der die Wertschöpfung in erster Linie auf die Gesellschaft als Ganzes anstatt auf Privatpersonen bezogen

---

451 Rummel, Wer sind Social Entrepreneurs in Deutschland?, 2011, S. 27.

452 Beckmann/Zeyen, in: Schneider/Schmidpeter (Hrsg.), Corporate Social Responsibility, [2]2015, S. 162.

453 Gebauer/Ziegler, in: Gebauer/Schirmer (Hrsg.), Unternehmerisch und verantwortlich wirken?, 2013, S. 28.

454 Gergs, in: Hackenberg/Empter (Hrsg.), Social Entrepreneurship - Social Business: für die Gesellschaft unternehmen, 2011, S. 176.

455 Gebauer/Ziegler, in: Gebauer/Schirmer (Hrsg.), Unternehmerisch und verantwortlich wirken?, 2013, S. 28.

456 Beckmann/Zeyen, in: Schneider/Schmidpeter (Hrsg.), Corporate Social Responsibility, 2015, S. 163.

ist.[457] Vom Unternehmer selbst wird jedoch eine ausgeprägte Persönlichkeit verlangt;[458] der Fokus wird somit stark auf das Individuum gelegt.[459] Der Unternehmer muss nicht nur über Kreativität, Intuition und Phantasie verfügen, sondern auch in der Lage sein, seine Erfindungen am Markt durchzusetzen und zu begeistern; er muss nach Gergs ein wahrer „Ideenpropagandist" sein.[460] Zu den prominentesten Vertretern dieses Verständnisses vom sozialen Unternehmertum gehört der Ashoka-Gründer Bill Drayton, der im Jahr 1981 das weltweit erste und größte Netzwerk von Sozialunternehmern gründete, welches heute in mehr als 92 Ländern aktiv ist und mehr als 3.500 sog. Fellows zählt.[461] Sein Verständnis von Sozialunternehmern im Hinblick auf gesellschaftliches Transformationspotential fasste er wie folgt zusammen:

> Social entrepreneurs are essential in this "everyone a changemaker" world. They conceive and engineer the basic new patterns. They are highly contagious role models encouraging many, many others to care and to organize. They are also mass recruiters of local changemakers - that is overwhelmingly how they spread their ideas. In their turn, these local changemakers are role models and recruiters for yet more local changemakers, and a few of them will become the next generation of great entrepreneurs. [...] The entrepreneur's job is to change the big systems. And what defines the social entrepreneur is that, to the core of their being, they are committed to serving the good of all.[462]

4.2.2.2 Social Enterprise School

Die zweite Meinungsrichtung – sog. *Social Enterprise School* (auch genannt *Earned-Income-School)*[463] stellt dagegen nicht die Innovation, sondern die eigenständige Erwirtschaftung eines Markteinkommens in den Vordergrund.[464] Von einem sozialen Unternehmen wird also nicht nur ein Beitrag zur Lösung

---

457 Phills Jr./Deiglmeier/Miller, Stanford Social Innovation Review 2008, S. 36.

458 Wetzel, Bewertungskriterien von Social Enterprises als Entscheidungsgrundlage für Investoren, 2018, S. 14.

459 Gebauer/Ziegler, in: Gebauer/Schirmer (Hrsg.), Unternehmerisch und verantwortlich wirken?, 2013, S. 28.

460 Gergs, in: Hackenberg/Empter (Hrsg.), Social Entrepreneurship - Social Business: für die Gesellschaft unternehmen, 2011, S. 177.

461 Ashoka, Ashokas Vision.

462 Drayton, Collaborative Entrepreneurship, 2011, S. 1 f.

463 Gebauer/Ziegler, in: Gebauer/Schirmer (Hrsg.), Unternehmerisch und verantwortlich wirken?, 2013, S. 28.

464 Beckmann/Zeyen, in: Schneider/Schmidpeter (Hrsg.), Corporate Social Responsibility, 2015, S. 162.

gesellschaftlicher Probleme, sondern auch ein mindestens zu 50% marktbasiertes Einkommen über den Verkauf von Gütern und Dienstleistungen erwartet, wodurch die gesellschaftliche Relevanz stärker an marktorientierte Kriterien geknüpft wird.[465] Der bekannteste Vertreter dieser Schule ist der bengalische Wirtschaftswissenschaftler und Friedensnobelpreisträger Muhammad Yunus, der aufgrund seines erfolgreichen Geschäftsmodels selbst als ein „Vorzeige-*social entrepreneur*" bezeichnet wurde.[466] Ebenso wir der Ashoka-Gründer Drayton bewirkte Yunus ebenfalls große gesellschaftliche Innovationen, indem er im Jahr 1983 die Grameen Bank gründete. Ihr Geschäftsmodell bestand in der Vergabe von kosteneffizienten Mikrokrediten, durch welche auch die ärmsten Bevölkerungsschichten Indiens Zugang zu finanziellen Mitteln erhielten.[467] Durch sein nicht auf Spenden oder staatliche Hilfen gestütztes Modell ist es Yunus nicht nur gelungen, das Darlehensvergabesystem in Indien grundlegend zu verändern, sondern auch einkommensschwachen Personen die Möglichkeit zu geben, unternehmerisch tätig zu werden.

Aus dieser Erfahrung heraus entwickelte Yunus seinen *Social Business* Ansatz, welcher sich grundlegend von der bspw. von Ashoka vertretenen Auffassung des sozialen Unternehmertums unterscheidet. Zwar stehen auch bei Yunus die gesellschaftlichen Ziele im Vordergrund, der wesentliche Unterschied liegt aber in der Ausgestaltung des unternehmerischen Gedankens, welcher nicht auf die Innovation, sondern auf das zumindest kostendeckende Erwirtschaften von Gewinnen gestützt wird.[468] Nach der Vorstellung von Yunus ist eine ständige Innovation nicht immer notwendig, wenn sich ein Geschäftsmodell als erfolgreich erwiesen hat, sodass er vielmehr auf das Kriterium des marktbasierten Einkommens abstellt und betont, dass gemeinnützige Spenden (oder auch staatliche Förderung) weder wirtschaftlich sinnvoll noch aus moralischer Perspektive hinnehmbar sind:[469]

---

465 Gebauer/Ziegler, in: Gebauer/Schirmer (Hrsg.), Unternehmerisch und verantwortlich wirken?, 2013, S. 28.

466 Spiegel, in: Hackenberg/Empter (Hrsg.), Social Entrepreneurship - Social Business: für die Gesellschaft unternehmen, 2011, S. 134.

467 Gergs, in: Hackenberg/Empter (Hrsg.), Social Entrepreneurship - Social Business: für die Gesellschaft unternehmen, 2011, S. 182.

468 Wetzel, Bewertungskriterien von Social Enterprises als Entscheidungsgrundlage für Investoren, 2018, S. 22 f.

469 In gewissen Fällen gesteht auch Yunus, dass nur durch gemeinnützige Ausgaben eine Notlage effektiv bekämpft werden kann und nennt Naturkatastrophen als Beispiel; gleichzeitig betont er aber, dass solche Maßnahmen nur kurzfristig wünschenswert

> Relying on charitable donations is not a sustainable way of running an organization. It forces NGO leaders to spend a lot of time, energy, and money on fund-raising efforts. Even when these are successful, most NGOs are perennially strapped for cash and unable to sustain, let alone expand, their most effective programs. By contrast, a social business is designed to be sustainable. This allows its owners to focus not on asking for donations, but on increasing the benefits they can deliver to the poor or to others in society. The power of the social business to endlessly recycle money gives it potentially far greater impact than even the best-run charity. Furthermore, social business treats its beneficiaries with greater personal dignity and autonomy than charity. Even well-meaning, well-designed charity programs have the inevitable effect of taking away the initiative of those who receive the benefits. Poor people who become dependent on charity do not feel encouraged to stand on their own feet. By contrast, people who pay a fair price for the goods and services they receive are taking a giant step toward self-reliance. Rather than passively accepting gifts, they are actively participating in the economic system, becoming players in their own right in our free-market economy. This is enormously empowering and leads much more directly to genuine, long-term solutions to such problems as poverty, inequality, and oppression.[470]

4.2.3 Abwägungserwägungen und modernes Verständnis des sozialen Unternehmertums

Beide Meinungsschulen sprechen zwar wichtige Punkte an, die besseren Gründe dürfen jedoch zugunsten der *Social Enterprise School* sprechen. Das Loslösen von gemeinwohlfördernden Maßnahmen und Spendeneinnahmen hat nach Vorstellung von Yunus zwei grundlegende Folgen: es ist zum einen der beste Weg, die benachteiligten Gruppen wieder zur Eigenverantwortungsübernahme zu ermutigen und sie in das Marktsystem zu integrieren, wodurch aus einer Langzeitperspektive auch Probleme der sozioökonomischen Ungleichheit und der damit zusammenhängenden geringen Beteiligung an (politischen und anderen gesellschaftlichen) Entscheidungsprozessen ein Ende oder zumindest eine Verbesserung erfahren könnten. Zum anderen spricht für einen marktorientierten Ansatz des sozialen Unternehmertums auch der Aspekt der finanziellen und ökonomischen Nachhaltigkeit, welcher ein grundlegendes Merkmal von *Social Business* darstellt.[471] Obwohl das Erreichen verschiedener gesellschaftlicher Ziele im Vordergrund der Tätigkeit von sozialen Unternehmen steht, darf nicht außer

---

sind und nach einer akuten Phase wieder die Methoden des Social Business vorzugswürdiger sind, Yunus/Weber, Building social business, 2010, S. 6 f.

470 Dies., Building social business, 2010, S. 6.

471 Bruysten/Engelke, in: Jähnke/Christmann/Balgar (Hrsg.), Social Entrepreneurship, 2011, S. 163.

Acht gelassen werden, dass eine nachhaltige Entwicklung im Einklang mit dem Tripple-Bottom-Line Ansatz von Elkington nur dann möglich ist, wenn die ökonomische, soziale und ökologische Dimension gleichermaßen berücksichtigt und ins Gleichgewicht gebracht werden. Während die Bestimmung der sozialen und ökologischen Dimension nach wie vor mit großen praktischen Herausforderungen verbunden ist, kann die ökonomische Nachhaltigkeit als das Vermeiden von Verlusten und daher als die permanente Generierung eines positiven Unternehmensgewinns definiert werden.[472] Wenn diese Dimension zugunsten der zwei anderen in den Hintergrund gedrängt wird, obwohl alle drei ein ganzheitliches Konzept bilden und miteinander eng verflochten sind, kann auf Dauer nicht davon ausgegangen werden, dass durch eine wirtschaftlich nicht effiziente Weise für die Gesellschaft der bestmögliche Nutzen erreicht wird. Darüber hinaus sprechen für die *Earned-Income-School* auch weitere Argumente, zu welchen Gebauer und Ziegler bspw. die dauerhafte Existenzsicherung, Disziplinierung der Aktivitäten am Markt oder die Unabhängigkeit zählen.[473]

Da sowohl die soziale Innovation als auch die Erwirtschaftung eines eigenen Einkommens wichtige Aspekte einer transformativen Form des Unternehmertums darstellen, kann zusammenfassend festgehalten werden, dass das Abstellen auf nur ein Kriterium weder sinnvoll noch zielführend ist. Das Modell von Yunus schließt soziale Innovationen nämlich nicht aus – die größte Innovation stellt vermutlich die Befähigung bzw. Ermächtigung (Yunus spricht in diesem Zusammenhang vom *empowering*)[474] zur Eigenverantwortung von denjenigen dar, welchen dies durch die vorhandenen Marktstrukturen nur begrenzt möglich war. Es geht somit nicht nur um die wirtschaftliche Sphäre, sondern auch um Aspekte, die unmittelbar mit Freiheit und den Möglichkeiten eines selbstbestimmten Lebens zusammenhängen. Die mit größerer Eigenverantwortung und Befähigung zusammenhängende Teilhabe nicht nur am wirtschaftlichen, sondern auch am gesellschaftlichen Leben kann einen umfassenden soziokulturellen Wandel einleiten und impliziert somit automatisch auch eine soziale Innovation.

Nichtsdestotrotz darf der Aspekt des eigenen Markteinkommens nicht völlig außer Acht gelassen werden, denn selbst das Erzielen einer positiven sozialen

---

472 Schmitz, in: Gebauer/Schirmer (Hrsg.), Unternehmerisch und verantwortlich wirken?, 2013, S. 86.

473 Gebauer/Ziegler, in: Gebauer/Schirmer (Hrsg.), Unternehmerisch und verantwortlich wirken?, 2013, S. 29.

474 Yunus/Weber, Building social business, 2010, S. 6.

Wirkung entbindet soziale Unternehmen nicht von ihrer ureigenen unternehmerischen Pflicht, wirtschaftlich und gewinnbringend zu operieren.[475] Wie andere Unternehmen müssen auch soziale Unternehmen eine Produkt-Markt-Entscheidung treffen, weswegen Brühl sie zutreffend als marktstrategisch bezeichnet. Zudem begründet er ihre Nachhaltigkeit gerade damit, dass ihre sozialen und ökologischen Leistungen auf Dauer aus eigenen Erträgen finanziert und somit nicht durch staatliche Subventionen sichergestellt werden müssen.[476] Gerade das ausgewogene Verhältnis der zwei über mehrere Jahrhunderte als konträr wahrgenommenen Dynamiken der Marktlogik und der Förderung gesellschaftlicher Ziele stellt das wichtigste innovative Merkmal des sozialen Unternehmertums dar und eröffnet eine neue Sichtweise auf das Potential des Privatsektors in Bezug auf seinen Beitrag zur nachhaltigen Wirtschaftsordnung, welches Bland wie folgt zusammenfasst:

> Social enterprise combines the best of two different worlds: it is a mixture of the dynamism, nimbleness and self-sufficiency of the private sector, and of the public and social economy sectors that are more value-based. It is an individually, socially, societally and environmentally sustainable business model that "does good" in the society. To be able to do good in the society and in the world, social enterprise need to be viable business, but it does so with a conscience. It is still important what figure is on the "bottom line" but it also thrives towards a double, even a triple bottom line approach. The social, and increasingly ecological, success of the business is measured, and hence, people, planet and profit are equally important.[477]

Eine sehr überzeugende und die Hauptmerkmale des sozialen Unternehmertums gut zusammenfassende Definition des sozialen Unternehmertums wurde im gemeinsamen Positionspapier des Social Entrepreneurship Netzwerks Deutschland e.V. (SEND e.V.) und des Bundesverbands Deutsche Startups e.V. entwickelt. Nach dieser ist das soziale Unternehmertum (bzw. *Social Entrepreneurship*) zu verstehen als „die Entwicklung von Lösungen für gesellschaftliche Herausforderungen auf **unternehmerische Art** und Weise. Primärer Zweck ist die positive soziale und ökologische Wirkung sowie die **ökonomische Nachhaltigkeit**".[478]

475 Dieser Punkt wird zum Teil unterschiedlich bewertet, auf die Meinungsverschiedenheiten und konstitutive Merkmale des sozialen Unternehmertums wird im nachfolgenden Kapitel ausführlich eingegangen.

476 Brühl, Corporate Social Responsibility, 2018, S. 140.

477 Bland, Green European Journal, 2012.

478 Social Entrepreneurship Netzwerk Deutschland e.V./Bundesverband Deutsche Startups e.V., Gesellschaftlicher Mehrwert durch Innovation und Unternehmertum, 2017, S. 3 (Hervorhebung durch Verf.); später wurde die obige Defitnion leicht modifiziert, erhielt aber ihren wesentlichen Kern, indem als das primäre Ziel vom sozialen

Durch diesen Ansatz liegen soziale Unternehmen zwischen der Gemeinnützigkeit und den konventionellen, rein gewinnorientierten Unternehmensformen. Gleichzeitig „überholen" sie im Hinblick auf den gesellschaftlichen Beitrag aber auch solche Unternehmen, die ein CSR-Konzept, so wie es derzeit begriffen wird, verfolgen, da der umfassende und gesamtunternehmerische konzeptuelle Ansatz des sozialen Unternehmertums deutlich über das klassische CSR-Verständnis hinausgeht. In diesem Sinne stellt das soziale Unternehmertum eine neue Form der gesellschaftlichen Verantwortungsübernahme, welche das Positionspapier wie folgt bildlich zum Ausdruck bringt:

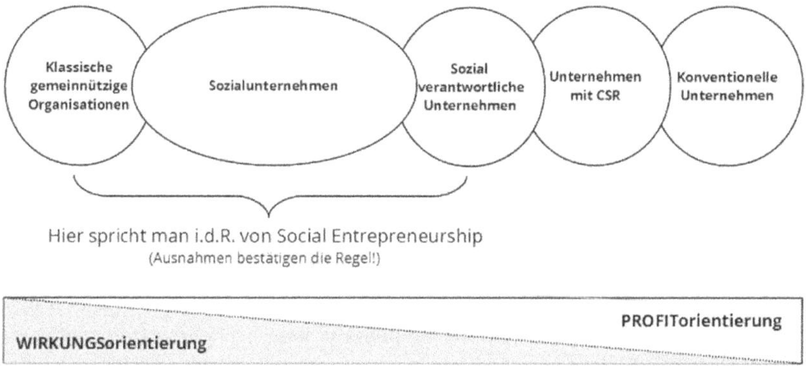

Abbildung 5: Aktivitätsspektrum des sozialen Unternehmertums nach Darstellung von SEND e.V.

4.2.4 Finanzierung des sozialen Unternehmertums

Soziale Unternehmer benötigen, so wie alle anderen Unternehmer auch, Kapital zur Verwirklichung ihrer Vorhaben. Dabei stehen ihnen grundsätzlich die gleichen Finanzierungsmöglichkeiten zur Verfügung wie den klassischen, rein gewinnorientierten Unternehmen, dennoch müssen einige Besonderheiten berücksichtigt werden, welche insbesondere mit dem Umstand im Zusammenhang stehen, dass soziale Unternehmen durch ihr unternehmerisches Handeln die Verwirklichung eines gesellschaftlichen Zieles verfolgen. Obwohl gerade

Unternehmertum die Lösung gesellschaftlicher Herausforderungen, welche durch die kontiniuerliche Nutzung unternehmerischer Mittel erreicht wird, beschrieben wurde, vgl. Social Entrepreneurship Netzwerk Deutschland e.V., Social Entrepreneurship: Nachhaltige Wertschöpfung und gesellschaftliche Innovation, S. 1.

diese Zielsetzung von der Gesellschaft zunehmend erwartet wird, erleichtert sie den Zugang zum Kapital nicht – ganz im Gegenteil sehen sich soziale Unternehmer in der Praxis mit vielen Herausforderungen konfrontiert, welche nicht immer leicht zu überwinden sind.

4.2.4.1 Besondere Finanzierungshürden des sozialen Unternehmertums

Der Finanzierungsbedarf von sozialen Unternehmen liegt zu Beginn ihrer Existenz durchschnittlich bei bis zu 50.000 Euro und variiert stark in der Etablierungs-/Wachstumsphase. Gerade die Gründungsphase ist aber besonders kritisch, da soziale Unternehmen aufgrund ihrer Spezifika häufig aus dem Raster der für klassische Unternehmen bestehenden Finanzierungsmöglichkeiten fallen.[479] Des Öfteren wird angenommen, dass sich die positive soziale Wirkung in einer erheblichen Minderung oder gar in einem vollständigem Ausbleiben von finanziellen Renditen niederschlägt, wodurch bei vielen Kapitalgebern eine große Verunsicherung entsteht. Das führt wiederum dazu, dass die Bewertung insgesamt negativ ausfällt und für soziale Unternehmen viele der klassischen Finanzierungsinstrumente nur eingeschränkt oder gar nicht in Betracht kommen.[480] Eine weitere Ursache liegt darin, dass dem relativ jungen Sektor noch viele Elemente fehlen, die beinahe jede Branche erfüllt, die in der Marktwirtschaft bedeutende Volumina an privatem Kapital mobilisieren kann; zu diesen zählen bspw. Kriterien wie einheitliches Fachvokabular, Transparenz, standardisierte Buchhaltungspraxis, Regulierung oder Liquidität durch Sekundärmärkte.[481] Da sich solche Standards im Bereich des sozialen Unternehmertums erst entwickeln, scheint eine schnelle Abhilfe vorerst nicht in Sicht zu sein.

Man könnte nun meinen, dass sozialem Unternehmertum zum Ausgleich der existierenden Nachteile der Zugang zur Finanzierung durch öffentliche Gelder erleichtert wird, doch diese Schlussfolgerung ist nicht in allen Fällen zutreffend. In Deutschland können soziale Dienstleistungen bspw. grundsätzlich über staatliche Regelleistungen für Bedürftige finanziert werden, das gilt jedoch nicht für die Erprobung neuer sozialer Innovationen/Ideen, Präventionsansätze oder

479 Bundesministerium für Wirtschaft und Energie, Praxisleitfaden Soziales Unternehmertum, 2018, S. 33.

480 Vgl. dazu Achleitner/Spiess-Knafl/Volk, in: Hackenberg/Empter (Hrsg.), Social Entrepreneurship - Social Business: für die Gesellschaft unternehmen, 2011, S. 269.

481 Kuhlemann, in: Hackenberg/Empter (Hrsg.), Social Entrepreneurship - Social Business: für die Gesellschaft unternehmen, 2011, S. 256.

Skalierung bereits erfolgreich etablierter Modelle mit sozialer Wirkung – also gerade für die Bereiche, in denen das soziale Unternehmertum am häufigsten tätig ist.[482] Auch die Finanzierung durch Stiftungen kann unter Umständen schwierig sein, insbesondere dann, wenn das Unternehmen auch gewisse Profitabilität anvisiert, da sich die Mehrheit der Stiftungen ausschließlich der Förderung gemeinnütziger Organisationen verschrieben hat. Paradoxerweise führt der Doppelcharakter des sozialen Unternehmertums also dazu, dass es für private Finanzierungsmöglichkeiten teilweise als zu wenig profitabel gilt und eher dem Bereich der Wohltätigkeit zugeordnet wird, während es auch nicht „in die eng geschnittenen Beschaffungsraster öffentlicher Körperschaften" passt.[483] Das fehlende fundierte Verständnis für das Konzept des sozialen Unternehmertums seitens der Finanzierer hat also zur Folge, dass die Finanzierungssuche dieser Unternehmensart nicht nur mit vielen Hürden, sondern auch mit erheblichem Zeitaufwand verbunden ist.

4.2.4.2 Gängige Finanzierungsformen des sozialen Unternehmertums

Einen guten Überblick über die Finanzierungsstruktur des sozialen Unternehmertums präsentieren Achleitner et al. Methodologisch unterscheiden sie grundsätzlich zwischen Innen- und Außenfinanzierung; zu der ersten Gruppe zählen sie folgende Finanzierungsquellen: (a) die öffentliche Hand, welche durch Ausschreibungen und festgesetzte Leistungssätze einen Markt schaffen kann sowie (b) die Zielgruppe und Begünstigte, bei denen der Umsatz bspw. durch Verkauf von Dienstleistungen oder Produkten generiert wird. Bei der Außenfinanzierung werden dem Unternehmen dagegen finanzielle Mittel in Form von Eigen-, Fremd- oder Mezzaninkapital durch Investoren zugeführt. Bei den Eigenkapitalinstrumenten erhalten die Kapitalgeber erfolgsabhängige Dividendenzahlungen; bei Fremdkapitalinstrumenten vertraglich festgelegte Zinszahlungen; das Mezzaninkapital stellt eine zwischen den beiden vorgenannten Finanzierungsinstrumenten liegende Form dar. Neben diesen klassischen Formen der Außenfinanzierung stehen sozialen Unternehmen auch Spenden und diverse Hybridformen zur Verfügung, welche dadurch gekennzeichnet sind, dass sie nicht zurückzahlbar sind bzw. dem Unternehmen unverzinslich überlassen werden. Die Kapitalgeber werden je nach der Höhe der von ihnen

---

482 Bundesministerium für Wirtschaft und Energie, Praxisleitfaden Soziales Unternehmertum, 2018, S. 33.

483 Glänzel/Scheuerle, in: Kraemer/Edinger-Schons (Hrsg.), CSR und Social Enterprise, 2019, S. 109.

erwarteten Rendite unterteilt und reichen von solchen, die auf finanzielle Rendite zugunsten der angestrebten sozialen Wirkung vollständig verzichten bis hin zu denen, die sich an der Marktüblichkeit orientieren und somit solche Rendite erwarten, die auch bei vergleichbaren, rein profitorientierten Investitionen zu erwarten sind.[484] Diese Aufteilung bilden die Autoren tabellarisch mit folgender Übersicht ab:

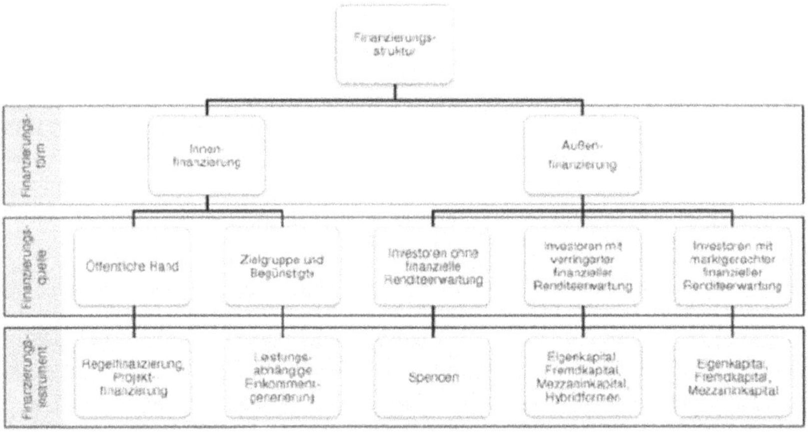

Abbildung 6: Klassifizierung der Finanzierungsstruktur des sozialen Unternehmertums nach Darstellung von Achleitner et at.

Zu der Gruppe der Investments mit verringerter finanzieller Renditeerwartung zählen die Autoren ausdrücklich den Investmentansatz des SRI,[485] die soll im Übrigen auch explizit für das Impact Investing gelten. So soll diese Art der Geldanlage nach Glänzel und Scheuerle dort stattfinden, „wo Investoren bereit sein müssen, ceteris paribus einen Teil der marktüblichen Rendite für die Erzielung einer sozialen bzw. ökologischen Rendite aufzugeben".[486] Dieser Gedankenweg stellt bei einer Abwägungsnotwendigkeit zwischen finanziellen Erträgen und

484 Achleitner/Spiess-Knafl/Volk, in: Hackenberg/Empter (Hrsg.), Social Entrepreneurship - Social Business: für die Gesellschaft unternehmen, 2011, S. 270 ff.

485 Dies., in: Hackenberg/Empter (Hrsg.), Social Entrepreneurship - Social Business: für die Gesellschaft unternehmen, 2011, S. 275.

486 Glänzel/Scheuerle, in: Kraemer/Edinger-Schons (Hrsg.), CSR und Social Enterprise, 2019, S. 107.

sozialer bzw. ökologischer Wirkung die letzte voran, dabei muss aber in Frage gestellt werden, ob im Falle einer – zumindest im Hinblick auf die Renditeerwartung – nicht nur geringfügigen Abwägungsnotwendigkeit überhaupt ein markstrategisches Geschäftsmodell, welches sich auf Dauer (zumindest überwiegend) aus eigenen Erträgen finanzieren kann, vorliegt. Wenn das nicht der Fall ist, liegt man nämlich im Bereich der Philanthropie; das soziale Unternehmertum behauptet für sich jedoch, die Förderung gesellschaftlicher Ziele mit unternehmerischen Lösungsansätzen zu verbinden. Die Profitabilität des Geschäftsmodells eines Unternehmens und die Rendite, welche durch ein Investment in ein solches Unternehmen zu erwarten ist, sind eng miteinander verbunden und somit muss auch hier der Frage, welche Abweichung der erzielten Rendite von Marktüblichkeit noch hinnehmbar ist, vertieft nachgegangen werden.

4.3 Impact Investing als besondere Form der verantwortungsvollen Investments und Frage der Renditeerwartung

"Every step toward the elimination of profit is progress on the way toward social disintegration."

Ludwig von Mises

4.3.1 Impact Investing, sein Wirkungsmechanismus und Mehrwert für die Realwirtschaft

Die steigende Beliebtheit von verantwortungsvollen Investments geht häufig mit der Erwartung einher, dass sich durch Berücksichtigung diverser nichtfinanzieller Kriterien mögliche negative Auswirkungen der Kapitalanlage auf die Gesellschaft und die Umwelt verhindern lassen. Zum Teil wird sogar erwartet, dass nachhaltige Finanzprodukte verstärkt zur Lösung gesellschaftlicher Probleme beitragen. Im Investmentsektor wird in diesem Fall vom sog. Impact Investing gesprochen. Dieser Begriff präsentiert einen neuen Investmentansatz, welcher sich auf die Erzielung einer positiven gesellschaftlichen und/oder ökologischen Wirkung fokussiert.[487] Logischerweise dient diese Investmentform des Öfteren gerade der Finanzierung von sozialen Unternehmen. Erstmals wurde der Begriff während eines Treffens zahlreicher führender Persönlichkeiten im Finanz-, Philanthropie- und Entwicklungshilfebereich, welches auf Einladung der Rockefeller

487 Busch/Carroux/Heeb u.a., ESG ist nicht gleich Impact, 2020, S. 25.

Foundation im Jahr 2007 einberufen wurde, verwendet.[488] Doch obwohl das Konzept auf eine mittlerweile mehr als zehn Jahre alte Geschichte zurückblickt, gibt es nach wie vor einige Abgrenzungsprobleme und offene Aspekte.

Zu positiven Wirkungseffekten kann es im gesamten SRI-Spektrum kommen, weswegen einige nach einem weiten Verständnis zum Begriff Impact Investing sämtliche SRI-Strategien sowie die ESG-Integration zählen.[489] Die PRI-Initiative zählt Impact Investing ausdrücklich zum Bereich „Thematic",[490] diese Einordnung ist aber durchaus problematisch, denn die beiden Strategien unterscheiden sich erheblich in ihren Ansätzen. Beim Impact Investing geht es nämlich nicht darum, in bestimmte themenspezifische Sektoren zu investieren; vielmehr verfolgen die Investitionsentscheidungen unabhängig von der jeweiligen Branche oder dem jeweiligen Sektor das Ziel, konkrete positive gesellschaftliche Wirkungen zu erzielen. Aus diesem Grund sehen einige Impact Investing als eine eigenständige Strategie der verantwortungsvollen Investments und heben die besondere Stellung hervor, indem sie Impact Investing sogar zur „Königsklasse" nachhaltiger Geldanlagen krönen.[491] Diese Sichtweise ist durchaus begründet, denn die ESG-Integration und Berücksichtigung von Nachhaltigkeitsaspekten sind immer ein Bestandteil vom Impact Investing, umgekehrt muss aber nicht jedes nachhaltige Investment auch wirkungsvoll sein.[492] Wenn aber die Politik und die Gesellschaft vom Privatsektor und insbesondere von der Investmentbranche erwarten, dass verantwortungsvolle Investments zur Bewältigung der enormen und ökologischen und sozialen Herausforderungen der Gegenwart beitragen, dann müssen diese für eine nachhaltige Entwicklung in der Zukunft zwangsläufig ein wesentliches Kriterium erfüllen – sie müssen realwirtschaftliche Veränderungen bewirken können.

Einen überzeugenden Ansatz, wie gezielte und wirkungsorientierte Finanzierungen als Hebel zur Erreichung gesellschaftlicher Ziele eingesetzt werden können, präsentieren Busch et al. Die Autoren differenzieren dabei zwischen zwei verschiedenen Ebenen: die der Investoren und die der Unternehmen, welche in ihrem Zusammenspiel großes Potential für die Transformation des aktuellen Wirtschaftssystems haben. Wie sie zutreffend feststellen, haben Investoren

---

488 Wettstein/Dey/Schaefers u.a., Impact Investing: Konzept, Spannungsfelder und Zukunftsperspektiven, 2019, S. 2.

489 Then/Schmidt, Impact Investing in Deutschland 2020, 2020, S. 56.

490 Principles for Responsible Investment, What is responsible investment?.

491 Kölsch, SRI und Wirkung – über den Umgang mit dem Impact-Begriff, 2020, S. 15.

492 Jacobsen/Nommensen, Was Investor*innen über ESG-Kriterien wissen sollten.

aufgrund ihrer Investments per se keinen oder nur einen sehr beschränkten Einfluss auf soziale und ökologische Parameter. Durch verschiedene Mechanismen wie bspw. Shareholder Engagement, Kapitalallokation oder andere indirekte Formen (z.B. *Endorsement*, *Benchmarking* etc.) haben sie jedoch die Möglichkeit, Einfluss auf Unternehmen (in und außerhalb des gehaltenen Portfolios) auszuüben, wodurch sie zu einer signifikanten ökologischen und/oder sozialen Veränderung beitragen können.[493]

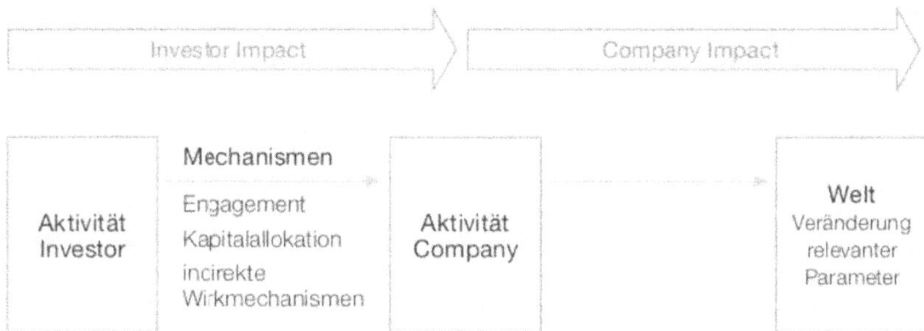

Abbildung 7: Wirkungsmechanismen nachhaltiger Geldanlagen nach Busch et at.

Im Einklang mit diesem Verständnis definieren die Autoren den Begriff „*Investor Impact*" als „die Veränderung, die eine Aktivität von Investoren im *Company Impact* von Unternehmen verursacht" und den Begriff „*Company Impact*" als „die Veränderung, die die Aktivitäten eines Unternehmens in spezifischen sozialen oder ökologischen Parametern bewirken".[494] Ihr Ansatz ist sehr einfach und im Prinzip denkt er die Welt auch nicht neu, und dennoch wohnt ihm ein enormer Innovationsgedanke inne, denn erstmals verbindet er die bisher getrennten Ebenen der Investoren und Unternehmen in einem ganzheitlichen Konzept, welches die bisher geführten Debatten um die schwammigen Begriffe der CSR und der SRI auf eine neue Wirkungsebene heben könnte.

---

493 Busch/Carroux/Heeb u.a., ESG ist nicht gleich Impact, 2020, S. 25.
494 Dies., ESG ist nicht gleich Impact, 2020, S. 27.

4.3.2 Streit um Anspruchsprimat zwischen finanzieller Rendite und gesellschaftlicher Wirkung

Ausgehend davon, dass Impact Investing großes Veränderungspotential hat und am deutlichsten auch den sich rasch ändernden Präferenzen der Investoren entspricht, bestehen gute Gründe für die Annahme, dass gerade diese Investmentstrategie in der Zukunft zunehmend an Bedeutung gewinnen und einen immer größeren Anteil des Marktes für nachhaltige Investments einnehmen wird.[495] Doch eine wichtige Voraussetzung zur vollen Potentialentfaltung von Impact Investing ist es, die Renditeerwartungsfrage zu klären. Während beim Impact Investing von der Anlage unumstritten erwartet wird, dass sie sich in einem positiven Beitrag für die Gesellschaft und/oder Umwelt niederschlägt, gehen die Meinungen weit auseinander, wenn es um die Erwartung finanzieller Erträge geht. Diese Fragestellung betrifft nicht nur Impact Investing, sondern das gesamte Spektrum der verantwortungsvollen Investments, wo im Hinblick auf die Renditeerwartung eine große Divergenz besteht.

Die PRI-Initiative, welcher aufgrund der Anzahl ihrer Unterzeichner sowie aufgrund des globalen Charakters eine führende Rolle im Bereich der verantwortungsvollen Investments zugeschrieben werden kann, verfolgt einen klar risikoorientierten Ansatz, bei dem es darum geht, ESG-Faktoren in die traditionelle Finanzanalyse zu integrieren, wodurch die Performancerisiken minimiert und infolgedessen der Wert der Anlage gesteigert oder zumindest deren Verfall vermieden werden sollen. Ihrem Verständnis liegt somit die Annahme zugrunde, dass sich verantwortungsvolle Investments auch für Investoren eignen, welche lediglich die finanzielle Performance der Anlage im Blick haben.[496]

Doch dieser Aussage würde nicht jeder uneingeschränkt zustimmen. Das Corporate Responsibility Interface Center (CRIC), die größte Investorengemeinschaft zur Förderung von Ethik und Nachhaltigkeit bei der Geldanlage im deutschsprachigen Raum, stellt die Maßstäbe der Ethik in den Vordergrund und bezieht sich dabei nicht auf die Anlage*objekte*, sondern auch auf das

---

495 In diesem Sinne auch der aktuelle Bericht des Forums Nachhaltige Geldanlagen, in welchem das Thema Impact als das „Zukunftsthema für den Markt Nachhaltiger Geldanlagen" bezeichnet wird und diese Strategie der verantwortungsvollen Investments als diejenige mit dem größten Zuwachs (104%) im Vergleich zum Vorjahr identifiziert wird, vgl. Atalay/Balázs/Dittrich u.a., Marktbericht Nachhaltige Geldanlagen, 2021, S. 6.

496 Principles for Responsible Investment, An Investor Initiative in Partnership with UNEP Finance Initiative and the UN Global Compact, 2020, S. 4.

Anlage*subjekt*, also einen Verantwortlich Investierenden.[497] Diesen beschreibt das CRIC wie folgt:

> Verantwortlich Investierende reflektieren die finanzielle und ethische Dimension ihrer Investmententscheidungen. Dabei bewerten sie die Handlungsfolgen des Investierens und ihre Motive so, dass sie **ethische Ansprüche gegenüber finanziellen priorisieren**.
>
> Wer Geld anlegt, betritt den Raum der Moral. Denn Investmenthandlungen können auf Investmentobjekte (z.B. Unternehmen und Staaten) und auf die von der Investmenthandlung Betroffenen wirken. Folglich sind Investierende für die Handlungsfolgen ihres Investierens zumindest mitverantwortlich.
>
> Investments können aber auch gegen die moralischen Prinzipien von Investierenden verstoßen und damit deren Integrität als moralische Person gefährden, selbst wenn die Kapitalüberlassung von Investierenden keine direkten Auswirkungen hat. Denn durch Wertsteigerungen oder laufende Erträge werden Investierende zu Profiteuren von moralisch abzulehnenden Handlungen ihrer Investmentobjekte.
>
> Verantwortlich Investierende legen ihr Kapital gemäß moralischer Standards an, **selbst wenn dadurch finanzielle Nachteile - wie etwa eine geringere Rendite oder ein erhöhtes Risiko - zu akzeptieren wären**. Damit leisten sie einen Beitrag zum Kulturwandel: Sie erwarten auch von Unternehmen, insbesondere Finanzinstitutionen, und deren Dienstleistungen und Produkten die Einhaltung ethisch-normativer Maßstäbe.[498]

Diese zwei Verständnisweisen bilden absolute Gegenpole und die letztere stellt erneut unter Beweis, dass der Mehrung des eigenen Vermögens in der gesellschaftlichen Anschauung nach wie vor etwas moralisch Anrüchiges anhaftet und die Meinung, dass ethisch motivierte Investoren im Zweifel lieber zur Minimierung der Gewinne bereit sein sollten, immer noch weit verbreitet ist. Ein Investor, der sich für solchen Verzicht zur Verwirklichung eines gesellschaftlich wünschenswerten Ziels entscheidet, handelt sicher in der besten Absicht und im Einklang mit seinen individualethischen Vorstellungen, doch sein Handeln muss im Hinblick auf wirtschaftsethische Gesichtspunkte kritisch hinterfragt werden. Geld als solches sollte nämlich als „ethisches Neutrum" gelten[499] und angesichts seiner Knappheit effizient, also so eingesetzt werden, dass der Einsatz der zur Verfügung stehenden Mittel zur größtmöglichen Gemeinwohlsteigerung führt. Wie schon in den vorherigen Kapiteln mehrfach thematisiert ist es aus rein wirtschaftlicher Perspektive aber nicht zwangsläufig der Fall, wenn Investments nach

497 Verein zur Förderung von Ethik und Nachhaltigkeit bei der Geldanlage (CRIC), CRIC-Definitionverantwortlich Investierender, S. 2.

498 Dass., CRIC-Definitionverantwortlich Investierender, S. 1.

499 Gietzelt, Nachhaltiges Investment, 2019, S. 15.

ethisch geprägten und auf subjektiven Erwägungen basierten Kriterien durchgeführt werden (natürlich unter Einhaltung gewisser Mindeststandards, welche durch den gesetzlichen Rahmen vorgegeben werden), sondern dann, wenn das Bruttoinlandsprodukt – also der zu verteilende „Gesamtkuchen“ und entsprechend die durchschnittliche „Scheibe“ pro Einwohner – größer werden. Dafür ist jedoch gewisse Rendite zwingend erforderlich, denn ansonsten würde man die Logik des Marktes brechen und letztendlich auch dem gesellschaftlichen Zwecken zuwiderlaufen.

Verantwortungsvolle Investments sind somit stets (wirtschafts-)ethisch, umgekehrt muss es jedoch nicht zwangsläufig der Fall sein. In dieser Hinsicht kommt die PRI-Initiative durch Einbeziehung auch anderer als rein wirtschaftlicher Kriterien dem Kern dessen, was ein Investment zu einem Verantwortungsvollen macht, zwar deutlich näher, ihr Verständnis reicht heutzutage aber ebenfalls nicht mehr aus. Genauso wie CSR muss auch das Konzept von SRI weiterentwickelt bzw. neu gedacht werden. Eine reine Einbeziehung von ESG-Faktoren in die Investitionsentscheidungen ist zwar sinnvoll, entspricht aber nicht mehr der heutigen Realität und den Erwartungen, mit welchen Anleger und Vermögensverwalter konfrontiert werden. Wenn der aktuelle Stand des Konzepts SRI mit dem Reifegradmodell der CSR von Schneider verglichen wird,[500] entspricht das Verständnis der PRI-Initiative etwa der dritten Stufe, im Hinblick auf den bestmöglichen gesellschaftlichen Nutzen von Investments kann aber eine noch höhere Stufe erreicht werden – eine, in welcher die Berücksichtigung von nichtfinanziellen Aspekten nicht nur der Risikominimierung bzw. Profitsicherung dient, sondern im Rahmen des Investmentprozesses so eingesetzt wird, dass eine positive Wirkung erreicht wird.

Gerade das ist das Hauptanliegen von Impact Investing, doch lange Zeit wurde das wirkungsorientierte Investieren – also „Investieren für einen guten Zweck“ - nicht als Investitionstätigkeit in eigentlichem Sinne begriffen, sondern vielmehr dem Bereich der Wohltätigkeit zugeordnet, was insbesondere der fehlenden Renditeerzielungsabsicht geschuldet war.[501] So ist auch heute noch die Ansicht weit verbreitet, dass die Erzielung finanzieller Rendite bei Impact Investing eine eher nachrangige Bedeutung hat. Zu diesem Verständnis tendiert auch die PRI-Initiative, die zwar keine eigenständige Definition des Begriffs Impact Investing bietet, jedoch bei der Klärung der gängigen Fehlvorstellungen über verantwortungsvolle Investments auch eine Abgrenzung zum Impact Investing

---

500 Vgl. dazu Kap. 3.2.1.2.1.

501 Rupf Bee, Börsen-Zeitung, 2019.

vornimmt, bei welcher die Renditeerwartung der Investoren als das maßgebliche Unterscheidungskriterium dargestellt wird:

> The responsible investment industry is evolving rapidly, resulting in misconceptions about what it entails, including: [...] it is the same as sustainable, ethical, socially-responsible and **impact investing.** There are many terms associated with the plethora of investment approaches that consider environmental, social and governance issues. Most lack formal definitions, and they are often used interchangeably. A key to understanding how responsible investment is broader that these concepts is that where many make moral or ethical goals a primary purpose, responsible investment can and should also be pursued by the investor whose sole focus is **financial performance.**[502]

Dieser Aussagesatz perpetuiert die traditionelle Betrachtungsweise im Hinblick auf finanzielle Erträge. Immer mehr Investoren distanzieren sich jedoch von der veralteten Interpretation und entwickeln ein neues Verständnis, welches die positiven gesellschaftlichen Auswirkungen der Anlage und die gleichzeitige Erwartung finanzieller Rendite nicht ausschließt oder in ein Über- bzw. Unterordnungsverhältnis setzt, sondern sie in ein ganzheitliches Konzept integriert. Am besten wird diese Tendenz durch Global Impact Investing Network (GIIN), ein weltweites Netzwerk mit zahlreichen Mitgliedern sowohl aus den Reihen von Investoren als auch von Vermögensverwaltern, welches sich nach eigenem Verständnis als „*global champion of impact investing*" begreift, verdeutlicht. Das GIIN entwickelte eine neue Definition von Impact Investments, welche wie folgt lautet: „*investments made with the intention to generate positive, measurable social and environmental impact* ***alongside a financial return***".[503]

Das GIIN erarbeitete zudem eine Zusammenfassung der wesentlichen Merkmale von Impact Investments, zu denen ausdrücklich auch die Renditeerwartung gehört, auch wenn sie unterschiedlich hoch ausfallen und von unter dem Marktniveau liegenden bis hin zu (unter jeweiligen Marktbedingungen) vergleichbaren oder sogar höheren Erträgen reichen kann; die Mindestgrenze liegt jedoch bei der reinen Kapitalerhaltung.[504] Laut einer aktuellen Umfrage des Netzwerks aus dem Jahr 2020 mit etwa 300 Teilnehmern zufolge erwartet aber die Mehrheit (67%) der Investoren im Bereich Impact Investing eine (zumindest) marktübliche Rendite; weitere 18% der Befragten würden sich zwar mit einer darunter

502 Principles for Responsible Investment, What is responsible investment? (Hervorhebung durch Verf.)

503 Global Impact Investing Network, What You Need to Know about Impact Investing (Hervorhebung durch Verf.).

504 Dass., What You Need to Know about Impact Investing.

liegenden Rendite zufriedenstellen, diese sollte aber zumindest näher an der marktorientieren Wettbewerbsfähigkeit als an der reinen Kapitalerhaltung sein. Somit reicht für lediglich 15% der Impact Investoren die reine Kapitalerhaltung aus,[505] was im klaren Widerspruch zum klassischen Verständnis von Impact Investing steht und den Prozess des Umdenkens auf der Seite der Investoren klar zum Ausdruck bringt. Diesen bestätigen auch andere Konzepte und Definitionen aus der Praxis, bspw. die des Impact Investing Institute[506] oder der OECD, welche den Begriff (Social) Impact Investment wie folgt beschreibt: „*provides finance to organisations addressing social and/or environmental needs with the explicit expectation of a* ***measurable social and financial return***".[507]

4.3.3 Spektrum der Renditeerzielungserwartung im Bereich von Impact Investing und Stellungnahme unter Einbeziehung nachhaltigkeitsbezogener Erwägungen

Im Prinzip besteht je nach Erwartungshaltung des Anlegers bezüglich des Zusammenhangs zwischen der positiven Wirkung einer Investition und der sich aus ihr ergebenden finanziellen Rendite eine breite Skalierung, die unter dem Begriff „*Spectrum of Capital*" bekannt ist. Dieser wurde erstmals im September 2016 im Bericht der Social Impact Investment Taskforce eingeführt, die unter der britischen G8-Präsidentschaft eingerichtet wurde. Inhaltlich präsentiert er die konzeptuellen Unterschiede der jeweiligen Anlagestrategien und geht von fünf Kategorien aus, welche von „*Financial only*" bis hin zu „*Impact only*" reichen:[508]

505 Hand/Dithrich/Sunderji u.a., 2020 Annual Impact Investor Survey, 2020, S. 4.

506 Impact Investing Institute, Introduction to impact investing.

507 Organisation for Economic Co-operation and Development, Social Impact Investment 2019: The Impact Imperative for Sustainable Development, 2019, S. 23.

508 Barby/Pedersen, Allocating for Impact, 2014, S. 6 f.

Abbildung 8: Spectrum of capital nach Barby/Pedersen

Wie sich aus der Abbildung ergibt, liegen die Kategorien „*Responsible*", „*Sustainable*" und „*Impact*" zwischen den zwei gegensätzlichen Polen, sind inhaltlich aber nicht gleichzusetzen. Während es im Bereich der Verantwortungsvollen Investments vorrangig darum geht, die sich aus den ESG-Faktoren ergebenden Risiken zu minimieren, um die Investition vor einem möglichen Wertverlust zu schützen, werden nachhaltige Investments dadurch charakterisiert, dass sie fortschrittliche ESG-Praktiken annehmen, die den Wert der Anlage steigern können. In beiden Fällen werden jedoch marktübliche finanzielle Erträge erwartet, was nicht zwangsläufig im Bereich des Impact Investing der Fall ist (s. obige Abbildung). Diese Kategorie hat verschiedene Facetten, ein gemeinsam Merkmal ist jedoch die Bewältigung gesellschaftlicher Herausforderungen („*addressing societal challenges*" und „*focusing on measurable high-impact solution*"), ggfs. auch mit einer Reduzierung der Renditeerwartung verbunden. Wenn ein gewisser finanzieller Verzicht zugunsten des angestrebten Ziels in Kauf genommen wird, spricht man von sog. „*Concessionary Investors*". Häufig wird auch der Begriff „*Impact First-Investors*" verwendet, der darauf hinweist, dass durch die Anlage primär soziale und/oder ökologische Wirkung erzielt werden soll, während die Generierung der Rendite sekundärer Natur ist. Die sog. „*Non-concessionary Investors*" sind hingegen nicht bereit, eine finanzielle Einbuße zu akzeptieren und stellen als „*Finance First-Investors*" die finanzielle Rendite in den Vordergrund, auch wenn dafür geringere soziale und/oder ökologische Wirkungen in Kauf genommen werden müssen.[509]

509 Wettstein/Dey/Schaefers u.a., Impact Investing: Konzept, Spannungsfelder und

Welche Sichtweise vorzugswürdiger ist, kann pauschal nicht beantwortet werden und hängt von vielen Faktoren ab. Im Allgemeinen gibt es aber wesentliche Grundüberlegungen, welche nicht außer Acht gelassen werden sollten. Im Prinzip geht es um eine ähnliche Fragestellung, welche auch in Bezug auf soziales Unternehmertum unter dem Gesichtspunkt der Notwendigkeit des Erwirtschaftens eines marktorientierten Einkommens diskutiert wurde. Wie bereits in Kap. 4.2.3 ausgeführt, hat eine marktbasierte Gewinnerzielungsabsicht (auch wenn in reduzierter Form) zahlreiche Vorteile gegenüber reinen Spenden, da diese zu Eigenverantwortungsübernahme ermutigt und zudem die Aktivitäten am Markt diszipliniert. Abgesehen davon, dass Investitionen in Abgrenzung zu Spenden stets mit dem Ziel, Gewinne bzw. Einnahmenüberschüsse zu erzielen, einhergehen, sollten sämtliche Investitionsentscheidungen somit auch aus wirtschaftsethischer Perspektive mit gewisser Renditeerwartung getätigt werden.

Die Erzielung einer finanziellen Rendite gehört daher – wie auch das Herbeiführen einer positiven gesellschaftlichen Wirkung – zum konstitutiven Merkmal von Impact Investing und darf sowohl im Hinblick auf die Nachhaltigkeit nicht ignoriert werden, da die ökonomische Dimension neben der sozialen und ökologischen eine gleichberechtigte Säule darstellt. Um dieser Anforderung gerecht zu werden, muss die durch die Anlage erzielte Rendite mindestens den Kapitalerhalt sicherstellen. Die Kapitalerhaltungsgrenze stellt jedoch nur das absolute Mindestmaß dar und unter Berücksichtigung des Marktmechanismus sollte man vorrangig solche Projekte finanzieren, welche bei Abwägung der sozialen und/oder ökologischen Wirkung und der zu erwartenden Rendite den bestmöglichen gesellschaftlichen Nutzen versprechen. Deswegen erscheint es vorzugswürdiger, sich in Anlehnung an die für soziales Unternehmertum entwickelte 50-prozentige Grenze der *Social Enterprise School* zu halten. Nach ihrem Verständnis wird von sozialen Unternehmen nicht nur ein Beitrag zur Lösung gesellschaftlicher Probleme, sondern auch ein mindestens zu 50% marktbasiertes Einkommen erwartet.[510]

Übertragen auf Impact Investing, welchem im Wesentlichen das gleiche Konzept der gesellschaftlichen Verantwortung wie beim sozialen Unternehmertum zugrunde liegt, bedeutet das, dass eine im Rahmen dieser Investmentstrategie getätigte Anlage nicht nur eine positive Wirkung herbeiführen, sondern auch einen Ertrag erzielen soll, welcher zumindest zu 50% der marktüblichen Rendite entspricht. Da derzeit keine klaren Grenzen im Hinblick auf die zu erwartende

Zukunftsperspektiven, 2019, S. 2.

510 Vgl. dazu ausführlich Kap. 4.2.2.2.

finanzielle Rendite bestehen, wäre eine solche gut geeignet, die durch die unterschiedlichen konzeptuellen Ausprägungen von Impact Investing bestehende Verwirrung und Verunsicherung der Anleger zu beseitigen. Zudem entspricht die Grenze auch bei einer wirtschaftlichen Betrachtungsweise der Logik des Marktes, da sie der marktorientierten Wettbewerbsfähigkeit näherkommt als der reinen Kapitalerhaltung und stellt eine angemessene Balance zwischen der Profitabilität und der positiven gesellschaftlichen Wirkung dar.

4.4 Potential von wirkungsorientierten Formen des Privatsektors: praktische Beispiele

Die Überzeugung, dass dem Privatsektor bei der Lösung aktueller gesellschaftlicher Probleme eine stärkere Verantwortung zukommen soll, hat bereits vor der Corona-Pandemie eine große Basis der Befürworter gewonnen und die massiven Auswirkungen der Pandemie lassen diese immer größer werden. Es geht dabei nicht nur darum, wie ein Unternehmen verantwortungsvoll zu führen ist bzw. wie Investoren verantwortungsvoll ihre Anlageentscheidungen zu treffen haben, sondern vielmehr darum, wie ihre Aktivitäten zu einem systematischen gesellschaftlichen Wandel im Sinne einer nachhaltigen Entwicklung beitragen können.

Aus dem bisherigen Gang der Untersuchung kann abgeleitet werden, dass soziales Unternehmertum und Impact Investing drei wesentliche Kriterien verbinden, welche sie sowohl vom Sektor der Gemeinnützigkeit als auch von rein konventionellen, gewinnorientierten Wirtschaftsaktivitäten abgrenzen: (1) positive soziale und/oder ökologische Wirkung, (2) ökonomische Nachhaltigkeit und (3) innovative Ansätze und Transformationspotential. Es sind gerade diese Merkmale, welche den Grundbaustein beim Aufbau einer widerstandsfähigeren Wirtschaftsordnung bilden können und sollten bei der Bekämpfung der Pandemiefolgen bewusst und gezielt eingesetzt werden. Die Pandemie decke zahlreiche Probleme auf, wirkte wie ein Brandbeschleuniger für bereits bestehende Krisen und zeigte, dass unsere Systeme krisenanfälliger sind als bisher angenommen. Der Privatsektor kann jedoch einen entscheidenden Beitrag zur akuten Krisenbewältigung sowie zur langfristigen Herstellung einer widerstandsfähigen und den Bedürfnissen der Gesellschaft stärker entsprechenden Wirtschaftsordnung leisten, wie die in diesem Abschnitt vorgestellten Beispiele veranschaulichen.

4.4.1 Beitrag von Impact Investoren zur Förderung des sozialen Unternehmertums

4.4.1.1 Pandemiebedingter Überlebenskampf des sozialen Unternehmertums und Antwort der Impact Investoren

Im Hinblick auf die akuten Folgen der Corona-Pandemie sind im ersten Schritt Investoren gefragt, da viele soziale Unternehmen wie konventionelle Unternehmen auch zunächst um das wirtschaftliche Überleben kämpfen müssen. Das SEND e.V. veröffentlichte zu Beginn der Pandemie einen Bericht, aus dem hervorgeht, dass auch diese Unternehmensart von den Auswirkungen der zum Schutz der Gesundheit beschlossenen Maßnahmen hart getroffen wurde. Als die größten Herausforderungen identifizierte das Netzwerk die abgesagten Veranstaltungen, geschlossene Einrichtungen und sinkende Kaufkraft von Kunden, die dazu führten, dass Projekte nicht umgesetzt werden konnten, Aufträge wegbrachen und potentielle Neukunden/Wirkungsempfänger nicht erreicht wurden. Durch diese Umstände waren auch soziale Unternehmen in ihrer Existenz bedroht und auf Liquidität in Form von Darlehen, Zuschüssen oder Fördermaßnahmen dringend angewiesen. Die benötigte Finanzierung war aber insbesondere zu Beginn der Pandemie unzureichend, da soziale Unternehmen größtenteils durch das Raster der staatlichen Soforthilfemaßnahmen fielen.[511]

Obwohl die Politik in der Zwischenzeit diesbezüglich etwas nachgerüstet und die Stellung des sozialen Unternehmertums gestärkt hat, sind soziale Unternehmen nach wie vor vulnerabler als rein profitorientierte Unternehmen. Wenn staatliche Maßnahmen nicht greifen, verschaffen Kredite oder andere Finanzierungsformen in der Regel nur in seltenen Fällen geeignete Abhilfe.[512] Bei der Aufrechterhaltung dieser aus gesellschaftlicher Perspektive elementaren Form des Unternehmertums sind die Impact Investoren besonders gefragt und tragen damit eine große Verantwortung bei der Lösung der brennendsten und durch die Pandemie stärker zum Vorschein kommenden Probleme. Dieses Bewusstsein entwickelt sich auch aus der Investorenwelt heraus. Eine federführende Rolle kommt dabei dem GIIN zu, dessen CEO Amit Bouri sich zu Beginn der Pandemie mit folgendem dringenden Appell an die Impact Investing Community wandte:

---

511 Social Entrepreneurship Netzwerk Deutschland e.V., Herausforderungen für Sozialunternehmen in der Corona-Krise, 2020.

512 Vgl. dazu Kap. 4.2.4.1.

> As the coronavirus pandemic unfolds around us, our entire world is changing in unimaginable ways. […] The health impacts appear to be unprecedented in modern times as healthcare systems struggle to care for ill patients. The economic impacts are increasingly tangible as millions of workers face lost wages and the financial markets erupt in volatility. […] Worse still – these impacts are causing the most harm to those who were already most vulnerable: the world's ill, elderly, and poor. […] Now, more than ever, the world requires the robust and scalable power of finance to address its most pressing global problems – problems such as climate change and inequality that, just like COVID-19, transcend our international borders. We must be working alongside world governments and non-profits. […] After all, a global crisis requires a global response. […] This pandemic only makes the needs of our world more pressing – and only makes clearer the world's need for the work of this impact investing community.[513]

Sein Appell erzeugte eine große Wirkung und bereits kurze Zeit danach entstanden zahlreiche Impact-Investing-Initiativen zur Abmilderung der Folgen der Corona-Pandemie, unter anderem auch durch Zurverfügungstellung finanzieller Mittel an soziale Unternehmen. Das Netzwerk erkannte zudem, dass vielen Investoren die Bestimmung einer geeigneten Anlagestrategie im Kontext der Corona-Pandemie große Sorgen bereitet und um die notwendigen Impact Investitionen weiterhin zu fördern hat das GIIN die Erkenntnisse und Muster aus vergangenen Krisenzeiten analysiert und ausgewertet. Ihre Untersuchung kam zum Ergebnis, dass drei verschiedene Phasen von Investitionen erforderlich sind, um eine globale Krise zu bewältigen: die Phase der Antwort (***Response***), der Erholung (***Recovery***) und der Bildung von Belastbarkeit (***Resilience***).

Bei der ersten Phase geht es in erster Linie darum, auf die Krisenlage unmittelbar zu reagieren; hier muss die Finanzierung liquide sein und besteht weitgehend aus Zuschüssen oder staatlich geförderter Notfallfinanzierung. Bei der Erholungsphase geht es dagegen um die Wiederherstellung der Infrastruktur, bspw. durch Konjunkturpakete der Regierungen oder durch von Investoren zur Verfügung gestellte Überbrückungskredite. Die aus Perspektive von Impact Investoren wichtigste Phase ist jedoch die Resilienzphase, bei der sich die Finanzierung auf langfristige und auf die Stärkung der Widerstandfähigkeit gerichtete Systemlösungen konzentriert. Die GIIN sieht in diesen Investitionen einen möglichen Veränderungskatalysator und spricht vom „*catalytic capital*", welches eine entscheidende Rolle bei radikalen Systemveränderungen spielen kann.[514]

---

513 Global Impact Investing Network, Message from the GIIN's CEO Amit Bouri.

514 Vgl. dazu dass., What phases of funding are needed to address this global crisis, COVID-19?.

4.4.1.2 R3 Coalition als Beispiel einer erfolgreichen Impact-Investing-Initiative

Zur praktischen Umsetzung dieses Ansatzes wurde am 12. Mai 2020 die *Response, Recovery, and Resilience Investment Coalition* (**R3 Coalition**) ins Leben gerufen, welche vom GIIN als Organisationsgremium verwaltet und von zahlreichen Stiftungen und Netzwerken für Wirkungsinvestitionen unterstützt wird. Das Hauptziel dieser Initiative ist die Mobilisierung und Koordination von Impact Investitionen, mit denen die weitreichenden sozialen und wirtschaftlichen Folgen von COVID-19 angegangen werden sollen. Darüber hinaus hat es sich die R3 Coalition zum Ziel gesetzt, Erkenntnisse und Ressourcen mit der breiten Investitionsgemeinschaft zu teilen und veröffentlichte bereits vier Themenbriefe zu verschiedenen Themen, von denen eins explizit der Unterstützung von Unternehmen durch Investoren gerichtet war.[515] Diese im August 2020 veröffentlichte Publikation beginnt mit der Feststellung, dass eine ausreichende Finanzierung des Unternehmertums (mit einem expliziten Verweis auf das soziale Unternehmertum) elementar ist und präsentiert diverse Strategien, welche von Impact Investoren zur Unterstützung ihrer Portfoliounternehmen angewandt werden können, um die festgelegten Impact- und Finanzziele zu erreichen.[516]

Unter Anerkennung der Notwendigkeit einer breiteren Initiative verwies der Themenbrief auf die *COVID Response Alliance for Social Entrepreneurs*,[517] welche sich spezifisch auf die Förderung des sozialen Unternehmertums fokussiert. Diese Allianz wurde im April 2020 mit Unterstützung von 60 führenden Organisationen im Bereich *Social Entrepreneurship/Impact Investing* (unter anderem bspw. Ashoka, SDG Impact, Impact Assets, Impact Hub und auch GIIN) gegründet, um soziale Unternehmer zu unterstützen. Bisher unterstützten die Mitglieder dieser Allianz über 50.000 soziale Unternehmen auf der ganzen Welt und in Zusammenarbeit mit den teilnehmenden Sozialunternehmern entwickelten sie die sog. *COVID-19 Action Agenda*, welche das Bewusstsein für die entscheidende Rolle dieser Unternehmensform bei der Bewältigung der Krise – und darüber hinaus – verstärken soll. Nach der Überzeugung der Allianz ist der Einfallsreichtum der Sozialunternehmer bei der Bewältigung der unmittelbaren Probleme entscheidend für die *„collective ability to weather the crisis today and*

515 Dass., Response, Recovery, and Resilience Investment Coalition.

516 Bass/Khan/Guttentag, The Impact Investing Market in the COVID-19 Context: Investor Support of Enterprises, 2020, S. 3 ff.

517 Dies., The Impact Investing Market in the COVID-19 Context: Investor Support of Enterprises, 2020, S. 3.

shape a new tomorrow", da soziale Unternehmer unter anderem lebenswichtige Produkte und Dienstleistungen für Menschen am Rande der Gesellschaft bereitstellen und gleichzeitig als „Ersthelfer" in Krisenzeiten fungieren, Arbeitsplätze und soziale Sicherheit erhalten und **die Agenda für nachhaltige Entwicklung sowie eine Neuordnung der Märkte vorantreiben.**[518]

Einige Praxisbeispiele aus der R3 Coalition zeigen, dass wirkungsorientierte Formen von Investments durchaus bei der Bewältigung der enormen Folgen der Corona-Pandemie behilflich sein können. Als exzellentes Vorbild aus der Initiative dient beispielhaft Village Capital, die derzeit größte Organisation der Welt, die wirkungsorientierte Start-ups in der Gründungsphase unterstützt. Seit ihrer Gründung in Jahr 2009 arbeitete die Organisation mit mehr als 1100 Unternehmen in 28 Ländern zusammen und investierte mittels des angegliederten Investmentfonds VilCap Investments mehr als 4 Milliarden USD in entsprechende Unternehmen.[519] Die Gesellschaft setzt sich dafür ein, dass Unternehmer, die an wirkungsvollen Lösungen für die durch COVID-19 verschärften Probleme arbeiten, die Unterstützung erhalten, die sie für ihre Skalierung benötigen. Zu diesem Zweck rief die Gesellschaft zusammen mit der Sorenson Impact Foundation bspw. die sog. COVID-19 Coalition ins Leben. Diese stellt eine Art Plattform dar, welche Unternehmen, die auf die pandemiebedingte Lage durch kreative unternehmerische Ansätze reagieren, mit Investoren, die aktiv nach Unterstützungsmöglichkeiten für innovative unternehmerische Lösungsansätze suchen, zusammenbringt. Darüber hinaus unterstützt die Gesellschaft im Rahmen der *Finance Forward*-Initiative zusammen mit der MetLife Foundation und PayPal solche Start-Ups, die bei der Lösung von Problemen im Zusammenhang mit der finanziellen Eingliederung helfen, insbesondere für diejenigen, die aufgrund von sozialen Benachteiligungen am stärksten von den Auswirkungen von COVID-19 betroffen sind.[520]

Zu den zahlreichen Unternehmen, welche durch Village Capital unterstützt wurden, gehört bspw. das digitale Start-Up Unternehmen Rimidi. Dieses hilft Gesundheitsdienstleistern dabei, Patienten mit chronischen Krankheiten zu behandeln und zeigte einen beispielhaften unternehmerischen Einsatz im Hinblick auf die Herausforderungen der Pandemie-Bekämpfung. Als Reaktion auf den Mangel an Testkapazitäten und Sorge vor überfüllten Krankenhäusern, in

518 World Economic Forum, COVID-19 Action Agenda, 2020, S. 7 f. (Hervorhebung durch Verf.)

519 Village Capital, About us.

520 Dass., Village Capital's response to coronavirus, 2020.

denen sich Infektionen leicht verbreiten können, entwickelte das Unternehmen ein spezifisches und effizientes Screening-Tool für Krankenhäuser, welches dabei hilft, die Ausbreitung von COVID-19 in Notaufnahmen und anderen Einrichtungen des Gesundheitswesens einzudämmen.[521] Ein weiteres gutes Beispiel aus der Gesundheitsbranche ist das Unternehmen Sevamob, welches sich dafür einsetzt, kostengünstige präventive Gesundheitsdienste für ländliche Gebiete zu schaffen. Während der Corona-Pandemie eröffnete das Unternehmen mehrere Pop-up-Gesundheitskliniken im ländlichen Indien, um mehr COVID-Patienten behandeln zu können. Diese Kliniken verfügen über ein Cloud-basiertes System, mit welchem Daten verfolgt und aggregierte Gesundheitsstatistiken gesammelt werden können, im Unterschied zu traditionellen Gesundheitsdienstleistern sind sie aber nur mit einem Arzt besetzt und können innerhalb von nur 15 Minuten aufgebaut werden, sodass eine schnelle Gesundheitsversorgung und vollständige Datenerhebung auch in den abgelegensten Regionen sichergestellt werden kann.[522]

Als Beispiel eines Portfoliounternehmens, welches außerhalb der Gesundheitsbranche tätig ist, nennt Village Capital das Start-Up-Unternehmen Edquity. Dieses bietet finanzielle Nothilfe an College-Studenten in den USA, wo das Studium bekannterweise mit hohen Kosten verbunden ist. Aufgrund der Corona-Pandemie und der Schließung von universitären Einrichtungen haben Hunderttausende von Studierenden ihren Arbeitsplatz auf dem Campus verloren und mussten zudem ihre Campuswohnungen verlassen. Als Reaktion auf die finanzielle Unsicherheit der Studierenden richtete das Unternehmen einen Notfallfonds ein und entwickelte eine App, mit welcher ein Darlehensantrag innerhalb von 5 Minuten ausgefüllt werden konnte; die Auszahlung des Bardarlehens erfolgte anschließend innerhalb von nur 48 Stunden.[523]

Es handelt sich hierbei nur um einige Beispiele, diese zeigen aber klar und deutlich, dass die Bewältigung der dringenden Corona-Folgen durchaus auch mit unternehmerischem Ansatz möglich ist, welcher wirtschaftlich und finanziell tragfähig ist und zugleich eine positive gesellschaftliche Wirkung erzielen kann. Allie Burns, die CEO von Village Capital, kommentierte die schnelle

521 Ide, Technology's Role in Managing Complex COVID-19 Hospital Operations, 2020.
522 Village Capital, Crisis and Innovation: Sevamob is opening pop-up health clinics in rural India, 2020.
523 Dass., Crisis and Innovation: How Edquity is providing emergency financial support to college students, 2020.

Reaktionsfähigkeit ihrer Portfoliounternehmen auf die Herausforderungen der Pandemie somit entsprechend wie folgt:

> At a macro level, we're seeing that the pandemic and market crisis have exposed the systemic inequalities that existed already and many of us have been working on for a long time. On the plus side, I think our companies are mobilized and well-positioned to address some of these big issues. A lot of interesting things are happening because so many companies are well-positioned to respond quickly.[524]

4.4.2 Langfristiges Wirkungspotential sozialer Unternehmen

Dass soziale Unternehmen reale Veränderungen bewirken können, zeigen nicht nur diese Corona-Pandemie bezogenen Beispiele, sondern auch andere, bereits über mehrere Dekaden bestehenden Projekte. Das Potential des sozialen Unternehmertums demonstriert exemplarisch der Wirkungsbericht *Two Decades of Impact* der Schwab Foundation for Social Entrepreneurship, einer Schwesterorganisation des World Economic Forum. Die Stiftung wurde vor etwa 20 Jahren von Klaus und Hilde Schwab als eine Plattform zur Unterstützung einer damals noch wenig anerkannten Form des Unternehmertums entwickelt; heute gehören zur Gemeinschaft der Stiftung rund 400 soziale Innovatoren und Unternehmen, die in mehr als 190 Ländern weltweit tätig sind.[525]

Der aktuelle Bericht aus dem Jahr 2020 zeigt auf, wie enorm die kollektiven Resultate dieser wirkungsorientierten Form des Unternehmertums sein können: das Netzwerk von sozialen Unternehmen der Schwab Foundation hat dem Bericht zufolge das Leben von bereits mehr als 622 Millionen Menschen positiv beeinflusst. Im Einzelnen wurden bspw. Darlehen in Höhe von etwa 6,7 Milliarden USD vergeben, mit denen Produkte oder Dienstleistungen zur Verbesserung wichtiger Lebensgrundlagen finanziert wurden (bspw. Gesundheitswesen, Zugang zur Bildung, Bereitstellung sauberer Energieformen). Zudem wurden durch die Unternehmen durch entsprechende Geschäftsmodelle mehr als 192 Millionen Tonnen CO2 eingespart.[526] Weitere positive Wirkungen entstanden im Zusammenhang mit der Erhöhung der sozialen Indikatoren, bspw. durch Verbesserung der Bildungsmöglichkeiten für mehr als 226 Millionen Kinder und Jugendliche, Verbesserung der Gesundheitsversorgung für beinahe 60 Millionen

524 Field, Coronavirus, Economic Meltdown And The World Of Impact: Insights From Allie Burns Of Village Capital.

525 Schwab Foundation for Social Entrepreneurship, Two Decadesof Impact, 2020, S. 8.

526 Dies entspricht dem Bericht zufolge einer Stilllegung von mehr als 40,7 Millionen Personenkraftwagen für ein ganzes Jahr.

Menschen oder bessere soziale Inklusion von über 25 Millionen Menschen aus sozial benachteiligten Gruppen.[527]

Neben diesen aggregierten Wirkungszahlen präsentiert die Stiftung auch einige Unternehmensbeispiele, welche beeindruckende Resultate im Bereich der sozialen und/oder ökologischen Wirkung vorweisen können. Zu diesen gehört die Organisation *Room to Read*, welche als Wirtschaftsunternehmen organisiert ist und welche durch ihr Alphabetisierungs- und Bildungsprogramm das Leben von 16 Millionen Kindern in 16 Ländern positiv beeinflusste.[528] Als Beispiel aus dem Bereich der ökologischen Wirkung dient das Unternehmen d.ligh, welches als weltweiter Vorreiter bei der Bereitstellung eines zuverlässigen Zugangs zu Elektrizität in Entwicklungsländern gilt. Es bietet nachhaltige Solarlicht- und Stromerzeugungssysteme an, welche bisher nicht nur die Lebensbedingungen von über 100 Millionen Menschen verbesserten, sondern auch die Ersparnis von 23 Millionen Tonnen CO2 und 4,1 Milliarden USD bei den Energieausgaben ermöglichten.[529]

Diese Daten und Beispiele stellen erneut unter Beweis, dass soziales Unternehmertum ein enormes Potential bei der Bewältigung der Folgen der Corona-Pandemie sowohl aus Kurz- als auch Mittel- und Langzeitperspektive hat. Als Reaktion auf den Bericht äußerte sich das World Economic Forum noch im Vorfeld der Pandemie wie folgt zur transformativen Kraft dieser Unternehmensform:

> Social entrepreneurship, as an organizational expression of social innovation, is the demonstration of alternative working models as we face the current challenges to our planet, our societies and our economies. By having a mission to engage all stakeholders in the creation of social and economic value, social entrepreneurs have proven how all stakeholders – employees, customers, suppliers, local communities and the environment – can benefit.[530]

Bei dem Aufbau einer neuen widerstandsfähigen Wirtschaftsordnung in der Post-COVID-19-Zeit können diese Charakteristika bewusst eingesetzt werden. Soziales Unternehmertum präsentiert eine verantwortungsvolle und nachhaltige Form des Unternehmertums par excellence, welche zudem auch wirtschaftlich Sinn macht, denn die Zeiten des „*Business as usual*" sind spätestens nach Corona endgültig vorbei. Unternehmen und Investoren kommen an den brennenden

527 Schwab Foundation for Social Entrepreneurship, Two Decades of Impact, 2020, S. 20 f.
528 Dass., Two Decadesof Impact, 2020, S. 21.
529 D.light, 100,000,000 Lives. Transformed.
530 World Economic Forum, Two Decades of Impact: How Social Entrepreneurs Have Improved 622 Million Lives, 2020.

sozialen und ökologischen Herausforderungen der Gegenwart nicht mehr vorbei und wenn sie langfristig am Markt Erfolg haben wollen, müssen sie diese nicht nur als ein Problem, sondern vielmehr als eine Chance begreifen, durch entsprechende Geschäftsmodelle innovative Lösungen zu entwickeln und dabei neue Märkte zu erschließen. Wie der bekannte Sozialunternehmer Jason Haber zutreffend anmerkt, verlegen sich nun die Geschäftsmöglichkeiten und die Frage ist nur, wer sie ernten wird.[531]

Soziale Unternehmen scheinen deutlich im Vorteil zu sein, denn sie sind in der Lage, ein breites Spektrum gesellschaftlicher Herausforderungen anzugehen, indem sie mit Worten von Nicolas Schmit (EU-Kommissar für Beschäftigung, Soziales und Integration) in solchen Fällen eine unternehmerische Gelegenheit finden, in welchen weder das *„mainstream business“* noch öffentliche Stellen angemessen reagieren können.[532] Gerade aus diesem Grund ist auch die Finanzierung des sozialen Unternehmertums durch Impact Investing keinesfalls als rein der positiven sozialen und/oder gesellschaftlichen Wirkungen zugeschriebene Anlagestrategie zu verstehen, sondern kann bei guter Zusammenstellung des Portfolios auch aus genuin wirtschaftlichen Gründen überzeugen, da die aktuellen Entwicklungen ahnen lassen, dass sich das Risiko-Rendite-Profil von Geldanlagen im Hinblick auf Nachhaltigkeit wesentlich verändern wird. Soziales Unternehmertum und Impact Investing können in ihrem Zusammenspiel also realwirtschaftliche Änderungen bewirken und die Erholung der Wirtschaft nachhaltiger gestalten, doch dafür müssen zunächst einige Hürden auf verschiedenen Ebenen erfolgreich überwunden werden.

4.5 Geteilte Verantwortung für einen nachhaltigen Transformationsprozess

Obwohl der erste und wichtigste Impulsgeber für die Neugestaltung einer zukunftsfähigen Wirtschaftsordnung primär der Staat ist, kann die Verantwortung für eine nachhaltige Transformation naturgemäß nicht alleine in den Händen des Gesetzgebers liegen, vielmehr muss auch der Privatsektor einen wesentlichen Beitrag leisten. Der jüngste Bericht der Europäischen Kommission bestätigt nämlich, dass die neue, auf das soziale Unternehmertum bezogene Gesetzgebung und die rechtliche Anerkennung sich erst dann als vorteilhaft erwiesen haben, wenn sich die Gemeinschaft der Sozialunternehmen in den

531 Haber, Entrepreneur Europe, 2016.

532 Schmit, in: Social enterprises and their ecosystems in Europe, 2020, S. 5.

Gesetzgebungs- und Politikgestaltungsprozess aktiv eingebracht hat.[533] Sozialunternehmer dürfen also nicht darauf warten, dass die öffentliche Hand im Voraus die optimalen Bedingungen für ihre unternehmerische Entfaltung schafft, vielmehr müssen sie an deren Entstehung selbst hinwirken und eine Innovation anstreben. Sie tragen somit ebenfalls einen großen Teil der Verantwortung. Neben der Rolle des Gesetzgebers und des Privatsektors kann auch die der Gesellschaft nicht genug betont werden. Die öffentliche Meinung wirkt sich nämlich stark auf die politischen Gestaltungsprozesse aus; die Erwartungen der Verbraucher sind zudem ein wichtiges Marktsignal, das kein Unternehmen außer Acht lassen sollte. Somit kommt der Gesellschaft eine deutlich wichtigere Rolle zu als man auf den ersten Blick vermuten würde. Aus diesem Grund wird nachfolgend die geteilte Verantwortung im Hinblick auf die Rolle des Privatsektors selbst sowie die der Gesellschaft näher beschrieben.

4.5.1 Ebene des Privatsektors – Neues Rollenverständnis der Market Player

Als guter Ausgangspunkt sämtlicher Überlegungen zum Innovationspotential des sozialen Unternehmertums in der Gesellschaft eignet sich das vom österreichischen Ökonomen und Politiker Joseph Schumpeter entwickelte Konzept eines Unternehmers. Schumpeter untersuchte die Relevanz von Innovationen im Hinblick auf kulturelle, soziale, politische und insbesondere wirtschaftliche Aspekte; sein Verständnis von Innovation war das von einer kreativen bzw. schöpferischen Zerstörung, die darin besteht, dass alte Wirtschaftsstrukturen zerstört und gleichzeitig neue geschaffen werden, wodurch in der Gesellschaft ein neues Gleichgewicht entsteht.[534] Die Neuschöpfung entsteht nach seiner Vorstellung jedoch nicht aus dem Nichts, sondern mittels einer Neukombination bekannter oder Andersverwendung vorhandener Produktionsmittel der Wirtschaft, wodurch Innovationen auf verschiedenen Ebenen stattfinden können (bspw. auf Ebene der Produkte, der Prozesse oder der Märkte). Für Schumpeter war der leitende Akteur und Träger der Innovation stets die Person des Unternehmers (*Entrepreneur*), der durch sein innovatives Handeln eine neue Wirtschaftsdynamik bewirken kann.[535] Nach Ansicht von Schumpeter war es also die Aufgabe der Unternehmer, neue Produkte oder Dienstleistungen auf dem Markt

---

533 Borzaga/Galera/Franchini u.a., Social enterprises and their ecosystems in Europe, 2020, S. 143.

534 Portales, Social Innovation and Social Entrepreneurship, 2019, S. 3.

535 Rammert, in: Maurer (Hrsg.), Handbuch der Wirtschaftssoziologie, 2017, S. 423.

durchzusetzen, indem sie in einer gegebenen Marktlage die Möglichkeit einer Innovation erkennen und im Prozess der schöpferischen Zerstörung ein neues Angebot schaffen.[536]

Im Hinblick auf das soziale Unternehmertum wurde dieser Ansatz maßgeblich durch einen im Jahr 2007 von Martin und Osberg publizierten Artikel vertieft und inhaltlich weiterentwickelt. Ähnlich wie Schumpeter sehen die Autoren soziale Unternehmer als sog. *„agents of change"*, die durch ihren sozial gerichteten, aber dennoch unternehmerischen Ansatz die Änderung der bestehenden gesellschaftlichen Strukturen bewirken und durch sozialinnovative Produkte oder Dienstleistungen zur Lösung diverser gesellschaftlicher Probleme beitragen können. Nach diesem Verständnis entwickeln die Autoren sodann eine neue Definition (bzw. eine Aufstellung der drei wesentlichen Merkmale) des sozialen Unternehmertums, welche sich von den bisher präsentierten vor allem darin unterscheidet, dass sie die Innovationskraft in den Fokus rückt und somit dem Schumpeterschen Verständnis stark ähnelt. Die Autoren zählen folgende Komponente zu den drei wesentlichen Charakteristika des sozialen Unternehmertums:

> 1) **identifying a stable but inherently unjust equilibrium** that causes the exclusion, marginalization, or suffering of a segment of humanity that lacks the financial means or political clout to achieve any transformative benefit on its own;
> (2) **identifying an opportunity** in this unjust equilibrium, developing a social value proposition, and bringing to bear inspiration, creativity, direct action, courage, and fortitude, thereby challenging the stable state's hegemony; and
> (3) **forging a new, stable equilibrium** that releases trapped potential or alleviates the suffering of the targeted group, and through imitation and the creation of a stable ecosystem around the new equilibrium ensuring a better future for the targeted group and even society at large.[537]

Dieser Ansatz hebt hervor, dass soziale Unternehmer das bisherige Gleichgewicht des Marktes, welches als ungerecht empfunden wird und ein Problem darstellt, mit unternehmerischen Mitteln aufgreifen und als eine neue, bisher nicht wahrgenommene Chance begreifen, wodurch sich schließlich (durch den Marktmechanismus) ein neues Gleichgewicht etabliert, das gerechter ist und den Bedürfnissen der Gesellschaft besser entspricht als der Ausgangszustand. Diese Begründung scheint auch insofern mit der Schumpeterschen Theorie im

536 Stein, in: Hackenberg/Empter (Hrsg.), Social Entrepreneurship - Social Business: für die Gesellschaft unternehmen, 2011, S. 36.

537 Martin/Osberg, Stanford Social Innovation Review 2007, S. 35.

Einklang zu stehen, als es den Autoren um das Resultat der unternehmerischen Handlungen (sog. *Entrepreneurial Outcome*) geht,[538] denn Schumpeter ging es nicht nur um die charismatische Unternehmerpersönlichkeit, die fälschlicherweise häufig als die leitende Idee seines Werks angenommen wird, sondern vorrangig um die Folgen für die Wirtschaft. Es ist nämlich ein wichtiges Prinzip des Marktes, dass im Falle des wirtschaftlichen Erfolges von Innovationen diese auch von anderen nachgeahmt werden und innovationsschwache Unternehmen aus dem Markt ausscheiden, wodurch die bestehenden wirtschaftlichen Strukturen stark transformiert werden.[539] Das Besondere an dieser Art der Unternehmer ist also, dass sie das Potential haben, den sozialen Innovationsansatz zu verbreiten, als ein positives Vorbild auch andere Akteure zu mobilisieren, weitere Mitstreitende zu gewinnen und somit schließlich die weitere Entwicklung des gesamten Sektors zu beeinflussen.[540] Der starke Nachahmungseffekt eines Angebots mit gesellschaftlichem Mehrwert könnte zudem dazu führen, dass sich eine rechtlich verbindliche Regulierung von Standard erübrigen würde.[541]

Die Suche nach neuen Marktmöglichkeiten erfordert viel Mut, denn Situationen der Innovation sind im Vergleich zu regulären wirtschaftlichen Entscheidungen von äußerst hoher Unsicherheit gekennzeichnet[542] und jeder Unternehmer möchte die mit seiner Aktivität verbundenen Unternehmensrisiken möglich gering und beherrschbar halten. Das ist im Falle der noch zu entwickelnden Strategien und noch zu erschließenden Märkte kaum möglich, und dennoch müssen Unternehmer früher oder später dieses steinige Terrain betreten, denn es ist auf Dauer der einzige Weg, wie Unternehmen ihre *„licence to operate"* aufrechterhalten und zum gesellschaftlichen Wandel beitragen können. Dass sie dabei scheitern und sich ihr Geschäftsmodell nicht als marktfähig erweist, ist nicht ausgeschlossen, doch dieses Risiko hat letztendlich jeder Unternehmer zu tragen. Die möglichen Erfolgsperspektiven überwiegen deutlich die Risiken, weswegen viele Gründe dafür sprechen, Sozialunternehmer und – durch die Zurverfügungstellung der notwendigen Finanzierungsmöglichkeiten – auch Impact Investoren als Gestalter neuer Lösungswege für gesellschaftliche Herausforderungen der Gegenwart im Rahmen einer nachhaltigen Entwicklung zu

538 Dies., Stanford Social Innovation Review 2007, S. 34.

539 Rammert, in: Maurer (Hrsg.), Handbuch der Wirtschaftssoziologie, 2017, S. 424.

540 Kunz, in: Kraemer/Edinger-Schons (Hrsg.), CSR und Social Enterprise, 2019, S. 14.

541 Stein, in: Hackenberg/Empter (Hrsg.), Social Entrepreneurship - Social Business: für die Gesellschaft unternehmen, 2011, S. 37.

542 Rammert, in: Maurer (Hrsg.), Handbuch der Wirtschaftssoziologie, 2017, S. 423.

begreifen. Durch ihr Handeln können sie dem Konzept der gesellschaftlichen Verantwortung des Privatsektors eine völlig neue Bedeutung zukommen lassen. Darüber hinaus kann der durch ihre eigenen Erfolge bedingte Nachahmungseffekt in der Praxis eine effektivere Wirkung erzeugen als jegliche Form der vom Gesetzgeber erzwungenen Pflichten.

Im ersten Schritt müssen soziale Unternehmer und Impact Investoren also den Mut haben, neue Geschäftsideen zu entwickeln und diese konsequent zu verfolgen. Da es sich um einen relativ neuen Sektor handelt, müssen sie zudem durch stärkeren Datenaustausch, Schaffung neuer Netzwerke und offene und direkte Kommunikation mit der öffentlichen Hand dazu beitragen, dass sie zunehmend mehr Sichtbarkeit gewinnen. Zusammenfassend zum Ausdruck gebracht dürfen soziale Unternehmer und Impact Investoren nicht untätig bleiben, bis die Politik ihnen den Weg ebnet; vielmehr müssen sie selbst die aktive Rolle eines *Entrepreneurs* einnehmen und im Prozess der Schumpeterschen kreativen Zerstörung neue bahnbrechende Wege zur Entwicklung einer nachhaltigen Wirtschaft aufzeigen und beschreiten.

4.5.2 Rolle der Gesellschaft – Mitbestimmung über die Zukunftsentwicklung

Obwohl die Gesellschaft bzw. die Konsumenten durch ihr Verhalten bekanntlich über den Erfolg bzw. Misserfolg der existierenden Geschäftsmodelle maßgeblich mitentscheiden, scheint in Bereich der Informiertheit noch ein erheblicher Nachholbedarf zu bestehen. Bereits mit dem Begriff der Nachhaltigkeit gibt es erhebliche Schwierigkeiten, und das, obwohl dieser seit einigen Jahren zum festen politischen Programm gehört und nicht nur von Politikern, sondern auch in den Medien mit derartiger Selbstverständlichkeit verwendet wird, dass man davon ausgehen könnte, dass unabhängig von der inneren Haltung diesem Begriff gegenüber in der Bevölkerung zumindest seine inhaltliche Bedeutung mittlerweile klar sein müsste. Dem ist jedoch nicht zwangsläufig so; die Studien zeigen nämlich, dass nach wie vor nicht jeder Bürger in der Lage ist zu beschreiben, was unter Nachhaltigkeit zu verstehen ist.[543] Was schon für die Nachhaltigkeit gilt, trifft in einem noch stärkeren Maße auf soziale Unternehmen zu, über die es in der Öffentlichkeit nur wenig Informationen gibt, sodass die Bevölkerung insgesamt über ein geringes Bewusstsein und wenig Wissen über soziales

543 Bruttel, Ökologisches Wirtschaften 29 (2014), S. 41.

Unternehmertum verfügt;[544] das gleiche dürfte übrigens auch für Impact Investing gelten.

Zum Teil ist es auch dem Umstand geschuldet, dass sich hinter diesem Begriff verschiedene inhaltliche Ansätze verbergen, sodass eine gewisse Verunsicherung unter diesen Bedingungen kaum auszuschließen ist. Mit dieser Erklärung darf die Gesellschaft aber nicht die Verantwortung von sich schieben. Zum einen hat der Gesetzgeber in den letzten Jahren zahlreiche Informationspflichten von Unternehmen, auch im Finanzdienstleistungssektor, deutlich erhöht und damit für eine besser fundierte Informationsbasis gesorgt. Zum anderen muss auch bedacht werden, dass der Staat weder den Verbrauchern noch den Anlegern vorschreibt, für welche Produkte und Dienstleistungen sie sich entscheiden bzw. in welche Anlageprodukte sie investieren sollen, sodass sowohl Verbraucher als auch Anleger in der Pflicht sind, sich umfassend zu informieren.

Die Ebene der Anleger scheint sich von der der Verbraucher etwas zu unterscheiden, denn eine Investitionsentscheidung wird grundsätzlich nicht jeden Tag getroffen, wodurch sie in der Regel auch mit tieferen Überlegungen zur gesellschaftlichen Wirkung der Anlage verbunden ist. Eine tiefere Reflektion der Verbraucher ist aber genauso wichtig, wenn es um das alltägliche Konsumverhalten geht, denn gerade dieses beeinflusst das Marktgeschehen am deutlichsten. In der Praxis kann bereits beobachtet werden, dass sich das Thema der Nachhaltigkeit zu einem immer wichtiger werdenden Konsumkriterium entwickelt. Eine Studie von Facit Research mit mehr als 18.000 Befragten belegt bspw., dass rund 70% der Kunden beim Kauf Wert auf Nachhaltigkeit der Produkte oder des Unternehmens legen; gleichzeitig bringt die Studie aber auch ans Licht, dass die innere Haltung der Verbraucher stark variieren kann. Lediglich bei 10% der Befragten stellt die Nachhaltigkeit bei Kaufentscheidungen einen bestimmenden Faktor, eine deutliche Mehrheit (59%) gehört dem Bereich der Unentschlossenen an und etwa ein Drittel der Befragten (31%) steht der Nachhaltigkeit gleichgültig gegenüber.[545]

Einige Studien weisen zwar darauf hin, dass das Bewusstsein der Öffentlichkeit für die Notwendigkeit eines gesellschaftlichen Umdenkens langsam steigt,[546] doch diese positive Tendenz wird relativiert, wenn es um die Auswahl nachhaltiger Produkte geht, die unter Umständen mit höheren Preisen einhergeht. Einer aktuellen Umfrage zufolge werden diese von nur etwa 50% der Verbraucher weitestgehend

---

544 Borzaga/Galera/Franchini u.a., Social enterprises and their ecosystems in Europe, 2020, S. 142.

545 Hedewig-Mohr, planung&analyse, 2018.

546 PricewaterhouseCoopers, Surviving the Retail Apocalypse, 2019, S. 8.

akzeptiert, im Schnitt wäre also nur jeder zweite Verbraucher bereit, für nachhaltige Produkte mehr zu zahlen.[547] Diese Zahl ist noch sehr gering und bietet reichlich Raum für Verbesserung, welchen Hedewig-Mohr insbesondere bei der Kategorie der noch „Unentschlossenen“ sieht, die sich zwar mit dem Thema der Nachhaltigkeit bereits beschäftigt und entsprechendes Bewusstsein entwickelt haben, doch von einem Produkt einen Mehrwert erwarten.[548]

Soziale Unternehmen und ihre Produkte bzw. Dienstleistungen erfüllen diese Anforderung par excellence, da gerade die Verbindung des Gewinns mit der Schaffung eines gesellschaftlichen Mehrwerts zum Kern ihres Geschäftsmodells gehört. Ein geeigneter Ansatz ist somit bereits vorhanden, er muss aber stärker in der Gesellschaft ankommen. Verbraucher machen es sich gerne leicht und sind häufig der Meinung, dass die öffentliche Hand und der Privatsektor in der alleinigen Verantwortung stehen, wenn es um eine nachhaltigere Zukunftsentwicklung geht. So – zumindest die Ergebnisse einer weltweiten Studie aus dem Jahr 2019 mit mehr als 21.000 Teilnehmern – sind Verbraucher davon überzeugt, dass die Gesetzgebung einige Produkte verbieten sollte und Händler bspw. die Umweltfreundlichkeit entlang der gesamten Wertschöpfungskette fördern sollten.[549] Dem ist im Grundsatz nichts entgegenzusetzen, doch das alleine reicht nicht aus. Die Verantwortung wird neben dem Gesetzgeber und dem Privatsektor auch von den Verbrauchern getragen und ist nicht nur eine Form der Pflicht, sondern verleiht ihnen auch eine große Macht darüber, welche Geschäftsmodelle schließlich auf dem Markt mit Erfolg bestehen bleiben. Somit ist es erforderlich, dass Verbraucher gezielt ihr Bewusstsein und ihre Informiertheit über nachhaltigkeitsbezogene und verantwortungsvolle Geschäftspraktiken erhöhen und diese Aspekte auch bei ihren Kaufentscheidungen umsetzen.

Dennoch muss an dieser Stelle hervorgehoben werden, dass der Gesetzgeber die größte Verantwortung für eine nachhaltige Transformation trägt, indem er die Möglichkeit hat, durch seine Regulatorik den Markt so zu gestalten, dass seine Kräfte sowohl effektiv als auch zugunsten der Gesellschaft wirken. Obwohl der bisherige Gang der Untersuchung zeigte, dass diese Zielsetzung mit den Prinzipien einer marktbasierten Wirtschaft durchaus zu vereinen ist, bedeutet es nicht, dass die öffentliche Hand sämtliches Wirtschaftsgeschehen dem Markt überlassen soll. Wenn es zum Marktversagen kommt, muss der Gesetzgeber die Marktwirtschaft so gestalten, dass ihre Versagensanfälligkeit möglichst geringgehalten wird und die sozialen und ökologischen Belange nicht als Markthindernis, sondern als Marktchance begriffen werden.

---

547 Handelsjournal, Das Wirtschaftsmagazin für den Handel, 2019.

548 Hedewig-Mohr, planung&analyse, 2018.

549 PricewaterhouseCoopers, Surviving the Retail Apocalypse, 2019, S. 8.

Der aktuelle rechtliche Rahmen der EU und seine größten ungelösten Probleme

Die Europäische Union hat sich dem Thema der Nachhaltigkeit seit ihrer Gründung verschrieben und das sowohl auf europäischer als auch globaler Ebene: in Art. 3 Abs. 3 EUV stipuliert sie ihr Ziel einer nachhaltigen Entwicklung Europas auf der Grundlage eines ausgewogenen Wirtschaftswachstums und in Art. 3 Abs. 5 EUV ihr Vorhaben, einen Beitrag zur globalen nachhaltigen Entwicklung zu leisten. Diesen Prinzipien ist die EU durch ihre bisherigen Strategien, Rechtsakte und weitere Maßnahmen treu geblieben und die jüngsten Entwicklungen beweisen, dass dem Thema der Nachhaltigkeit in der Zukunft eine große Bedeutung zukommen wird. Auch wenn diese Tendenz zu begrüßen und auch zu erkennen ist, dass der Privatsektor immer stärker eingebunden werden soll, bestehen auf Ebene des Gesetzgebers noch wichtige Hürden, welche das optimale Wirkungspotential des Privatsektors bei dem Transformationsprozess in Richtung Nachhaltigkeit hemmen. Nachfolgend wird zum besseren Verständnis zunächst (1) die Entwicklung des Nachhaltigkeitsgedanken und der gesellschaftlichen Verantwortung des Unternehmertums und entsprechende Regulatorik auf Ebene der EU vorgestellt, anschließend (2) spezifisch auf die rechtliche Regulierung des sozialen Unternehmertums und des Impact Investing eingegangen und schließlich (3) eine kritische Bewertung der bisherigen Strategien und Rechtsakte vorgenommen sowie wünschenswerte und zu empfehlende Schritte des Gesetzgebers zur Stärkung des Wirkungspotentials des Privatsektors herausgearbeitet.

5.1 Nachhaltigkeitskonzept in der EU

5.1.1 Richtungsgebende Entwicklungen

Wie oben erwähnt, gehört die nachhaltige Entwicklung zu den grundlegenden Zielen der EU seit ihrer Gründung und wird dementsprechend auch in den Gründungsdokumenten festgehalten. Diese Zielsetzung vertiefte die EU im Jahr 2001 durch ihre Strategie für nachhaltige Entwicklung, in der die Europäische Kommission festhielt, dass Wirtschaftswachstum, sozialer Zusammenhalt sowie Umweltschutz auf lange Sicht Hand in Hand gehen müssen, weswegen die nachhaltige Entwicklung zum Kernelement aller Politikfelder gemacht werden müsse.[550] Diese Strategie enthielt grundsätzlich nur wesentliche Leitprinzipien und keine konkret umzusetzenden Ziele; von grundlegender Bedeutung ist aber der Entschluss der Kommission, in ihrer Politik und Normensetzung dem **marktorientierten Ansatz,**[551] welcher preisliche Anreize bietet, stets Vorzug zu gewähren, wenn „Aussicht dafür besteht, dass die sozialen und umweltpolitischen Ziele mit diesem Ansatz auf flexible und kosteneffiziente Weise erreicht werden können".[552]

Einen weiteren wichtigen Meilenstein auf europäischer Ebene stellt die im Jahr 2010 verabschiedete und auf 10 Jahre angelegte Strategie Europa 2020 dar, welche sich zum Ziel setzte, das Wachstum intelligent, nahhaltig und integrativ zu gestalten. Diese Strategie ist nicht nur deswegen von Bedeutung, weil sie erstmals konkrete Leitziele in Bereichen wie Beschäftigung, Klimaschutz, Bildung oder Armutsbekämpfung formuliert, sondern auch, weil sie die Antwort der europäischen Politik auf die mit der Finanzkrise verbundenen Herausforderungen darstellt. In diesem Zusammenhang bezeichnete der ehemalige Präsident der Europäischen Kommission José Manuel Barroso die Krise als einen Weckruf und eine Bedrohung des sozialen Zusammenhalts, weswegen er vor einem „weiter so wie bisher" warnte und für eine entschlossenere und kohärentere Antwort der Politik im Sinne eines intelligenten, nachhaltigen und integrativen Wachstums plädierte.[553] Diese Begriffe definierte die Strategie dabei wie folgt: (1) Intelligentes Wachstum: Entwicklung einer auf Wissen und Innovation gestützten Wirtschaft; (2) Nachhaltiges Wachstum: Förderung einer ressourcenschonenden, ökologischeren und wettbewerbsfähigeren Wirtschaft und (3) Integratives Wachstum: Förderung einer Wirtschaft mit hoher Beschäftigung und ausgeprägtem sozialen und territorialen Zusammenhalt.[554]

Weitere politische und legislative Schritte der EU wurden durch das Verabschieden der Agenda 2030 im Jahr 2015 geprägt. Auf diese reagierte die EU ein Jahr später im Dokument „Auf dem Weg in eine nachhaltige Zukunft: Europäische Nachhaltigkeitspolitik" und erklärte ihre feste Entschlossenheit, bei

---

550 Europäische Kommission, Nachhaltige Entwicklung in Europa für eine bessere Welt:Strategie der Europäischen Union für die nachhaltige Entwicklung, 2001, S. 2, 7.

551 Hervorhebung durch die Europäische Kommission.

552 Europäische Kommission, Nachhaltige Entwicklung in Europa für eine bessere Welt:Strategie der Europäischen Union für die nachhaltige Entwicklung, 2001, S. 8.

553 Dass., EUROPA 2020. Eine Strategie für intelligentes, nachhaltiges und integratives Wachstum, 2010, S. 2.

554 Dass., EUROPA 2020. Eine Strategie für intelligentes, nachhaltiges und integratives Wachstum, 2010, S. 5.

der Umsetzung der Agenda und den Nachhaltigkeitszielen zusammen mit den Mitgliedstaaten eine Vorreiterrolle zu übernehmen. Den ersten Schritt der Umsetzung stellte aus Sicht der Kommission die vollständige Einbettung der Nachhaltigkeitsziele in den europäischen Politikrahmen, gefolgt von der Entwicklung einer längerfristigen Perspektive und einer Reflexion über die Schwerpunkte, die im Sinne der Umsetzung der Nachhaltigkeitsziele in den einzelnen Politikbereichen zu setzen sind.[555] Zur Schaffung eines faireren Binnenmarkts und einer klimaverträglichen, stärker kreislauforientierten und ressourceneffizienteren Wirtschaft erklärte die Kommission, dass ein neuer zukunftsorientierter Ansatz vorangetrieben und politische Maßnahmen zur Förderung von nachhaltigem Wachstum angepasst werden müssen. Als erste Maßnahme bei der Entwicklung einer Gesamtstrategie der EU für ein nachhaltiges Finanzwesen richtete die Kommission eine hochrangige Sachverständigengruppe (*High-Level Expert Group on Sustainable Finance,* HEG) ein, die mit zwei grundlegenden Aufgaben betraut wurde: zum einen sollte die Gruppe die Möglichkeiten sondieren, wie Finanzmärkte bei der Bewältigung der aktuellen Herausforderungen genutzt werden können und zum anderen weitere Empfehlungen im Hinblick auf andere Aspekte der Nachhaltigkeit in der Wirtschaft erarbeiten.[556]

Die HEG nahm ihre Arbeit im Januar 2017 auf und veröffentlichte im Januar 2018 ihren Abschlussbericht *Financing a Sustainable European Economy*, in welchem sie zwei wesentliche Imperative eines nachhaltigen Finanzwesens identifizierte: (1) Verbesserung des Beitrags des Finanzsektors zum nachhaltigen und integrativen Wachstum sowie zur Milderung des Klimawandels und (2) Stärkung der finanziellen Stabilität durch die Einbeziehung von ESG-Faktoren in die Investitionsentscheidungen.[557] Im Rahmen dieser zwei grundlegenden Forderungen schlug die HEG diverse bereichsübergreifende, aber auch auf bestimmte Sektoren ausgerichtete Maßnahmen vor, die von der wesentlichen Idee geprägt wurden, dass eine nachhaltige Entwicklung unumstößlich an Langfristigkeit gebunden ist.[558]

---

555 Dass., Auf dem Weg in eine nachhaltige Zukunft, 2016, S. 3 f.

556 Dass., Auf dem Weg in eine nachhaltige Zukunft, 2016, S. 12.

557 EU High-Level Expert Group on Sustainable Finance, Financing a Sustainable European Economy, 2018, S. 6.

558 Dass., Financing a Sustainable European Economy, 2018, S. 9.

5.1.2 Aktuelles Verständnis der Nachhaltigkeit

5.1.2.1 Aktionsplan zur Finanzierung nachhaltigen Wachstums

Basierend auf den Empfehlungen der HEG veröffentlichte die Europäische Kommission im März 2018 ihren Aktionsplan: Finanzierung nachhaltigen Wachstums, welches drei grundlegende Ziele verfolgt: (1) Umlenkung der Kapitalflüsse in Richtung nachhaltige Investitionen, um ein nachhaltiges und integratives Wachstum zu erreichen; (2) Bewältigung der finanziellen Risiken, die sich aus Klimawandel, der Ressourcenknappheit, der Umweltzerstörung und sozialen Problemen ergeben; und (3) Förderung der Transparenz und Langfristigkeit in der Finanz- und Wirtschaftstätigkeit.[559] Der Aktionsplan stellt in zweierlei Hinsicht einen wichtigen Meilenstein bei der Transformation der geltenden Wirtschaftsordnung dar, denn zum einen rückt er mit Blick auf die Bewältigung der enormen Herausforderungen unserer Zeit den Begriff der Nachhaltigkeit in den Fokus, und zum anderen nimmt er durch ein breit gefächertes Bündel von Regulierungsmaßnahmen diverse Finanzmarktakteure wie Kapitalverwaltungsgesellschaften, Versicherungen, Pensionskassen oder Banken zunehmend in die Pflicht, ihren Beitrag zu einem nachhaltigen Finanzsystem zu leisten.[560] Die europäische Union stellte nämlich eine enorme Investitionslücke für nachhaltige Projekte in Höhe von etwa 260 Milliarden Euro pro Jahr fest, und um diese zu schließen reichen die Finanzierungsmöglichkeiten der öffentlichen Hand alleine nicht aus. Vielmehr – so die Sicht der Kommission – kommt dem Finanzsektor eine Schlüsselrolle zu, indem er Investitionen auf nachhaltigere Geschäftsmodelle umlenken und somit zur Schaffung einer Kreislaufwirtschaft beitragen kann.[561]

Auch in diesem Dokument bekräftigte die Kommission erneut, dass der Übergang zur nachhaltigen Wirtschaft keinesfalls nur mit der Reduzierung des ökologischen Fußabdrucks und der Beseitigung bestehender Ungleichheiten verbunden ist, sondern auch im Hinblick auf die Wettbewerbsfähigkeit, Kostenverringerung und effiziente Gestaltung von Produktionsabläufen eine elementare Rolle spielt.[562] Darüber hinaus befasste sich die Kommission mit dem Thema der Langfristigkeit, welche mit der Nachhaltigkeit nach ihrer Auffassung Hand in Hand geht und forderte

559 Europäische Kommission, Aktionsplan: Finanzierung nachhaltigen Wachstums, 2018, S 3.

560 Voigt/Kern, Börsen-Zeitung, 2019.

561 Europäische Kommission, Overview of sustainable finance, 2021.

562 Dies., Aktionsplan: Finanzierung nachhaltigen Wachstums, 2018, S. 3.

somit eine Reduktion von unangemessenen Forderungen nach kurzfristigen Renditen bei Finanz- und Wirtschaftsentscheidungen:

> Langfristigkeit beschreibt den Prozess, Entscheidungen mit langfristigen Zielen oder Auswirkungen zu treffen. Investitionen in umweltpolitische und soziale Ziele erfordern eine langfristige Ausrichtung. Gleichwohl konzentriert sich die derzeitige Marktpraxis häufig auf die kurzfristige Erzielung von hohen Renditen. Ein zentrales Anliegen der Nachhaltigkeitsagenda ist deshalb, unangemessene Forderungen nach kurzfristiger Rendite bei Finanz- und Wirtschaftsentscheidungen zu reduzieren.[563]

Die Kommission erklärte zudem, dass Unternehmen wesentlich zu einer nachhaltigeren Wirtschaft beitragen können. Ausgehend von der Erkenntnis, dass der kurzfristige Marktdruck eine Verlängerung des Zeithorizonts bei Unternehmensentscheidungen häufig erschwert, hat die Kommission die Entscheidung getroffen, eine nachhaltige Unternehmensführung zu fördern und das kurzfristige Denken auf den Kapitalmärkten abzubauen.[564] Darüber hinaus wurden insgesamt neun weitere Maßnahmen beschlossen, welche die Europäische Kommission in ihrem Zusammenspiel wie folgt visualisiert:

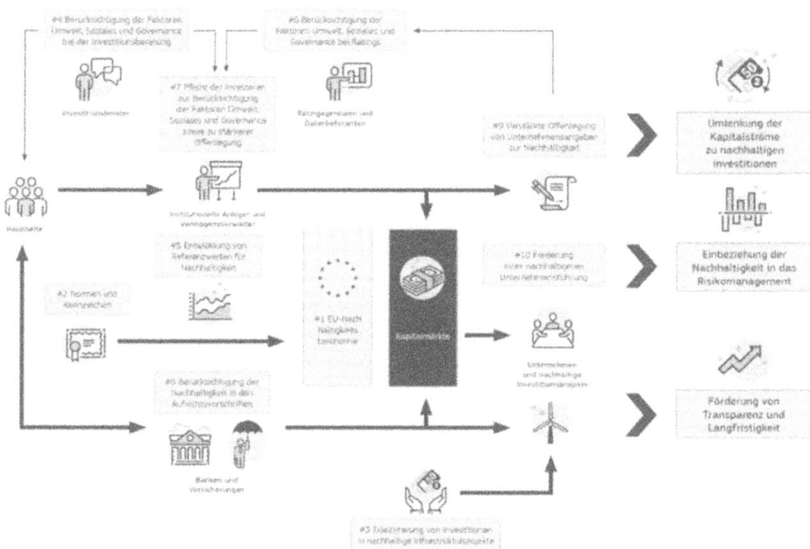

Abbildung 9: Maßnahmen des Aktionsplans zur Finanzierung nachhaltigen Wachstums der Europäischen Kommission

563 Dies., Aktionsplan: Finanzierung nachhaltigen Wachstums, 2018, S. 4.
564 Dies., Aktionsplan: Finanzierung nachhaltigen Wachstums, 2018, S. 14.

Dieser Aktionsplan ist aus Sicht der Praxis aufgrund seines breiten Maßnahmenspektrums durchaus zu begrüßen und das nicht nur unter dem Gesichtspunkt, dass die jeweiligen Maßnahmen zu mehr Rechtsklarheit und der Einführung lang geforderter Standards führen, sondern auch aus einer rechtspolitischen Sicht, da sie eine ganzheitliche Linse auf den Finanzmarkt anwenden und seine Funktionsweise stärker an das Konzept der Nachhaltigkeit im Zusammenhang mit der wichtigen Rolle des Privatsektors anbinden.

5.1.2.2 Bestimmung einer nachhaltigen Investition im Sinne der sog. Offenlegungsverordnung

Der erste Rechtsakt der EU, welcher eine einheitliche Definition des Begriffs „nachhaltige Investition" bietet, ist die im November 2019 verabschiedete sog. Offenlegungsverordnung.[565] Ziel dieser Verordnung ist die Harmonisierung nachhaltigkeitsbezogener Offenlegungspflichten, um in der Zukunft divergierende Maßnahmen und Ansätze und die dadurch verursachten erheblichen Wettbewerbsverzerrungen zu verhindern. Zudem sollen durch die Verordnung auch die Fragmentierung des Marktes und die schwierige Vergleichbarkeit von Finanzprodukten in Bezug auf ihre ESG-Risiken sowie auf nachhaltige Investitionsziele behoben werden, um bestehende Hindernisse für das Funktionieren des Binnenmarktes zu beseitigen.[566] Die Verordnung enthält diverse an Finanzmarktteilnehmer und -berater gerichtete Transparenzanforderungen im Hinblick auf die Nachhaltigkeit, denen folgende Definition einer nachhaltigen Investition gem. Art. 2 Nr. 17 zugrunde liegt:

> eine Investition in eine wirtschaftliche Tätigkeit, die zur Erreichung eines Umweltziels beiträgt, gemessen bspw. an Schlüsselindikatoren für Ressourceneffizienz bei der Nutzung von Energie, erneuerbarer Energie, Rohstoffen, Wasser und Boden, für die Abfallerzeugung, und Treibhausgasemissionen oder für die Auswirkungen auf die biologische Vielfalt und die Kreislaufwirtschaft, oder eine Investition in eine wirtschaftliche Tätigkeit, die zur Erreichung eines sozialen Ziels beiträgt, insbesondere eine Investition, die zur Bekämpfung von Ungleichheiten beiträgt oder den sozialen Zusammenhalt, die soziale Integration und die Arbeitsbeziehungen fördert oder eine Investition in Humankapital oder zugunsten wirtschaftlich oder sozial benachteiligter Bevölkerungsgruppen, vorausgesetzt, dass diese Investitionen keines dieser Ziele erheblich beeinträchtigen und

565 Verordnung (EU) 2019/2088 des Europäischen Parlaments und des Rates vom 27. November 2019 über nachhaltigkeitsbezogene Offenlegungspflichten im Finanzdienstleistungssektor.

566 Erwägunggrund 9.

die Unternehmen, in die investiert wird, Verfahrensweisen einer guten Unternehmensführung anwenden, insbesondere bei soliden Managementstrukturen, den Beziehungen zu den Arbeitnehmern, der Vergütung von Mitarbeitern sowie der Einhaltung der Steuervorschriften.

Die Offenlegungsverordnung wurde aus guten Gründen als „zentrales Element der europäischen Regulierungsbestrebungen im Zusammenhang mit der Berücksichtigung der Faktoren Umwelt, Soziales und gute Unternehmensführung durch Finanzakteure“ bezeichnet.[567] Sie basiert auf der Erkenntnis, dass Investitionsentscheidungen und Anlageberatung negative und wesentliche Auswirkungen auf die Nachhaltigkeitsfaktoren hervorrufen, dazu beitragen oder direkt damit verbunden sein können. Aus diesem Grund soll durch die Verordnung mehr Transparenz darüber geschaffen werden, wie Finanzmarktteilnehmer und Finanzberater Nachhaltigkeitsrisiken in ihre Tätigkeit einbeziehen.[568] Unter dem Begriff „Nachhaltigkeitsrisiko“ wird im Wesentlichen ein Ereignis oder eine Bedingung im Bereich ESG begriffen, dessen bzw. deren Eintreten (tatsächlich oder potentiell) wesentliche negative Auswirkungen auf den Wert der Investition haben könnte (Art. 2 Nr. 22).

Aus der Sicht von Kapitalverwaltungsgesellschaften dürften insbesondere die Pflichten nach Art. 6 und 8 bis 10 von besonderem Interesse sein. Nach Art. 6 sind Finanzmarktteilnehmer und -berater verpflichtet, Angaben zur Art und Weise zu machen, wie Nachhaltigkeitsrisiken bei ihren Investitionsentscheidungen einbezogen werden, sowie zu den Ergebnissen der Bewertung der zu erwartenden Auswirkungen von Nachhaltigkeitsrisken auf die Rendite der von ihnen zur Verfügung gestellten Finanzprodukte. Sollte ein Finanzmarktteilnehmer Nachhaltigkeitsrisiken dagegen als nicht relevant erachten, so ist er verpflichtet, diese Beurteilung im Rahmen einer klaren und knappen Begründung in den vorvertraglichen Informationen zu erläutern.

Darüber hinaus statuiert die Offenlegungsverordnung die Pflicht zu weiteren zwingenden Angaben in den vorvertraglichen Informationspflichten, wobei hier zunächst auf die Klassifizierung des beworbenen Produkts zu achten ist. Art. 8. bezieht sich auf sog. *Light green*-Produkte, mit denen ökologische oder soziale Merkmale oder deren Kombination beworben werden. Die Verordnung selbst definiert nicht, wann dieses Kriterium als erfüllt zu betrachten ist, dieses Tatbestandsmerkmal dürfte aber zumindest dann gegeben sein,

---

567 Glander/Lühmann/Jesch, Zeitschrift für Bank- und Kapitalmarktrecht 20 (2020), S. 485.

568 Erwägungsgründe 15, 16.

wenn Marketingmitteilungen oder vorvertragliche Informationen auf derartige Nachhaltigkeitsfaktoren verweisen und diese Faktoren bei der Allokation der eingesammelten Mittel berücksichtigt werden; für die Qualifikation im Sinne dieser Vorschrift ist es also unbeachtlich, wenn die eingesammelten Mittel nicht ausschließlich für nachhaltige Investitionen verwendet werden.[569] Nach Art. 8 Abs. 1 müssen die vorvertraglichen Informationen Angaben darüber enthalten, wie die beworbenen ökologischen oder sozialen Merkmale erfüllt werden. Art. 9 bezieht sich dagegen auf sog. *Dark green*-Produkte, mit denen ein dezidiertes Nachhaltigkeitsziel angestrebt wird; solche Investitionen müssen die Anforderungen von Art. 2 Abs. 17 erfüllen oder die Reduzierung der CO2-Emissionen anstreben.[570] Hier müssen die Adressaten nach Art. 9 Abs. 2 grundsätzlich angeben, wie das angestrebte Ziel erreicht werden soll. Obwohl die Einordnung als Art. 8- bzw. Art. 9-Produkt im Hinblick auf Wirkungserzielung von großer Bedeutung ist, wurde im Schrifttum bereits kritisch angemerkt, dass eine genaue Abgrenzung noch unklar ist und somit mit großen praktischen Problemen und Risiken für die Produktanbieter verbunden sein dürfte.[571] Obwohl diese Kritik nicht von der Hand zu weisen ist und noch weitere Kriterien entwickelt werden müssen, ist die Abgrenzung dennoch zu begrüßen, da der Gesetzgeber auf diese Art und Weise bereits zwischen einer Verantwortung auf Ebene der Kapitalanlage unterscheidet, die lediglich „am Rande" des Investments zu sehen ist und solcher Verantwortung, die durch die anvisierte Erreichung eines Nachhaltigkeitsziels deutlich tiefer verankert ist, wodurch insgesamt eine höhere Stufe der RI erreicht wird.

5.1.2.3 Klassifikationssystem für ökologische und soziale Nachhaltigkeit

Eine weitere Konkretisierung im Hinblick auf die ökologische Nachhaltigkeit erfolgte durch die im Juni 2020 (im Einklang mit der Empfehlung der HEG) verabschiedete sog. Taxonomie-Verordnung,[572] in welcher europaweit einheitliche

569 Glander/Lühmann/Jesch, Zeitschrift für Bank- und Kapitalmarktrecht 20 (2020), S. 545 f.

570 Krakuhn/Stiefel/Gilles, Zeitschrift für internationale Rechnungslegung 16 (2021), S. 135.

571 Glander/Lühmann/Jesch, Zeitschrift für Bank- und Kapitalmarktrecht 20 (2020), S. 547.

572 Verordnung (EU) 2020/852 des Europäischen Parlaments und des Rates vom 18. Juni 2020 über die Einrichtung eines Rahmens zur Erleichterung nachhaltiger Investitionen und zur Änderung der Verordnung (EU) 2019/2088.

Kriterien festgelegt wurden, nach denen Wirtschaftsaktivitäten als ökologisch nachhaltig beurteilt werden können. Bereits im Jahr 2018 hielt die HEG fest, dass ein solches Klassifikationssystem (sog. *sustainability taxonomy*) notwendig ist, um auf dem Markt Klarheit darüber zu schaffen, was nachhaltig ist. Durch einheitliche Bedingungen sollte nach Auffassung der HEG die dringend benötigte Vergleichbarkeit zwischen unterschiedlichen Rechtsordnungen, Standards und Gütesiegeln geschaffen und somit schließlich die Bereitschaft der Marktteilnehmer zu Investitionen in nachhaltigkeitsbezogene Anlagen erhöht werden. Die konkrete Ausformulierung von Definitionen oder die Entwicklung einheitlicher Kriterien überließ die Expertengruppe selbstverständlich dem Gesetzgebungsverfahren der Europäischen Union, hielt aber als Orientierung fest, dass das System ein breites Spektrum von Aktivitäten, Investitionen und Vermögenswerten abdecken sollte, die eindeutig mit dem Pariser Abkommen und den Zielen der nachhaltigen Entwicklung verknüpft sein sollten.[573]

Nach der Taxonomie-Verordnung ist eine Wirtschaftstätigkeit ökologisch nachhaltig, wenn sie (1) einen wesentlichen Beitrag zur Verwirklichung eines oder mehrerer Umweltziele leistet; (2) nicht zu einer erheblichen Beeinträchtigung eines oder mehrerer Umweltziele führt; (3) unter Einhaltung des festgelegten sozialen Mindestschutzes ausgeübt wird und (4) den von der Kommission festgelegten technischen Bewertungskriterien entspricht (vgl. Art. 3 der Taxonomie-Verordnung). Als Umweltziele gelten im Sinne dieser Verordnung wiederum a) Klimaschutz; b) Anpassung an den Klimawandel; c) Nachhaltige Nutzung und Schutz von Wasser- und Meeresressourcen; d) Übergang zu einer Kreislaufwirtschaft; e) Vermeidung und Verminderung der Umweltverschmutzung und f) Schutz und Wiederherstellung der Biodiversität und der Ökosysteme (vgl. Art. 9 der Taxonomie-Verordnung).

Aufgrund des Umstandes, dass insbesondere der voranschreitende Klimawandel eine schnelle Reaktion des Gesetzgebers verlangt, wurde zunächst die Taxonomie im Bereich der umweltbezogenen Wirtschaftstätigkeiten erarbeitet; es wurde jedoch davon ausgegangen, dass ähnliche Standards auch im Bereich Soziales entwickelt werden. In finaler Form erfolgte dieser Schritt bisher nicht, jedoch veröffentlichte die *Social Taxonomy Subgroup* der *EU Platform in Sustainable Finance* im Juli 2021 ihren Bericht über den Vorschlag für eine Sozialtaxonomie, in welchem unter anderem festgestellt wurde, dass es einen starken Bedarf an sozialen Investitionen gibt und auch Investoren zunehmen solche

573 EU High-Level Expert Group on Sustainable Finance, Financing a Sustainable European Economy, 2018, S. 15.

Arten von Anlagemöglichkeiten suchen. Deswegen sei es von großer Bedeutung einheitlich zu bestimmen, wann eine Investition als sozial nachhaltig gilt.[574] Dies sei im Vergleich zur ökologischen Nachhaltigkeit mit einigen praktischen Problemen verbunden, da sich Umweltziele und -kriterien auf die Wissenschaft stützen können, für einige soziale Themen es jedoch schwieriger sein könnte, sinnvolle quantitative Kriterien zu entwickeln. Deswegen sei damit zu rechnen, dass international anerkannte Konventionen und Abkommen eine große Rolle spielen würden; zudem müssen die Kriterien im Vergleich zur ökologischen Taxonomie nicht mit wirtschaftlichen Tätigkeiten, sondern mit der Wirtschaftseinheit verknüpft werden.[575]

Trotz der beschriebenen Unterschiede soll die Sozialtaxonomie in enger Anlehnung an die Systematik der bereits vorhandenen ökologischen Taxonomie erarbeitet werden und der Bericht schlägt bereits zwei konzeptuelle Modelle vor. Die erste Alternative wäre das Erarbeiten einer einheitlichen Taxonomie für sowohl sozial als auch ökologisch nachhaltige Aktivitäten; die zweite Alternative sieht dagegen zwei voneinander unabhängige Taxonomie-Systeme vor, zwischen denen die Einführung von Mindestgarantien eine Verbindung zwischen dem ökologischen und dem sozialen Teil darstellen würde.[576] Nach der Konsultationsphase wird der Bericht überarbeitet, es bleibt jedoch anzumerken, dass es sich hierbei nicht um eine Konsultation der Kommission selbst handelt, vielmehr wird diese erst zum späteren Zeitpunkt entscheiden, ob und ggfs. in welcher Form die Sozialtaxonomie überhaupt verabschiedet wird, sodass die Entwicklung noch völlig offen und für den Finanzsektor noch mit großer Unsicherheit verbunden ist.

5.1.2.4 Der sog. „Grüne Deal" und eine neue Vision für die Zukunft

Die oben beschriebenen Gesetzgebungsakte sind Teile einer deutlich breiter ausgerichteten Wachstumsstrategie, durch welche die EU das Ziel verfolgt, ihre Wirtschaft und Gesellschaft umzugestalten und sie auf einen nachhaltigeren Weg zu bringen. Dieser sog. europäische „Grüne Deal", welcher von der Europäischen Kommission Ende 2019 vorgestellt wurde, wird als integraler Bestandteil der Strategie der Kommission zur Umsetzung der Agenda 2030 verstanden. Durch ihn soll die makroökonomische Koordinierung auf Ebene der EU so

574 Platform on Sustainable Finance, Draft Report by Draft Report by Subgroup 4: Social Taxonomy, 2021, S. 10 f.

575 Dass., Draft Report by Draft Report by Subgroup 4: Social Taxonomy, 2021, S. 19 f.

576 Dass., Draft Report by Draft Report by Subgroup 4: Social Taxonomy, 2021, S. 52 ff.

erfolgen, dass die SDGs zum Hauptthema der Politikgestaltung gemacht und die Nachhaltigkeit und die Wohlfahrt der Menschen ins Zentrum der Wirtschaftspolitik gerückt werden.[577] Durch die jeweiligen noch zu entwickelnden Strategien möchte die EU zu einer fairen und wohlhabenden Gesellschaft mit einer modernen, ressourceneffizienten und wettbewerbsfähigen Wirtschaft und bis 2050 klimaneutral werden. Zudem soll das Wirtschaftswachstum von der Ressourcennutzung abgekoppelt, das Naturkapital der EU bewahrt sowie die Gesundheit und das Wohlergehen der Menschen vor umweltbedingten Risiken und Auswirkungen geschützt werden. Die Kommission spricht in diesem Zusammengang von einem gerechten und inklusiven Übergang, bei welchem **Menschen** an erster Stelle stehen müssen.[578] Weiter führt die Kommission aus:

> Um den europäischen Grünen Deal umzusetzen, muss die Politik in Bezug auf die Versorgung der gesamten Wirtschaft mit sauberer Energie sowie in den Bereichen Industrie, Produktion und Verbrauch, großräumige Infrastruktur, Verkehr, Ernährung und Landwirtschaft, Bauwesen, Besteuerung und Sozialleistungen überdacht werden. Zur Verwirklichung dieser Ziele muss dem Schutz und der Wiederherstellung der natürlichen Ökosysteme, der nachhaltigen Nutzung der Ressourcen und der Verbesserung der menschlichen Gesundheit ein höherer Stellenwert beigemessen werden. Hier ist ein Wandel am dringendsten nötig und potentiell von größtem Nutzen für die Wirtschaft, Gesellschaft und die natürliche Umwelt. Die EU sollte Unterstützung und Finanzmittel für den notwendigen digitalen Wandel und die erforderlichen digitalen Instrumente bereitstellen, da sie wesentliche Voraussetzungen für die Veränderungen sind.
>
> Auch wenn all diese Aktionsbereiche eng miteinander verknüpft sind und sich gegenseitig verstärken, muss doch genau auf mögliche Konflikte zwischen wirtschaftlichen, ökologischen und sozialen Zielen geachtet werden. Im Rahmen des Grünen Deals werden alle politischen Hebel konsequent genutzt: Regulierung und Normung, Investitionen und Innovation, nationale Reformen, Dialog mit den Sozialpartnern und internationale Zusammenarbeit. Damit niemand auf der Strecke bleibt, werden die Maßnahmen an der europäischen Säule sozialer Rechte ausgerichtet sein.[579]

Auf eine sehr interessante Entwicklung im Bereich der Nachhaltigkeit weisen zudem die jüngsten Dokumente der EU hin. Zunehmend wird nämlich die Tendenz ersichtlich, dass das Umdenken nicht nur die Art des Wirtschaftens, sondern auch die Art der Lebensführung und der gesellschaftlichen Ordnung im Allgemeinen betreffen soll. In der sog. „Neuen strategischen Agenda 2019-2024" des Europäischen Rates wird bspw. gefordert, die Politik so zu gestalten, dass sie

577 Europäische Kommission, Der europäische Grüne Deal, 2019, S. 3.
578 Dass., Der europäische Grüne Deal, 2019, S. 2.
579 Dass., Der europäische Grüne Deal, 2019, S. 4.

die gesellschaftlichen Werte widerspiegelt, Inklusivität fördert und mit unserem Lebensstil vereinbar bleibt; zudem soll gesellschaftlichen Fragen beim Übergang zu einer faireren und inklusiveren Zukunft besondere Aufmerksamkeit zukommen.[580] Auch das Reflexionspapier „Auf dem Weg zu einem nachhaltigen Europa bis 2030" der Europäischen Kommission vom Januar 2019 spricht von einer „Nachhaltigkeitswende"[581] und macht eine interessante Beobachtung, nämlich die, dass neun EU-Mitgliedstaaten zu den 20 Ländern mit den glücklichsten Menschen der Welt gehören. Darüber hinaus stellt die Kommission im selben Atemzug einen Zusammenhang zu der Umsetzung der SDGs her und unter Einbeziehung des globalen Rankings des sog. SDG-Index hebt sie hervor, dass die EU zu den Spitzenreitern bei der Umsetzung der Nachhaltigkeitsziele gehört.[582] Im Wesentlichen zeigen diese Entwicklungen, dass sich ein neues und einheitliches Verständnis der Bereiche Wirtschaft, Gesellschaft und Umwelt herausbildet bzw. vertieft, wie auch folgender Auszug aus dem Reflexionspapier belegt:

> Aus der soliden Faktenbasis für die wichtigsten Herausforderungen und Chancen im Bereich der Nachhaltigkeit ergibt sich, dass die EU den Fokus auf Produktion und Konsum in den Bereichen Werkstoffe und Produkte, Lebensmittel, Energie, Mobilität und baulich gestaltete Umwelt legen und dabei auch die sozialen Auswirkungen der Veränderungen in diesen Bereichen berücksichtigen sollte. In diesen Bereichen ist die Nachhaltigkeitswende am dringendsten nötig und potentiell mit dem größten Nutzen für die Wirtschaft, die Gesellschaft und die natürliche Umwelt in der EU verbunden; hier hat sie zudem starke globale Ausstrahlungseffekte. Diese Bereiche existieren nicht isoliert voneinander, sondern sie sind eng miteinander verflochten und verstärken sich wechselseitig.[583]

Einen weiteren wichtigen Schritt des EU-Gesetzgebers stellt das durch die Europäische Kommission in April 2021 angenommene sog. „*Sustainable finance package*" dar, durch welches nach eigenen Worten der Kommission ein ehrgeiziges und umfassendes Maßnahmenpaket verabschiedet wurde, das dazu beitragen soll, den Geldfluss in nachhaltige Aktivitäten in der gesamten EU zu verbessern und die EU zu einem weltweiten Vorreiter bei der Festlegung von Standards für nachhaltige Finanzen zu verbessern.[584] Zu diesem Paket gehören folgende Maßnahmen: (1) Delegierte Verordnung zur EU-Taxonomie; (2) der Vorschlag zur

---

580 Europäischer Rat, Eine neue strategische Agenda 2019-2024, 2019, S. 4 f.

581 Europäische Kommission, Reflexionspapier, 2019, S. 12.

582 Dies., Reflexionspapier, 2019, S. 7.

583 Dies., Reflexionspapier, 2019, S. 15.

584 Dass., Sustainable Finance and EU Taxonomy: Commission takes further steps to channel money towards sustainable activities, 2021.

Überarbeitung der sog. Richtlinie über die nichtfinanzielle Berichterstattung[585] und (3) sechs delegierte Änderungsakte, betreffend bspw. Investmentfonds oder Versicherungen.[586] Abschließend kann somit festgehalten werden, dass die aktuellen Gesetzgebungsprozesse eindeutig dahingehend zu verstehen sind, dass das Thema der Nachhaltigkeit in der EU weiter an Bedeutung gewinnen und von weiteren Rechtsakten gefolgt sein wird.

5.1.3 Gesellschaftliche Verantwortung und die Rolle des Privatsektors in der EU

5.1.3.1 Entwicklung des konzeptuellen Verständnisses der gesellschaftlichen Verantwortung

Neben der Wichtigkeit einer nachhaltigen Entwicklung wurde auf europäischer Ebene auch die Bedeutung der gesellschaftlichen Verantwortung des Privatsektors (und insbesondere des Unternehmertums) längst anerkannt. Bereits Mitte der 1990er Jahre griff die EU das Thema als solches auf und ihre erste regulatorische Konzeptualisierung präsentierte sie im Jahr 2001 im Dokument „Grünbuch: Europäische Rahmenbedingungen für die soziale[587] Verantwortung der Unternehmen“. Hier machte die EU die CSR zu ihrem Anliegen und erklärte, dass diese dazu beitragen kann, die Union zu einem Wirtschaftsraum zu machen, der fähig ist, ein dauerhaftes Wirtschaftswachstum mit einem größeren sozialen Zusammenhalt zu erzielen.[588] Der Begriff CSR wurde in diesem Dokument als „ein Konzept, das den Unternehmen als Grundlage dient, auf freiwilliger Basis soziale Belange und Umweltbelange in ihre Unternehmenstätigkeit und in die Wechselbeziehungen mit den Stakeholdern zu integrieren“ verstanden.[589]

Nachdem die Wirtschaftskrise und ihre sozialen Folgen das Vertrauen in die Wirtschaft erschütterten, wurde die Öffentlichkeit für die Leistungen der Unternehmen auf sozialem und ethischem Gebiet sensibilisiert. Dies nahm die Europäische Kommission zum Anlass, das Konzept der CSR zu modernisieren und entwickelte dementsprechend im Jahr 2011 eine neue EU-Strategie für die

---

585 S. dazu die unteren Ausführungen.

586 Europäische Kommission, EU Sustainable Finance, 2021, S. 2.

587 Deutsche Fassung des Grünbuchs verwendet den Begriff „soziale Verantwortung“, was von Schneider zutreffend kritisiert wurde; vielmehr würde sich die Übersetzung „gesellschaftliche Verantwortung“ anbieten, s. dazu Schneider, in: Schneider/Schmidpeter (Hrsg.), Corporate Social Responsibility, 2015, S. 24.

588 Kommission der Europäischen Gemeinschaften, Grünbuch, 2001, S. 3.

589 Dass., Grünbuch, 18.07.2001, S. 7.

soziale Verantwortung der Unternehmen.[590] Unter anderen bestand diese aus einem neuen definitorischen Ansatz, welcher wie folgt lautete: „die Verantwortung von Unternehmen für ihre Auswirkungen auf die Gesellschaft". Weiterhin setzte die Kommission fort, dass Unternehmen ein Verfahren einführen sollten, mit dem soziale, ökologische, ethische, Menschenrechts- und Verbraucherbelange in enger Zusammenarbeit mit den Stakeholdern in die Betriebsführung und in ihre Kernstrategie integriert werden.[591]

Der neue Ansatz der Europäischen Kommission wurde in der Literatur als gelungen bewertet, insbesondere im Hinblick darauf, dass er bereits zwischen negativen und positiven Aspekten der Verantwortung differenzierte. Während die ersten darauf abzielen, die schädlichen Auswirkungen unternehmerischen Handelns zu verhindern bzw. zu minimieren, verfolgen die positiven Aspekte das Ziel einer gemeinsamen Wertschaffung sowohl für Eigentümer als auch für andere Stakeholder und die gesamte Gesellschaft.[592] Schneider hebt zudem hervor, dass das neue Konzept im Vergleich zu seiner Vorgängerversion um den Bereich der Menschenrechte erweitert wurde und darüber hinaus den Aspekt der Freiwilligkeit stark relativierte.[593] Mit der überarbeiteten Konzeptualisierung setzte die Europäische Kommission wichtige Impulse für ein neues Verständnis der CSR, die Entwicklung des Konzepts scheint aber noch ein offenes Projekt zu sein.

In letzter Zeit ist die Tendenz erkennbar, dass die EU das Konzept der CSR immer deutlicher mit dem Nachhaltigkeitsgedanken verknüpft. Maßgeblich in diesen Sinne sind insbesondere zwei Dokumente vom 6. Februar 2013 mit einem richtungsweisenden Charakter zur sozialen Verantwortung der Unternehmen. In der Entschließung des Europäischen Parlaments „Rechenschaftspflichtiges, transparentes und verantwortungsvolles Geschäftsgebaren und nachhaltiges Wachstum" wurde bspw. die Übernahme gesellschaftlicher Verantwortung durch Unternehmen begrüßt und anerkannt, dass diese bei richtiger Umsetzung erheblich zur Wiederherstellung des verlorenen Vertrauens nach der Wirtschaftskrise beitragen kann, was wiederum „eine Voraussetzung

590 Europäische Kommission, Eine neue EU-Strategie (2011-14) für die soziale Verantwortung der Unternehmen (CSR), 2011, S. 5.

591 Dass., Eine neue EU-Strategie (2011-14) für die soziale Verantwortung der Unternehmen (CSR), 2011, S. 7.

592 Spießhofer, Unternehmerische Verantwortung, 2017, S. 277.

593 Schneider, in: Schneider/Schmidpeter (Hrsg.), Corporate Social Responsibility, 2015, S. 26.

für eine nachhaltige wirtschaftliche Erholung ist und die sozialen Folgen der Wirtschaftskrise entschärfen kann". Darüber hinaus wurde festgestellt, dass die Einbindung der gesellschaftlichen Verantwortung in eine nachhaltige Unternehmensstrategie im Interesse der Unternehmen und der Gesellschaft als Ganzes liegt,[594] und es wurde mit Nachdruck darauf hingewiesen, dass sozial verantwortliches Investieren ein Bestandteil des Prozesses ist, die gesellschaftliche Verantwortung im Rahmen von Investitionsentscheidungen zur Geltung zu bringen.[595] In der zweiten Entschließung des Europäischen Parlaments „Förderung der Interessen der Gesellschaft und ein Weg zu einem nachhaltigen und integrativen Wiederaufschwung" wurden diese Gedanken bekräftigt und erneut die Erkenntnis bestätigt, dass es zur sozialen Verantwortung der Unternehmen gehört, nachhaltige Geschäftsmodelle auszuarbeiten und sogar die sozialen Auswirkungen der damaligen Wirtschaftskrise abzufedern.[596]

In beiden Dokumenten wurden zahlreiche Maßnahmen mit eher unterstützendem als verbindlichem Charakter gefordert. Zu erwähnen ist bspw. die Aufforderung an nationale Behörden, innovative Geschäftsmodelle zu fördern, mit denen die Reziprozität zwischen Unternehmen und dem sozialen Umfeld, in dem diese tätig sind, gestärkt wird.[597] Zudem wurde darauf hingewiesen, dass die Offenlegung gegenüber Investoren und Verbrauchern ein zentraler Motor der CSR ist und sich auf soziale und ökologische Grundsätze stützen muss, die leicht messbar und anwendbar sind.[598] Gerade in diesem Hinblick waren die Forderungen der Entschließungen am fruchtbarsten, denn sie führten zur

594 Europäisches Parlament, Soziale Verantwortung der Unternehmen: Rechenschaftspflichtiges, transparentes und verantwortungsbewusstes Geschäftsgebaren und nachhaltiges Wachstum, 2013, Ziff. 2.

595 Dass., Soziale Verantwortung der Unternehmen: Rechenschaftspflichtiges, transparentes und verantwortungsbewusstes Geschäftsgebaren und nachhaltiges Wachstum, 2013, Ziff. 20.

596 Dass., Soziale Verantwortung der Unternehmen: Förderung der Interessen der Gesellschaft und ein Weg zu einem nachhaltigen und integrativen Wiederaufschwung, 2013, Ziff. 21.

597 Dass., Soziale Verantwortung der Unternehmen: Rechenschaftspflichtiges, transparentes und verantwortungsbewusstes Geschäftsgebaren und nachhaltiges Wachstum, 2013, Ziff. 9.

598 Dass., Soziale Verantwortung der Unternehmen: Förderung der Interessen der Gesellschaft und ein Weg zu einem nachhaltigen und integrativen Wiederaufschwung, 2013, Ziff. 69.

Verabschiedung der Richtlinie über die nichtfinanzielle Berichterstattung[599] (*Non-Financial Reporting Directive*, NFRD, zuvor auch CSR-Richtlinie genannt). In diesem Zusammenhang wurde nämlich erkannt, dass die Angabe solcher Informationen ein wesentliches Element der Bewältigung des Übergangs zu einer nachhaltigen globalen Wirtschaft darstellt, indem langfristige Rentabilität mit sozialer Gerechtigkeit und Umweltschutz verbunden wird.[600]

Die Richtlinie verpflichtete große Unternehmen,[601] in ihren Lageberichten auch eine nichtfinanzielle Erklärung mit Angaben aufzunehmen, die für das Verständnis des Geschäftsverlaufs, des Geschäftsergebnisses, der Lage des Unternehmens sowie der Auswirkungen seiner Tätigkeit erforderlich sind und sich mindestens auf Umwelt-, Sozial-, und Arbeitnehmerbelange, auf die Achtung der Menschenrechte und auf die Bekämpfung von Korruption und Bestechung beziehen (Art. 1 Nr. 1 NFRD). Wie oben bereits erwähnt wurde im Rahmen des sog. *Sustainable finance package* vom April 2021 ein neuer Entwurf dieser Richtlinie vorgelegt. Dieser sieht einige grundlegende Änderungen vor, sodass er in den ersten Stellungnahmen aus der Praxis sogar als der Beginn eines neuen Zeitalters bezeichnet wurde.[602] Tatsächlich ist der Entwurf sehr ambitioniert und impliziert große Umstellungen in der Praxis, da er die betroffenen Unternehmen dazu bewegen wird, sich mit den Konsequenzen ihres unternehmerischen Handelns für Umwelt und Gesellschaft viel intensiver als bisher auseinanderzusetzen.

5.1.3.2 Praktische Auswirkungen der Änderung der sog. CSR-Richtlinie

Die erste wichtige Anpassung ist die signifikante Erweiterung des Anwendungsbereichs. Die noch geltenden Vorgaben gelten für große Unternehmen von öffentlichem Interesse mit einer durchschnittlichen Mitarbeiterzahl von mehr als 500 bzw. für Unternehmen von öffentlichem Interesse, bei denen es sich um Mutterunternehmen einer großen Gruppe mit einer durchschnittlichen Mitarbeiterzahl von mehr als 500 auf konsolidierter Basis handelt.[603] Der Entwurf

599 Richtlinie 2014/95/EU des Europäischen Parlaments und des Rates vom 22. Oktober 2014 zur Änderung der Richtlinie 2013/34/EU im Hinblick auf die Angabe nichtfinanzieller und die Diversität betreffender Informationen durch bestimmte große Unternehmen und Gruppen.

600 Erwägungsgrund 3.

601 Zum Anwendungsbereich s. den folgenden Abschnitt.

602 Heller, Die Corporate Sustainability Reporting Directive (CSRD), 2021.

603 Vgl. Art. 1 Nr. 1 bzw. Art. 1 Nr. 3 der NFRD.

verpflichtet jedoch angesichts des wachsenden Bedarfs der Informationennutzer zusätzliche Kategorien von Unternehmen zur entsprechenden Berichterstattung; daher sollen künftig auch Unternehmen, die an den regulierten Märkten der EU notiert sind (mit Ausnahmen von börsennotierten Kleinstunternehmen) sowie sämtliche große Unternehmen dazu verpflichtet werden, die neuen EU-weiten Standards für die Nachhaltigkeitsberichterstattung anzuwenden.[604] Nach Art. 3 Abs. 4 der sog. Bilanz-Richtlinie[605] handelt es sich dabei um solche Unternehmen, die mindestens zwei der drei folgenden Größenmerkmale überschreiten: (1) Bilanzsumme 20 Millionen Euro; (2) Nettoumsatzerlöse 40 Millionen Euro oder (3) durchschnittliche Zahl der während des Geschäftsjahres Beschäftigten: 250. Darüber hinaus müssen künftig auch Unternehmen, die Mutterunternehmen einer großen Gruppe sind, Berichte auf Gruppenebene erstellen.[606] Angesichts dieser Erweiterung wird geschätzt, dass künftig in der EU etwa 49.000 Unternehmen unter die neuen Pflichten fallen werden, derzeit sind es dagegen nur rund 11.600.[607]

Eine signifikante Änderung stellt zudem auch die Ausrichtung der berichtspflichtigen Aspekte dar, welche sich bereits in der verwendeten Terminologie widerspiegelt. Während die bisherige Richtlinie noch den Begriff „*non-financial*" verwendete, trägt der neue Entwurf den Titel *Corporate Sustainability Reporting Directive* (CSRD) und befasst sich mit der Berichterstattung im Zusammenhang mit Nachhaltigkeit. Damit wird nicht nur eine terminologische Anpassung, sondern vielmehr ein neues Selbstverständnis der regulatorischen Richtung

---

604 Europäische Kommission, Vorschlag für eine Richtlinie des Europäischen Parlaments und des Rates zur Änderung der Richtlinien 2013/34/EU, 2004/109/EG und 2006/43/EG und der Verordnung (EU) Nr. 537/2014 hinsichtlich der Nachhaltigkeitsberichterstattung von Unternehmen, 2021, S. 13.

605 Richtlinie 2013/34/EU des Europäischen Parlaments und des Rates vom 26. Juni 2013 über den Jahresabschluss, den konsolidierten Abschluss und damit verbundene Berichte von Unternehmen bestimmter Rechtsformen und zur Änderung der Richtlinie 2006/43/EG des Europäischen Parlaments und des Rates und zur Aufhebung der Richtlinien 78/660/EWG und 83/349/EWG.

606 Europäische Kommission, Vorschlag für eine Richtlinie des Europäischen Parlaments und des Rates zur Änderung der Richtlinien 2013/34/EU, 2004/109/EG und 2006/43/EG und der Verordnung (EU) Nr. 537/2014 hinsichtlich der Nachhaltigkeitsberichterstattung von Unternehmen, 2021, Art. 1 Nr. 7.

607 Dass., Vorschlag für eine Richtlinie des Europäischen Parlaments und des Rates zur Änderung der Richtlinien 2013/34/EU, 2004/109/EG und 2006/43/EG und der Verordnung (EU) Nr. 537/2014 hinsichtlich der Nachhaltigkeitsberichterstattung von Unternehmen, 2021, S. 13.

zum Ausdruck gebracht.[608] Im Einklang mit dieser Neuausrichtung werden die betroffenen Unternehmen künftig verpflichtet, in den Lagebericht solche Informationen aufzunehmen, die für das Verständnis der nachhaltigkeitsrelevanten Auswirkungen der Tätigkeiten des Unternehmens sowie das Verständnis der Auswirkungen von Nachhaltigkeitsaspekten auf Geschäftsverlauf, Geschäftsergebnis und Lage des Unternehmens erforderlich sind. Diese Informationen umfassen bspw. eine kurze Beschreibung von Geschäftsmodell und Strategie des Unternehmens; eine Beschreibung der Nachhaltigkeitsziele, die sich das Unternehmen gesetzt hat oder eine Beschreibung der Rolle der Verwaltungs-, Leitungs- und Aufsichtsorgane im Zusammenhang mit Nachhaltigkeitsaspekten. Die Unternehmen werden ferner verpflichtet, das Verfahren zur Ermittlung dieser Informationen mitzuteilen; die Informationen müssen zudem zukunftsgerichtete und retrospektive sowie qualitative und quantitative Angaben umfassen.[609]

Ein weiterer wichtiger Aspekt des neuen Entwurfs ist die Bemühung um Standardisierung der vorzulegenden Informationen. Um dieser Zielsetzung gerecht zu werden, ermächtigt der Vorschlag die Europäische Kommission, einheitliche Standards für die Nachhaltigkeitsberichterstattung mittels delegierter Rechtsakte zu erlassen; in diesen sollen die zu meldenden Informationen sowie ggfs. die Struktur spezifiziert werden.[610] Im Hinblick auf die Standards wird nämlich festgestellt, dass bisher kein bestehender Standard oder bestehendes Rahmenwerk den Bedürfnissen der Union im Hinblick auf eine detaillierte Nachhaltigkeitsberichterstattung entsprecht. Aus diesem Grund sei es notwendig, dass die erforderlichen Informationen sämtliche Nachhaltigkeitsaspekte abdecken und mit anderen nach dem Unionsrecht bestehenden Verpflichtungen zur Offenlegung – explizit wird dabei auf die Offenlegungs- und Taxonomie-Verordnung verwiesen – in Einklang gebracht werden.[611] Somit überrascht es nicht, dass der

608 Baumüller/Scheid, Der Entwurf zur Corporate Sustainability Reporting Directive (CSRD), 2021.

609 Europäische Kommission, Vorschlag für eine Richtlinie des Europäischen Parlaments und des Rates zur Änderung der Richtlinien 2013/34/EU, 2004/109/EG und 2006/43/EG und der Verordnung (EU) Nr. 537/2014 hinsichtlich der Nachhaltigkeitsberichterstattung von Unternehmen, 2021, Art. 1 Nr. 3.

610 Dass., Vorschlag für eine Richtlinie des Europäischen Parlaments und des Rates zur Änderung der Richtlinien 2013/34/EU, 2004/109/EG und 2006/43/EG und der Verordnung (EU) Nr. 537/2014 hinsichtlich der Nachhaltigkeitsberichterstattung von Unternehmen, 2021, Art. 1 Nr. 4.

611 Dass., Vorschlag für eine Richtlinie des Europäischen Parlaments und des Rates zur Änderung der Richtlinien 2013/34/EU, 2004/109/EG und 2006/43/EG und der

Inhalt der Standards bezüglich der Informationen im Bereich der Umweltfaktoren vollständig an die sechs Umweltziele des Art. 9 der Taxonomie-Verordnung angepasst wurde. Da eine solche Verordnung im Bereich Soziales oder Governance bisher nicht vorhanden ist, werden die Berichtsinhalte bei der Entwicklung der EU-weiten Nachhaltigkeitsstandards einzeln festgelegt und umfassen diverse Faktoren wie bspw. Chancengleichheit, Arbeitsbedingungen, Achtung der Menschenrechte, das politische Engagement des Unternehmens oder die internen Kontroll- und Risikomanagementsysteme. Als wesentlicher und gemeinsamer Leitsatz wird bestimmt, dass die Standards in allen drei Bereichen die zu meldenden Informationen verständlich, relevant, repräsentativ, überprüfbar und in wahrheitsgetreuer Weise darstellen und vergleichbar sein müssen.[612]

Einen wichtigen Kernelement der neuen Nachhaltigkeitsberichterstattung stellt zudem das Konzept der „doppelten Wesentlichkeit" dar, welches dahingehend verstanden wird, dass Unternehmen sowohl über die Auswirkungen verschiedener Nachhaltigkeitsaspekte auf das Unternehmen (also sein Geschäftsergebnis, Lage und Geschäftsverlauf (sog „Outside-in-Perspektive")) als auch über die Auswirkungen der Tätigkeiten des Unternehmens auf Mensch und Umwelt (sog. „Inside-out-Perspektive) zu berichten haben. Obwohl dieses Konzept bereits in der NFRD verankert wurde, habe die Eignungsprüfung der Berichterstattung von Unternehmen gezeigt, dass dieses nicht korrekt verstanden oder angewandt werde. Daher bekräftigt der neue Entwurf die doppelte Wesentlichkeit und betont, dass Unternehmen jeden Wesentlichkeitsaspekt betrachten und Informationen, die nach beiden Aspekten wesentlich sind, offenlegen sollten.[613]

Gerade dieser Aspekt wird in den aktuellen Stellungnahmen aus der Praxis am meisten kritisiert, denn er setzt eine Impact-Messung externer Umwelt- und Sozialeffekte voraus, wodurch logischerweise die Komplexität der Erfassungs- und Berichterstattungsprozesse erheblich steigen wird. Da es jedoch an fundierten und allgemein anerkannten Methoden fehle, werten Baumüller/Scheid die

---

Verordnung (EU) Nr. 537/2014 hinsichtlich der Nachhaltigkeitsberichterstattung von Unternehmen, 2021, Erwägungsgrund 33.

612 Dass., Vorschlag für eine Richtlinie des Europäischen Parlaments und des Rates zur Änderung der Richtlinien 2013/34/EU, 2004/109/EG und 2006/43/EG und der Verordnung (EU) Nr. 537/2014 hinsichtlich der Nachhaltigkeitsberichterstattung von Unternehmen, 2021, Art. 1 Nr. 4.

613 Dass., Vorschlag für eine Richtlinie des Europäischen Parlaments und des Rates zur Änderung der Richtlinien 2013/34/EU, 2004/109/EG und 2006/43/EG und der Verordnung (EU) Nr. 537/2014 hinsichtlich der Nachhaltigkeitsberichterstattung von Unternehmen, 2021, S. 1; Erwägungsgrund 25.

Verankerung dieses neuen Berichtgrundsatzes primär als einen symbolischen Akt, welcher in der Berichterstattungspraxis mit Nachteilen oder sogar Risiken einhergehen würde.[614] Auch andere Autoren äußern sich mit etwas Zurückhaltung dahingehend, dass die neue Berichterstattung teilweise Antworten auf Fragen verlange, die heute noch gar nicht gestellt werden.[615] In diesem Zusammenhang muss zugestanden werden, dass die neuen Berichtspflichten Unternehmen vor zahlreiche Herausforderungen stellen werden, doch aus einer Langzeitperspektive sind die neuen Regeln durchaus zu begrüßen, da sie nicht nur die Bedeutung gesellschaftsbezogener Aspekte den finanziellen gleichstellen, sondern auch den Versuch unternehmen, die doppelte Materialität zur gelebten Praxis zu machen. Sie stellen somit einen wichtigen Schritt zur Entwicklung eines neuen Verständnisses der gesellschaftlichen Verantwortung des Privatsektors in Richtung Nachhaltigkeit dar und können als die Fortsetzung und gewünschte Verbesserung des Tripple-Bottom Ansatzes von Elkington gesehen werden.[616]

5.1.3.3 Vertrauen des Gesetzgebers in das Potential des Privatsektors

Ebenso wie die UNO legt auch die Europäische Union großes Vertrauen in das Transformationspotential des Privatsektors und diese Überzeugung wird in vielen jüngsten Dokumenten explizit bestätigt. So konstatiert die Europäische Kommission in ihrem bereit erwähnten Reflexionspapier aus dem Jahr 2019, dass den Unternehmen bei der Nachhaltigkeitswende eine entscheidende Rolle zukommt.[617] Wie schon im Nachgang der vorherigen Wirtschaftskrise 2008/2009 wird auch jetzt aufgrund der massiven Pandemiefolgen erneut gefordert, dass sich der Privatsektor stärker an der Bewältigung der diversen Probleme beteiligt, transparenter wird und insbesondere seine Aktivitäten stärker an gesellschaftliche Ziele angleicht. In diesem Sinne äußerte sich beispielswiese die zur legislativen Umsetzung des Aktionsplans der EU eingesetzte Sachverständigengruppe (*Technical expert group on sustainable finance* (TEG)) in ihrem Statement zur nachhaltigen Erholung der Wirtschaft von COVID-19 im Jahr 2020 wie folgt:

---

614 Baumüller/Scheid, Der Entwurf zur Corporate Sustainability Reporting Directive (CSRD), 2021.

615 Richter/Meyer, Nachhaltigkeitsreporting: Warum die neue EU-Richtlinie wegweisend ist, 2021.

616 Vgl. dazu Kap. 3.2.1.1.3.

617 Europäische Kommission, Reflexionspapier, 2019, S. 29.

> Corporate and investor strategies that only maintain existing approaches and environmental performance levels and do not clearly align with environmental objectives are accumulating financial risk and contributing to a future climate related social disruption. Private sector plans must be transparent and clear on their alignment with the environmental and social objectives to increase the effective targeting of public recovery measures.[618]

Ausgehend davon, dass ein nachhaltig ausgerichteter Privatsektor ohnehin längst einen notwendigen Schritt zur Modernisierung der aktuellen Wirtschaftsordnung darstellte und bei der Erholung der Wirtschaft nach der Pandemie von großem Nutzen sein könnte, sind jetzt ein Umdenken und eine Anpassung des regulatorischen Rahmens notwendig. Der Zeit voraus scheinen auf der Ebene des Unternehmertums soziale Unternehmen und auf Ebene der Investoren Impact Investoren zu sein, welche durch ihre innovativen Geschäftsmodelle unter Beweis stellen, dass der Privatsektor deutlich mehr zur Lösung der diversen Probleme der Gegenwart beitragen kann als bisher angenommen, ohne dabei die Marktlogik zu brechen. Soziale Unternehmen entwickeln allmählich Geschäftsmodelle, die sich auch im Vergleich zu traditionellen Unternehmen als konkurrenzfähig erweisen und sind somit gut gewappnet, wenn es darum geht, einen Nachhaltigkeitswandel in der Gesellschaft einzuleiten. Die europäische Union erkennt das Potential des sozialen Unternehmertums, im selben Atemzug hebt sie aber hervor, dass dieses derzeit noch große praktische Schwierigkeiten hat und sich deswegen eher auf spezifische Nischen konzentriert. Als das wesentliche Problem nennt die Europäische Kommission insbesondere die Finanzierung,[619] doch auch andere Gründe scheinen eine zusätzliche Regulierungslast für das soziale Unternehmertum zu sein, insbesondere bezüglich der für sie in Betracht kommenden Gesellschaftsformen. Da diese zwei Gründe eng miteinander verbunden ist und dem Umstand geschuldet sind, dass die aktuelle rechtliche Regulierung noch durch das alte Paradigma zwischen der Rentabilität und der gesellschaftlichen Wirkung gefesselt zu sein scheint, werden nachfolgend (1) die rechtliche Stellung des sozialen Unternehmertums auf Ebene der EU und (2) seine Finanzierung durch Impact Investing in Form des Europäischen Fonds für soziales Unternehmertum vorgestellt, um schließlich (3) die gemeinsamen Probleme im Hinblick auf rechtliche Gestaltung zu identifizieren und konkrete Regulierungsvorschläge zur Erhöhung der praktischen Relevanz und der

---

618 EU Technical Expert Group onSustainable Finance, Sustainable recovery from the Covid-19 pandemic requires the right tools, 2020, S. 2.

619 Europäische Kommission, Reflexionspapier, 2019, S. 29.

gesellschaftlichen Wirkung des sozialen Unternehmertums und Impact Investing zu präsentieren.

5.2 Rechtliche Regulierung des sozialen Unternehmertums und Impact Investing

5.2.1 Rechtliche Stellung des sozialen Unternehmertums in der EU

Wie bereits in Kap. 4.2.1 und 4.2.2. erwähnt, hat das soziale Unternehmertum in Europa eine lange Tradition, auch wenn in den EU-Ländern aus historischer Perspektive unterschiedliche konzeptuelle Ansätze bestehen. Im Vergleich zum Konzept der Nachhaltigkeit wurde in der EU ein gemeinsamer politischer Orientierungsrahmen erst später geschaffen. Den maßgeblichen Schritt stellte die Initiative der Europäischen Kommission für soziales Unternehmertum[620] aus dem Jahr 2011 dar, welche auf der Basis einer umfassenden Konsultation über Binnenmärkte erarbeitet wurde. Das Hauptanliegen der Initiative war die Schaffung eines “Ökosystems” zur Förderung der Sozialunternehmen, da die vorherige Konsultation aufgezeigt hatte, dass diese die Fähigkeit besitzen, den derzeitigen wirtschaftlichen, gesellschaftlichen und in einigen Fällen sogar umweltpolitischen Herausforderungen u. a. durch soziale Integration oder die Verbesserung der lokalen Sozialdienste auf innovative Weise zu begegnen.[621]

5.2.1.1 Initiative für soziales Unternehmertum und die Bewertung ihrer Umsetzung

In ihrer Mitteilung präzisierte die Europäische Kommission im ersten Schritt ihre Vorstellung über die inhaltliche Bedeutung des Begriffs Sozialunternehmen. Diese speziellen Unternehmen beschrieb sie als Akteure der Sozialwirtschaft, für die eher die gesellschaftlichen Auswirkungen ihrer Arbeit als die Erwirtschaftung von Gewinnen für ihre Eigentümer oder Partner zählen. Weiter setzte die Kommission fort: „Sie sind auf dem Markt durch die Herstellung von Waren und die Erbringung

620 Die englische Fassung benutzt die Begriffe social entrepreneurship, social enterprise und social business als Synonyme, ohne dabei auf die in der Literatur zum Teil vorhandene Differenzierung einzugehen; in der deutschen Fassung des Dokuments werden die Begriffe soziale Unternehmen und Sozialunternehmen als Synonyme verwendet, sodass in nachfolgenden Ausführungen ebenfalls nicht zwischen diesen spezifisch differenziert wird.

621 Europäische Kommission, Initiative für soziales Unternehmertum, 2011, S. 2.

von Dienstleistungen unternehmerisch und innovativ tätig und verwenden Überschüsse in erster Linie für die Verwirklichung sozialer Ziele". Neben der Erreichung eines sozialen oder gesellschaftlich gemeinnützigen Zieles sowie der (überwiegenden) Reinvestition der Gewinne zur Erreichung des festgelegten Zieles bestimmte die Kommission eine besondere Organisationsstruktur als das dritte grundlegende Merkmal von Sozialunternehmen; diese sollte nach ihrer Vorstellung auf Prinzipien der Mitbestimmung basieren und auf soziale Gerechtigkeit ausgerichtet sein; es wurde also eine verantwortliche und transparente Verwaltungsweise unter Einbindung von Arbeitskräften, Verbrauchern sowie den von der unternehmerischen Tätigkeit betroffenen Stakeholdern gefordert. Die Kommission beschrieb zudem zwei grundlegende Kategorien, welche dem sozialen Unternehmertum zuzuordnen sind: (1) Unternehmen, die Sozialdienstleistungen erbringen und/oder Güter und Dienstleistungen für besonders schutzbedürftige Bevölkerungsgruppen anbieten und (2) Unternehmen, die bei der Produktion von Waren bzw. der Erbringung von Dienstleistungen ein soziales Ziel anstreben.[622]

Die Initiative der Kommission entwickelte somit bereits im Jahr 2011 eine umfassende Definition des sozialen Unternehmertums, welche bis heute als Orientierung gilt. Konkretisiert wurde der Begriff bezüglich seines Inhalts durch eine im Auftrag der Europäischen Kommission im Anschluss an ihre Initiative durchgeführte Studie vom April 2013. Diese gab einen Überblick über die Tätigkeiten von Sozialunternehmen und deren Ökosysteme in der EU und wurde von der Kommission mit dem Ziel eingeleitet, „eine vollständige Kartografie der Sozialunternehmen in Europa zu erstellen", insbesondere im Hinblick auf ihre Eigenschaften, Wirtschaftsmodelle sowie länderübergreifendes Potential.[623] Die Studie spricht von einer „Arbeitsdefinition" vom sozialen Unternehmertum, im eigentlichen Sinne handelt es sich aber um keine neue Definition; vielmehr wurde der bestehende und weitestgehend anerkannte Begriff des Sozialunternehmens, wie er bereits in der Initiative der Kommission formuliert wurde, in drei verschiedene Dimensionen (mit insgesamt 5 Kriterien) aufgeteilt und damit „operationalisiert". Zu diesen Dimensionen gehören:

- **Unternehmerische Dimension**: eine kontinuierliche wirtschaftliche Tätigkeit der Produktion und/oder des Austauschs von Waren und/oder Dienstleistungen;
- **Soziale Dimension**: ein primärer und ausdrücklich sozialer Zweck;

622 Dass., Initiative für soziales Unternehmertum, 2011, S. 2 f.
623 Dass., Initiative für soziales Unternehmertum, 2011, S. 9.

- **Steuernde und kontrollierende Dimension**: Vorhandensein von Mechanismen der Wahrung der sozialen Ziele der Organisation; diese Dimension wird weiter in drei Kriterien unterteilt: (1) Begrenzung der Gewinn- und/oder Vermögensverteilung; (2) Autonomie und Unabhängigkeit vom Staat und (3) Integrative Führungsstruktur durch partizipative und/oder demokratische Entscheidungsprozesse.[624]

Dieses operationalisierte dreidimensionale Verständnis von sozialen Unternehmen, lässt sich grafisch wie folgt repräsentieren:

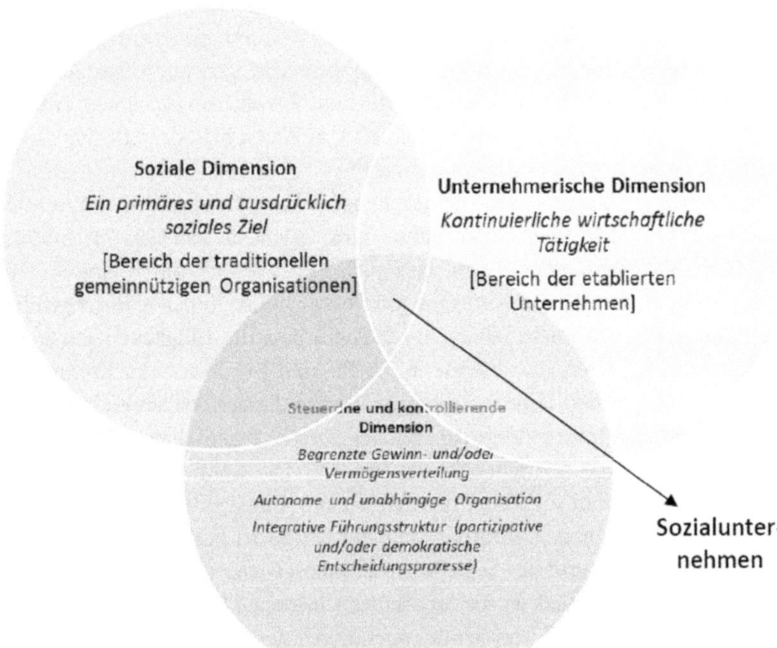

Abbildung 10: Drei Dimensionen von sozialen Unternehmen nach Wilkinson et at.

In der Initiative der Kommission wurde anerkannt, dass Sozialunternehmen aufgrund ihrer spezifischen Eigenschaften oft ein besonders hohes Maß an sozialer und ökologischer Verantwortung aufweisen; ihre Daseinsberechtigung

624 Wilkinson/Medhurst/Henry u.a., Ein Überblick über Sozialunternehmen und ihre Ökosysteme in Europa, Dezember 2014, S. 2.

wurde sogar damit begründet, dass sie den Anstoß für wirtschaftliche und soziale Veränderungen geben. Sie wurden sogar als das „Herzstück des integrativen Wachstums“ beschrieben und ihre soziale Innovation und langfristige Strategie als förderlich für die Nachhaltigkeit gewertet.[625] Gleichzeitig wurde aber auch anerkannt, dass das Potential für ein Wachstum der Sozialunternehmen und eine Verbreitung dieses Modells im Binnenmarkt bisher nur unzureichend genutzt wurden; als maßgebliche Ursachen wurden in der Mitteilung insbesondere folgende drei Umstände identifiziert: (1) die Beschaffung der nötigen Mittel zur Deckung ihres Finanzbedarfs, (2) die mangelnde Anerkennung sowie (3) das europäische und nationale Regelungsumfeld, welches nicht immer auf die Besonderheiten der Sozialunternehmen Rücksicht nimmt.[626]

Um diesen Herausforderungen zu begegnen, verwies die Kommission zum einen auf die bereits ergriffenen bereichsübergreifenden politischen Maßnahmen im Rahmen der Sozialwirtschaft und stellte ihren Aktionsplan zur Unterstützung des sozialen Unternehmertums in Europa mit insgesamt elf Schlüsselmaßnahmen vor, welche eine Reaktion auf die oben identifizierten Probleme darstellen sollten. Um den Zugang von Sozialunternehmen zu privaten Finanzmitteln zu verbessern wurde beschlossen, dass ein europäischer Regelungsrahmen für die Solidarinvestmentfonds vorgeschlagen und die Entwicklung der rechtlichen und institutionellen Rahmenbedingungen für Kleinstkredite besser analysiert und stärker gefördert werden sollen; darüber hinaus wurde auch eine stärkere Mobilisierung der europäischen Fonds vorgesehen. Im Hinblick auf die bessere Sichtbarkeit von Sozialunternehmen wurden verschiedene Maßnahmen mit einem unterstützenden Charakter vorgesehen, bspw. die Ermittlung von bewährten Verfahren und reproduzierbaren Modellen; Förderung des gegenseitigen Lernens und Verstärkung der Kompetenzen der nationalen und regionalen Verwaltungen oder die Schaffung einer einheitlichen, mehrsprachigen elektronischen Informations- und Erfahrungsplattform.[627]

Die auf die Verbesserung des rechtlichen Rahmens bezogenen Maßnahmen betrafen drei wesentliche Bereiche, nämlich das öffentliche Beschaffungswesen, staatliche Beihilfen sowie die Entwicklung geeigneter europäischer Rechtsformen, die vom europäischen Sozialunternehmertum genutzt werden könnten. Die jeweils vorgeschlagenen Maßnahmen im Zusammenhang mit dem letzten Bereich betrafen den Vorschlag zur Vereinfachung der Verordnung über das

625 Europäische Kommission, Initiative für soziales Unternehmertum, 2011, S. 4.
626 Dass., Initiative für soziales Unternehmertum, 2011, S. 5 f.
627 Dass., Initiative für soziales Unternehmertum, 2011, S. 7 ff.

Statut der Europäischen Genossenschaft, den Vorschlag einer Verordnung über die Satzung der Europäischen Stiftung sowie die Einleitung einer Studie zur Situation von Gegenseitigkeitsgesellschaften in allen Mitgliedstaaten. Neben den elf vorgeschlagenen Schlüsselmaßnahmen präsentierte die Kommission auch weitere Ideen und schlug unter anderem vor zur prüfen, ob in der EU Bedarf für ein etwaiges europäisches Statut für andere Formen von Sozialunternehmen wie bspw. die Vereinigungen ohne Erwerbszweck und/oder gegebenenfalls ein gemeinsames europäisches Statut für alle Sozialunternehmen besteht. Darüber hinaus wurde auch die Überlegung angeregt, wie Sozialunternehmen, welche Gewinne erwirtschaften, die Möglichkeit gegeben werden könnte, ohne negative steuerliche Auswirkungen auf ehrenamtliche Mitarbeiter zurückzugreifen oder Spenden annehmen zu können.[628]

Nach etwas mehr als zehn Jahren nach der Initiative der Europäischen Kommission zur Förderung von Sozialunternehmen fällt die Bilanz gemischt aus. Zu begrüßen ist, dass sich im Allgemeinen die Idee dieser speziellen Unternehmensart mehr verbreitet und offensichtlich an Sichtbarkeit gewinnt. Diese Tendenz ist auch in Deutschland sichtbar; bspw. gibt es hier mehr als 77.000 Sozialunternehmer, wodurch pro 1 Million Einwohner etwa 936 Sozialunternehmen tätig sind.[629] Jedoch muss kritisch hinterfragt werden, ob durch die vorgeschlagenen Maßnahmen die zwei übrigen Herausforderungen des sozialen Unternehmertums tatsächlich bewältigt wurden. Zwar ist es gelungen, einen gemeinsamen europäischen Rahmen für Investmentfonds zu schaffen, die in soziale Unternehmen investieren; die praktische Relevanz dieses Investmentvehikels ist aber äußerst gering.

Darüber hinaus ist auch das rechtliche Umfeld für soziale Unternehmen nach wie vor sehr problematisch, und das insbesondere im Bereich des Gesellschaftsrechts.[630] Beispielweise gibt es in Deutschland derzeit keine spezielle Rechtsform für soziale Unternehmen, diese können sich prinzipiell klassisch gemeinnütziger Rechtsformen oder auch privatwirtschaftlicher Formen bedienen.[631] Auch in anderen Ländern der EU können soziale Unternehmen in rechtlicher Hinsicht unterschiedlich gestaltet werden – von Rechtsformen, welche auch anderen

---

628 Dass., Initiative für soziales Unternehmertum, 2011, S. 10 ff.

629 Borzaga/Galera/Franchini u.a., Social enterprises and their ecosystems in Europe, 2020, S. 106.

630 Möslein, Zeitschrift für Rechtspolitik 50 (2017), S. 176.

631 Zur Übersicht vgl. bspw. Kunz, in: Kraemer/Edinger-Schons (Hrsg.), CSR und Social Enterprise, 2019, S. 14.

Unternehmen zur Verfügung stehen bis hin zu neuen Rechtsformen, die ausschließlich für soziale Unternehmen konzipiert wurden.[632] Zu den bestehenden gesellschaftsrechtlichen Bestimmungen auf EU-Ebene gehört derzeit lediglich die Verordnung über das Statut der Europäischen Genossenschaft (*European Cooperative Society*, SCE) von 2003; der spätere Vorschlag zum Statut der Europäischen Stiftung (*European Foundation*) von 2011 wurde dagegen zurückgezogen, da er keine ausreichende Unterstützung erhielt.[633]

Als das grundlegende Problem des sozialen Unternehmertums in Hinblick auf seine rechtliche Regulierung sieht Möslein darin, dass die den sozialen Unternehmen zur Verfügung stehenden Rechtsformen streng zwischen Gewinnorientierung und Gemeinnützigkeit unterscheiden. Deshalb erscheint ihm das geltende Gesellschaftsrecht in der aktuellen Gestaltung nur wenig geeignet, das Hauptanliegen des sozialen Unternehmertums – nämlich die Vereinheitlichung von „Profit & Purpose" – in der Praxis ausreichend zur Geltung zu bringen. Als Beispiel nennt er insbesondere die nach deutschem Recht zulässigen Rechtsformen der gemeinnützigen Kapitalgesellschaften wie die gemeinnützige Gesellschaft mit beschränkter Haftung (gGmbH) und die gemeinnützige Aktiengesellschaft (gAG), die – wie er zutreffend ausführt – zwar steuerlich begünstigt werden, den Sonderbedürfnissen des sozialen Unternehmertums aber trotzdem nicht gerecht werden.[634] § 55 Abs. 1 Nr. 1 S. 2 AO schreibt nämlich vor, dass Gesellschafter dieser Gesellschaftsformen keine Gewinnanteile (und auch keine sonstigen Zuwendungen aus Mitteln der Körperschaft) erhalten dürfen.

Somit kann zusammenfassend festgehalten werden, dass es der Initiative bisher nicht gelungen ist, zufriedenstellende Lösungen auf die zwei größten Herausforderungen des sozialen Unternehmertums zu entwickeln, nämlich die Entwicklung einer geeigneten Rechtsform sowie die Sicherstellung einer ausreichenden Finanzierung, und das obwohl legislative Akte eingeleitet und zum Teil bereits verabschiedet wurden. Diese werden nachfolgend präsentiert und im nächsten Schritt ihr schwerwiegendstes gemeinsames Problem analysiert, welches mit dem konzeptuellen Fehler der EU bezüglich des sozialen Unternehmertums und des Impact Investing zusammenhängt. Da dieses die mögliche Potentialwirkung des Privatsektors wesentlich hemmt und zum Teil auch die

---

632 Zur Übersicht vgl. bspw. Borzaga/Galera/Franchini u.a., Social enterprises and their ecosystems in Europe, 2020, S. 108 f.

633 Maštálka/Becker, Legislative Train Schedule. Statute for Social and Solidarity-based Enterprises, 2019.

634 Möslein, Zeitschrift für Rechtspolitik 50 (2017), S. 176.

Erfolge anderer, durchaus gelungener Rechtsakte verringert, stellt die gesetzgeberische Korrektur einen essentiellen Schritt bei dem Aufbau einer nachhaltigen, widerstandsfähigen und den Bedürfnissen der Gesellschaft und der Umwelt entsprechender Wirtschaftsordnung, welche sich die EU zum Ziel gesetzt hat.

5.2.1.2 Vorschlag eines EU-weiten Statuts für soziale Unternehmen

Eine speziell auf soziales Unternehmertum gerichtete Initiative zur Einführung eines EU-weiten Statuts für soziale und solidaritätsbasierte Unternehmen (*Statute for social and solidarity-based enterprises*) wurde im Jahr 2016 initiiert.[635] Das europäische Parlament erkannte, dass es zwischen den Mitgliedstaaten erhebliche Unterschiede in der Art und Weise gibt, wie sie soziale Unternehmen regulieren und dass nicht alle Länder eine spezifische Rechtsform für diese Art des Unternehmertums entwickelten,[636] sodass durch den Statut eine EU-weite Vereinheitlichung der organisationsrechtlichen Rahmenbedingungen stattfinden sollte. Zur Vorbereitung des gesetzgeberischen Prozesses gab der Rechtsausschuss des Europäischen Parlaments eine Studie in Auftrag, in welcher die bestehenden Modelle der rechtlichen Regulierung verglichen und die Kernelemente des sozialen Unternehmertums mit dem Ziel herausgearbeitet werden sollten, Empfehlungen zu möglichen Formen und Inhalten eines EU-Rechtsstatuts für soziale Unternehmen zu formulieren.[637]

Die in Auftrag gegebene Studie wurde von Prof. Fici erstellt und im Februar 2017 veröffentlicht. In dieser erklärte Fici ausdrücklich, dass einige gute Gründe dafür sprechen, eine spezielle Organisationsform („*specific, tailor-made organizational law*") für soziale Unternehmen zu schaffen, welche sich gerade aus dem besonderen Charakter dieser unkonventionellen Form des Unternehmertums ergeben.[638] Seine Studie ist zudem auch deswegen von grundlegender Bedeutung, weil sie erstmals die Bedeutung der rechtlichen Ausgestaltung in den Fokus rückte und somit die üblichen, bis dahin geführten Debatten von der Frage des „Ob" hin zur Frage des „Wie" bewegte:

> So far, the debate on SE has mainly focused on the reasons and conditions for their emergence and on their positive role in the economy and society. In contrast, the legal

635 Zum Prozess der Gesetzgebung vgl. Legislative Observatory, Statute for social and solidarity-based enterprises.

636 Europäisches Parlament, Statute for social and solidarity-based enterprises, 2018, Erwägungsgründe D, E.

637 Fici, A European Statute for Social and Solidarity-Based Enterprise, 2017, S. 1.

638 Ders., A European Statute for Social and Solidarity-Based Enterprise, 2017, S. 11.

> aspects of an SE have received insufficient attention, notwithstanding the fact that an adequate legal framework is considered one of the necessary conditions for the development of SEs.[639]

Fici kam in seiner Studie zum Ergebnis, dass mindestens 18 Mitgliedsstaaten der EU eine spezifische rechtliche Regulierung des sozialen Unternehmertums bereits eingeführt haben, diese aber nicht einheitlich geprägt ist. In den verschiedenen Rechtsordnungen identifizierte er zwei grundlegende Modelle der Regulierung: beim ersten wird soziales Unternehmertum durch eine entsprechende Rechtsform reguliert und beim zweiten geht es um eine Regulierung, welche auf eine bestimmte rechtliche Qualifikation bzw. einen rechtlichen Statut abstellt.[640] Seine rechtsvergleichende Analyse zeigte, dass die zweite Variante das vorherrschende Modell der Gesetzgebung in der EU darstellt und er plädierte dafür, gerade dieses Modell als Grundlage für weitere Harmonisierungsschritte auf Ebene der EU zu wählen. Dies begründete er unter anderem auch mit der Möglichkeit der Realisierbarkeit und dem mehrfach unter Beweis gestellten Umstand, dass sich im Bereich des Gesellschaftsrechts eine zunehmend negative Haltung der Mitgliedstaaten gegenüber einer Top-Down-Harmonisierung zeigte. Er schlug somit eine EU-weite Qualifikation bzw. einen Statut für soziale Unternehmen („*European Social Enterprise*“) und ein damit verbundenes Label („ESE“) vor, dessen Gebrauchsmöglichkeit allen sozialen Unternehmen in der EU zur Verfügung gestellt werden sollte, unabhängig vom Land der Gründung.[641]

Die rechtlichen Voraussetzungen an den ESE-Rechtsstatut sollten nach Vorstellung von Fici auf der Grundlage der bestehenden Gemeinsamkeiten der rechtlichen Regulierung des sozialen Unternehmertums in der EU entwickelt werden, zu welchen nach seiner Untersuchung insbesondere folgende Kriterien gehören:

- An ESE should be an entity established **under private law** and independent of the state and other public administrations;
- It should have an exclusive or at least **a prevalent purpose of community or general interest**;
- It should be subject to a **total or at least partial constraint on profit distribution** and more generally to specific rules on the allocation of profit and assets during its entire life;

639 Ders., A European Statute for Social and Solidarity-Based Enterprise, 2017, S. 6.
640 Ders., A European Statute for Social and Solidarity-Based Enterprise, 2017, S. 15 ff.
641 Ders., A European Statute for Social and Solidarity-Based Enterprise, 2017, S. 33.

- It should conduct a **socially useful activity**, as determined by law either ex ante or through a general clause;
- An ESE should be obligated to **issue a social report**, to **involve its various stakeholders** in the management of the enterprise, and to **provide fair and equitable treatment** to its workers;
- An ESE established as a company should be **subject to specific governance requirements**, in order to resolve the potential contradictions between the company form and the ESE status;
- An ESE should be subject to an effective system of **public control**, which is necessary to protect the legal label of ESE and preserve its intrinsic value.[642]

Das Europäische Parlament nahm mit einer deutlichen Mehrheit[643] in seiner Resolution vom 5. Juli 2018 eine Entschließung mit Empfehlungen an die Kommission zum Statut für soziale und solidarische Unternehmen an und hielt sich dabei praktisch ohne Änderungen an die von Fici ausgesprochenen Empfehlungen.[644] In seiner Resolution betonte das Parlament erneut, dass dieser Sektor durch soziale und technische Innovationen die Schaffung menschenwürdiger und integrativer Arbeitsplätze, den Umweltschutz, die Förderung des Wirtschaftswachstums und die Stärkung des sozialen, wirtschaftlichen und regionalen Zusammenhalts fördern kann. Zudem hob das Parlament ausdrücklich hervor, dass soziale Unternehmen neue Wege aufzeigen, wie soziale Probleme in einer sich schnell verändernden Welt angegangen werden können und das Potential haben, Krisen schneller zu überwinden.[645] Aufgrund dieser grundlegenden Bedeutung des sozialen Unternehmertums und angesichts der erheblichen regulatorischen Unterschiede zwischen den Mitgliedstaaten hielt es das Europäische Parlament für wünschenswert, ein fakultatives europäisches Siegel für soziale (und solidaritätsbasierte) Unternehmen zu schaffen, unabhängig davon, für welche Rechtsform sie sich gemäß den nationalen Vorschriften entscheiden. Auch die Bedenken im Hinblick auf die zu erwartenden Schwierigkeiten, in Europa einen Konsens über die Notwendigkeit und Zweckmäßigkeit einer

---

642 Ders., A European Statute for Social and Solidarity-Based Enterprise, 2017, S. 38. (Hervorhebung durch Verf.)

643 398 Befürwortungsstimmen gegen 78 ablehnende Stimmen und 44 Enthaltungen, vgl. dazu Legislative Observatory, Statute for social and solidarity-based enterprises.

644 Europäisches Parlament, Statute for social and solidarity-based enterprises, 2018, Annex.

645 Dass., Statute for social and solidarity-based enterprises, 2018, Erwägungsgründe B und Y.

spezifischen Rechtsform für soziale Unternehmen einzuführen, nahm das Parlament zur Kenntnis und entschloss sich durch die Regulierung im Wege eines Statuts für einen vorsichtigeren Ansatz, der seiner Meinung nach eine höhere Wahrscheinlichkeit der politischen Konsensfindung versprach.[646]

Aus diesen Erwägungen heraus hat das Parlament die Kommission aufgefordert, auf der Grundlage von Art. 50 AEUV einen auf seinen Empfehlungen basierten Vorschlag für einen Gesetzgebungsakt zur Schaffung eines europäischen Sozialwirtschaftslabels für sozial- und solidarwirtschaftliche Unternehmen vorzulegen.[647] Neben der Forderung der kumulativ vorliegenden Voraussetzungen nach Fici sprach sich das Parlament dafür aus, dass die Kommission eine Liste von Rechtsformen erstellen sollte, die sich für das europäische Sozialwirtschaftssiegel qualifizieren könnten.[648]

Die Kommission übermittelte ihre Antwort am 8. November 2018, doch diese fiel anders aus als erwartet. Zwar stimmte die Kommission der Notwendigkeit zu, der Sozialwirtschaft und den Sozialunternehmen mehr Sichtbarkeit zu verleihen, wies jedoch auf die gemischten Ergebnisse der bestehenden nationalen Kennzeichnungssysteme und die Notwendigkeit hin, die erheblichen Unterschiede der nationalen Traditionen und Kontexte zu berücksichtigten. Im Zusammenhang mit der Unterstützung und Finanzierungsmöglichkeiten von Sozialunternehmen wies die Kommission auf eine Reihe von bereits ergriffenen Initiativen hin, die im Rahmen von anderen Programmen (bspw. EU-Programm für Beschäftigung und Soziale Innovation, EaSI) entwickelt wurden.[649] Seitdem wurde das Gesetzgebungsverfahren nicht weiterverfolgt. Zwar empfiehl die HEG der Europäischen Kommission in ihrem Abschlussbericht vom Januar 2018, erneut die Möglichkeit sowie die rechtlichen und pragmatischen Auswirkungen der Anwendung des Prinzips einer gemeinsamen Anerkennung zu prüfen, bei dem sich die Mitgliedstaaten zur offiziellen Anerkennung der in anderen Rechtssystemen enthaltenen Formen der sozialen Unternehmen verpflichten würden,[650] konkrete gesetzgeberische Akte scheinen aber noch nicht in Sicht zu sein.

---

646 Dass., Statute for social and solidarity-based enterprises, 2018, Erwägungsgrund G.

647 Dass., Statute for social and solidarity-based enterprises, 2018, P. 39.

648 Dass., Statute for social and solidarity-based enterprises, 2018, P. 24.

649 Maštálka/Becker, Legislative Train Schedule. Statute for Social and Solidarity-based Enterprises, 2019.

650 EU High-Level Expert Group on Sustainable Finance, Financing a Sustainable European Economy, 2018, S. 86.

Einen guten Überblick über die rechtliche Regulierung des sozialen Unternehmertums in der EU bietet der rechtsvergleichende Bericht der Europäischen Kommission von Januar 2020, welcher von einer operativen Definition[651] des Begriffs soziales Unternehmen ausgeht[652] und aufzeigt, in welchen Ländern der EU nationale Definitionsansätze bestehen und inwiefern sich diese von dem Konzept der EU unterscheiden.[653] Zudem bietet der Bericht einen präzisen Überblick über Länder, in welchen spezifische rechtliche Rahmenbedingungen entwickelt wurden, die auf soziale Unternehmen ausgerichtet sind.[654] Die nationalen Rechtsordnungen werden von der Europäischen Kommission ebenfalls danach kategorisiert, ob sozialen Unternehmen eine spezifische Rechtsform oder Rechtsstatut gewährt wird (mit weiterer Kategorisierung je nach eng oder weit gefasstem Verständnis der erlaubten Tätigkeiten).[655] Trotz der zum Teil bereits sehr detaillierten regulatorischen Ansätze in einigen Ländern der EU muss also zusammenfassend konstatiert werden, dass auf Ebene der EU eine große Diversität im Hinblick auf die rechtliche Regulierung des sozialen Unternehmertums und seine möglichen Rechtsformen besteht.

5.2.2 Einführen des Europäischen Fonds für soziales Unternehmertum (EuSEF)

5.2.2.1 EuSEF als spezielles Fondsvehikel zur Finanzierung des sozialen Unternehmertums

Obwohl für das soziale Unternehmertum heutzutage noch kein einheitliches europäisches Identifikationslabel geschaffen wurde, existiert ein solches überraschenderweise auf der Ebene der Investoren. Im Rahmen der von der Europäischen Kommission entwickelten Initiative für soziales Unternehmertum, welche sich unter anderem auch das Ziel setzte, den Zugang von Sozialunternehmen zu Finanzierungsmöglichkeiten zu verbessern, wurde zwei Jahre später durch die sog. EuSEF-Verordnung[656] ein spezielles Fondsvehikel geschaffen,

651 In Anlehnung an die „Arbeitsdefinition" der im Jahr 2014 im Auftrag der Europäischen Kommission erstellten Studie, welche von drei Dimensionen ausging, vgl. dazu ausführlich in Kap. 5.4.4.1.

652 Borzaga/Galera/Franchini u.a., Social enterprises and their ecosystems in Europe, 2020, S. 158.

653 Dies., Social enterprises and their ecosystems in Europe, 2020, S. 37.

654 Dies., Social enterprises and their ecosystems in Europe, 2020, S. 55.

655 Dies., Social enterprises and their ecosystems in Europe, 2020, S. 108 f.

656 Verordnung (EU) Nr. 346/2013 des Europäischen Parlaments und des Rates vom 17. April 2013 über Europäische Fonds für soziales Unternehmertum.

deren Kerngeschäft darin besteht, Sozialunternehmen mittels Primärinvestitionen Finanzmittel bereitzustellen.[657] Unter Anerkennung des Umstands, dass in der Union bereits ein Markt für Sozialinvestitionen entstanden war, zu dem auch auf Sozialunternehmen ausgerichtete Investmentfonds gehörten, hielt es der EU-Gesetzgeber für erforderlich, gemeinsame Rahmenbedingungen für die Bezeichnung „EuSEF" für qualifizierte Fonds für soziales Unternehmertum zu schaffen, insbesondere im Hinblick auf die Zusammensetzung des Portfolios, geeignete Anlageobjekte, zulässige Anlageinstrumente und die Kategorien von Anlegern, die in sie investieren können.[658]

Durch die Verordnung sollte das Wachstum von Sozialunternehmen in der Union gestärkt werden, weswegen Art. 3 Abs. 1 Buchs. b) EuSEF-VO neben der Niederlassung im Hoheitsgebiet eines Mitgliedsstaates für das Vorliegen eines qualifizierten Fonds für soziales Unternehmertum vorsieht, dass ein solcher:

1. beabsichtigt, innerhalb der in seinen Anlagebedingungen oder seiner Satzung festgelegten Frist mindestens 70% seines aggregierten eingebrachten und noch nicht eingeforderten zugesagten Kapitals[659] in Vermögenswerte zu investieren, die qualifizierte Anlagen sind;
2. nicht mehr als 30% seines Kapitals für den Erwerb von anderen Vermögenswerten als qualifizierten Anlagen einsetzt.

Durch diese Regelung sollte der Schwerpunkt eindeutig auf die Finanzierung von Sozialunternehmen gelegt werden, durch die 30%-Schwelle dem Fonds jedoch gleichzeitig die Möglichkeit geboten werden, das Anlagenportfolio ausreichend flexibel zu halten.[660] Eine umfassende Definition der qualifizierten Anlagen folgt in Art. 3 Abs. 1 Buchs. e) der EUSEF-VO, welche diverse Instrumente vorsieht. Zu diesen zählen (i) Eigenkapital- oder eigenkapitalähnliche Instrumente, welche von einem qualifizierten Portfoliounternehmen (nachfolgend „qPU") begeben werden;[661] (ii) von einem qPU begebene verbriefte und nicht verbriefte Schuldtitel; (iii) Anteile von einem oder mehreren anderen

657 Erwägungsgrund 20.

658 Erwägungsgründe 1,3.

659 Berechnet auf der Grundlage der Beträge, die nach Abzug aller einschlägigen Kosten sowie der Kassenbestände und vergleichbarer liquider Mittel für Anlagen zur Verfügung stehen, vgl. Art. 3 Abs. 1 Buchs. b) i) und ii).

660 Erwägungsgrund 21.

661 Zu den unterschiedlichen Gestaltungsmöglichkeiten vgl. Art. 3 Abs. 1 Buchs. e) i) EUSEF-VO.

qualifizierten Fonds;[662] (iv) besicherte oder unbesicherte Darlehen, die einem qPU gewährt wurden; oder (v) jede andere Art der Beteiligung an einem qPU.

Einen der wichtigsten Regelungsinhalte der Verordnung stellt die Definition des qualifizierten Portfoliounternehmens dar, da diese letztendlich darüber entscheidet, ob ein Unternehmen für die Anlage als geeignet zu bewerten ist oder nicht. Der Gesetzgeber sah die Aufstellung einheitlicher Kriterien zur Ermittlung von Sozialunternehmen als qPU als notwendig für die Gewährleistung des erforderlichen Maßes an Klarheit und Sicherheit;[663] diese wurden sodann in Art. 3 Abs. 1 Buchs. d) EuSEF-VO festgelegt. In der ursprünglichen Fassung der Verordnung, welche im Jahr 2013 in Kraft getreten ist, enthielt die Definition noch ein enges Verständnis der Tätigkeit eines Sozialunternehmens bzw. des Begriffs der positiven sozialen Wirkung. Diese bestand darin, schutzbedürftigen, marginalisierten, benachteiligten oder ausgegrenzten Personen Dienstleistungen oder Güter bereitzustellen, doch das enge Verständnis führte dazu, dass sich das Fondsvehikel in der Praxis kaum durchsetzen konnte und seine Relevanz nur eine marginale Rolle spielte. Einem Bericht der Bank für Sozialwirtschaft von Januar 2016 zufolge wurden zu diesem Zeitpunkt – also mehr als zwei Jahre nach dem Inkrafttreten der Verordnung – in der gesamten EU lediglich drei EuSEFs aufgelegt,[664] sodass die Gesamtbewertung der Verordnung seitens der Praxis insgesamt sehr zurückhaltend war.

5.2.2.2 Überarbeitung der EuSEF-Verordnung

Dem europäischen Gesetzgeber ist dieses Problem nicht entgangen; vielmehr hat er festgestellt, dass in der EU infolge der vorausgegangenen Wirtschafts- und Finanzkrise das Investitionsniveau erheblich gesunken ist. Um diesem Trend entgegenzuwirken und um Mobilisierung von Investitionen EU-weit zu fördern, präsentierte die Kommission im November 2014 ihre Investitionsoffensive für Europa, auch als Juncker-Plan genannt. Diese bestand aus drei sich gegenseitig stärkenden Säulen: 1. Mobilisierung von zusätzlichen Investitionsmitteln zur Maximierung der Wirkung der öffentlichen Mittel sowie zur Erschließung privater Investitionen; 2. Gezielte Initiativen zur Abstimmung der zusätzlichen

662 Sofern diese qualifizierten Fonds für soziales Unternehmertum selbst höchstens 10% ihres aggregierten eingebrachten und noch nicht eingeforderten zugesagten Kapitals in qualifizierte Fonds für soziales Unternehmertum investiert haben, vgl. Art. 3 Abs. 1 Buchs. e) iii) EUSEF-VO.

663 Erwägungsgrund 12.

664 Bank für Sozialwirtschaft, Initiative für soziales Unternehmertum, 2016, S. 4.

Investitionen auf die Bedürfnisse der Realwirtschaft und 3. Maßnahmen zur Verbesserung der regulatorischen Rahmenbedingungen und zum Abbau von Investitionshemmnissen.[665]

Einen wichtigen Bestandteil der dritten Säule stellte die Kapitalmarktunion dar, deren Schaffung und die grundlegenden Bausteine die Kommission erstmals in ihrem „Aktionsplan zur Schaffung einer Kapitalmarktunion" vom September 2015 vorstellte. Durch diesen sollten unter anderem die Kapitalmärkte gestärkt, Ersparnis und Wachstum besser miteinander verknüpft, die Mittelbeschaffung über die Kapitalmärkte immer geradliniger und unnötige rechtliche Hürden abgebaut werden.[666] Der Aktionsplan sah eine breite Palette von Maßnahmen vor, welche kapitalsuchenden Unternehmen die Suche nach Finanzierungsmöglichkeiten erleichtern, langfristige und nachhaltige Investitionen fördern und grenzübergreifende Investitionen durch Rechtssicherheit, entsprechende Marktinfrastruktur und Aufsichtskonvergenz erleichtern sollen. In der Mitteilung der Kommission war unter anderem auch die Überarbeitung der EuSEV-Verordnung vorgesehen,[667] was später im Oktober 2017 durch die Verordnung (EU) 2017/1991 erfolgte. In diesem breiteren Kontext der gesetzgeberischen Bemühungen wurde auch das Problem der bisher sehr geringen praktischen Relevanz des speziell auf soziales Unternehmertum gerichteten Fondsvehikels EuSEF behandelt.

Um den Gebrauch des Labels EuSEF attraktiver zu gestalten und die Versorgung sozialer Unternehmen mit Kapital zu verbessern, hat der Gesetzgeber beschlossen, dass das Spektrum von Unternehmen, in die EuSEFs investieren dürfen, erweitert werden sollte.[668] Neben weiteren Anpassungen wurde somit als die wesentliche Erneuerung die Überarbeitung der Definition eines für die Anlage qualifizierten Portfoliounternehmens in Art. 3 Abs. 1 Buchs. d) EuSEF-Verordnung vorgenommen. Nach dieser Norm in ihrer aktuellen Fassung gilt als qPU, also als soziales Unternehmen im Sinne der Verordnung ein Unternehmen, das:

665 Europäische Kommission, Eine Investitionsoffensive für Europa, 2014, S. 3 f.

666 Dass., Aktionsplan zur Schaffung einer Kapitalmarktunion, 2015, S. 4.

667 Dass., Aktionsplan zur Schaffung einer Kapitalmarktunion, 2015, S. 10.

668 Verordnung (EU) 2017/1991 des Europäischen Parlaments und des Rates vom 25. Oktober 2017 zur Änderung der Verordnung (EU) Nr. 345/2013 über Europäische Risikokapitalfonds und der Verordnung (EU) Nr. 346/2013 über Europäische Fonds für soziales Unternehmertum, Erwägungsgrund 8.

1. zum Zeitpunkt der Investition nicht für den Handel an einem geregelten Markt oder in einem multilateralen Handelssystem zugelassen ist;
2. gemäß seinem Gesellschaftsvertrag, seiner Satzung oder sonstigen Gründungsakten die **Erzielung messbarer, positiver sozialer Wirkungen als sein vorrangiges Ziel** sieht, wobei das Unternehmen: (i) Dienstleistungen oder Produkte mit hoher sozialer Rendite bereitstellt; (ii) bei der Produktion von Gütern oder der Erbringung von Dienstleistungen ein soziales Ziel verfolgt oder (iii) ausschließlich Sozialunternehmen im Sinne der o.g. Punkte Finanzmittel gewährt;
3. seine Gewinne im Einklang mit seinem Gesellschaftsvertrag oder seiner Satzung und den darin im Voraus festgelegten Verfahren und Regeln für eine etwaige Gewinnausschüttung an Anteilseigner und Eigentümer vor allem zum Erreichen seines vorrangigen sozialen Ziels einsetzt, damit sichergestellt ist, dass eine solche **Gewinnausschüttung nicht seinem vorrangigen Ziel zuwiderläuft**;
4. in verantwortungsbewusster und transparenter Weise verwaltet wird, insbesondere durch Einbindung von Arbeitnehmern, Kunden und anderen von seiner Unternehmenstätigkeit Betroffenen;
5. im Hoheitsgebiet eines Mitgliedstaats oder – bei Erfüllung gewisser Anforderungen – auch in einem Drittland niedergelassen ist.

Ob das anvisierte Vorhaben des europäischen Gesetzgebers, nämlich die Erweiterung des Spektrums von Unternehmen, in die EuSEF investieren dürfen, und infolgedessen auch die Erhöhung der praktischen Relevanz dieses Fondsvehikel, gelungen ist, kann durchaus kritisch betrachtet werden – und das trotz des Umstandes, dass sich immer mehr Anleger bei ihren Anlageentscheidungen auch für soziale Ziele interessieren. Der erhoffte signifikante Anstieg der registrierten EuSEFs ist nämlich ausgeblieben. Waren bis zum 1. März 2018[669] bei der ESMA insgesamt sechs EuSEFs registriert, kamen im Zeitraum von über drei Jahren nur weitere neun Registrierungen hinzu. Auch die geographische Diversifikation ist nicht allzu groß, wenn man bedenkt, dass in nur sechs Ländern der EU[670] ein solches Fondsvehikel überhaupt errichtet wurde.[671] Mit insgesamt

669 Zeitpunkt, ab welchem die Änderungen anzuwenden waren, vgl. Art. 3 der Verordnung (EU) 2017/1991.

670 Zu diesen zählen Frankreich, Deutschland, Spanien, Niederlande, Luxemburg und Finnland.

671 Vgl. dazu European Securities and Markets Authority, Central database of managers of Social Entrepreneurship Funds (EuSEF), 2021.

nur fünfzehn registrierten EuSEFs in der gesamten EU ist die Bilanz auf der Ebene der Investoren also auch nach der Einführung eines gemeinsamen EU-Fondslabels nach wie vor ernüchternd und das führt dazu, dass trotz der grundsätzlich vorhandenen Bereitschaft von Anlegern soziale Unternehmen nach wie vor mit dem Problem der Finanzierung zu kämpfen haben und ihr Wirkungspotential nicht bestmöglich zur Geltung gebracht werden kann.

5.3 Kritische Würdigung und wünschenswerte Schritte des Gesetzgebers

Zusammenfassend kann festgehalten werden, dass die rechtliche Regulierung des sozialen Unternehmertums in der EU sehr heterogen ausfällt und die unternehmerische Ebene in der Praxis durchaus auch die Ebene der Impact Investoren, welche soziale Unternehmen in ihr Portfolio aufnehmen wollen, negativ zu beeinflussen scheint. Die bestehenden Unklarheiten und die damit verbundene Rechtsunsicherheit führen schließlich dazu, dass die tatsächliche Wirkung des Privatsektors deutlich hinter seinem möglichen Potential zurückbleibt; der Gesetzgeber muss sich dieser Aufgabe nun endlich annehmen und das langverschobene Problem lösen. Die Europäische Kommission führt in ihrem jüngsten Bericht zum sozialen Unternehmertum zwar aus, dass eine wachsende Zahl von Ländern derzeit dabei ist, neue Gesetze zur Regulierung dieser besonderen Art von Unternehmen zu verabschieden und zählt einige Vorteile auf, die mit dieser Ad-hoc-Gesetzgebung einhergehen,[672] gleichzeitig spricht die Kommission aber auch davon, dass bei der Beurteilung der Notwendigkeit dieser Ad-hoc-Gesetzgebung immer die Besonderheiten des rechtlichen Rahmens der einzelnen Länder zu berücksichtigen sind. Diesbezüglich führt sie aus, dass Kontextbedingungen wie das Vorhandensein eines gut strukturierten gemeinnützigen oder genossenschaftlichen Sektors und das Vorherrschen eines stark von gesellschaftlicher Verantwortung geprägten Konzepts des Unternehmertums unter Umständen eine spezifische Gesetzgebung entbehrlich machen könnten und bezieht sich beispielhaft auf Deutschland.[673]

---

672 Bspw. ein verringertes Risiko, dass das Konzept des sozialen Unternehmertums von konventionellen Unternehmen missbraucht wird oder die verbesserte Möglichkeit, gezielte Unterstützungsmaßnahmen umzusetzen.

673 Vgl. dazu Borzaga/Galera/Franchini u.a., Social enterprises and their ecosystems in Europe, 2020, S. 143.

Diese Annahme ist nicht gänzlich falsch, da die rechtlichen und auch soziokulturellen Besonderheiten jedes Landes eine große Rolle bei der Entwicklung eines gemeinsamen rechtlichen Rahmens spielen sollten, und dennoch zeigt sich, dass noch zahlreiche Hürden für den wirkungsorientieren Privatsektor bestehen, die nur auf Ebene der EU am sinnvollsten gelöst werden können. Während die Kommission nämlich spezifisch unter Bezugnahme auf Deutschland festhält, dass eine rechtliche Regulierung unter Umständen entbehrlich sein könnte, gibt es in Deutschland derzeit keine Rechtsform, welche den speziellen Charakteristika des sozialen Unternehmertums – nämlich der Verknüpfung von „Profit & Purpose" – angemessen Rechnung tragen würde. Wie oben bereits geschildert werden dieser Anforderung auch nicht die Rechtsformen der gGmbH oder der gAG gerecht, da sie jegliche Gewinnerzielung für Gesellschafter praktisch unmöglich machen.

Trotz dieser für die Praxis mit zahlreichen Konsequenzen verbundenen Einschränkung bezeichnet die Europäische Kommission gerade die gGmbH als eine „*a priori good option for social enterprises*", auch wenn sie einräumt, dass sie bisher noch nicht systematisch genutzt wird. Die Ursachen sieht die Kommission aber nicht in dem Umstand, dass bei dieser Rechtsform Gewinne nicht an die Gesellschafter ausgeschüttet werden dürfen, sondern in anderweitigen Beschränkungen (bspw. enge Auslegung der als gemeinnützigen geltenden Aktivitäten oder der mit den Berichtspflichten verbundene Verwaltungsaufwand).[674] Diese Faktoren können auch einen Einfluss haben, doch das eigentliche und dringendste Problem scheint woanders zu liegen und bezieht sich dabei nicht nur auf das deutsche Recht, sondern bildet ein allgemeines Merkmal des aktuellen Konzepts des sozialen Unternehmertums, welches sich auch auf die Ebene des Impact Investing überträgt, nämlich die durch die diversen Rechtsakte und Strategien vorgegebene Unvereinbarkeit von Gewinnstreben und Gemeinwohlförderung, als hätte man die grundlegenden Prinzipien der Marktlogik und die wesentliche Botschaft von Smith auch nach mehreren Jahrhunderten noch nicht verstanden. Die Frage des Konflikts zwischen den Interessen der Gesellschaft und des Unternehmens bzw. der Investoren wurde noch nicht zufriedenstellend geklärt und der geltende Rechtsrahmen bietet im Grundsatz nur zwei Optionen: sich entweder ausschließlich für gemeinnützige Zwecke zu engagieren und dabei gänzlich auf Gewinne zu verzichten oder den klassischen „*Go for Profit*"-Weg zu gehen. Diese Denkweise ist aber längst nicht mehr zeitgemäß.

674 Dies., Social enterprises and their ecosystems in Europe, 2020, S. 110 f.

Das grundlegende konzeptuelle Problem wurde bereits durch die Initiative für soziales Unternehmertum von 2011 mit ihrem definitorischen Ansatz angelegt und konnte auch nach mehr als zehn Jahren nicht behoben werden; ganz im Gegenteil haben alle weiteren Schritte des europäischen Gesetzgebers dieses nur perpetuiert und zum Teil sogar erschwert. Die Europäische Union scheint sich bei der Entwicklung der Bestrebungen zur Förderung des sozialen Unternehmertums nicht fest entschlossen zu haben, welchem Konzept sie folgen möchte. Wie im Kap. 4.2.2 bereits ausgeführt wird grundsätzlich zwischen der sog. *Social Innovation* und *Social Enterprise School* unterschieden, die jeweils unterschiedliche Schwerpunkte als das Kernmerkmal des sozialen Unternehmertums erachten: bei dem erstgenannten konzeptuellen Ansatz steht logischerweise primär die soziale Innovation im Vordergrund, bei der zweiten Meinungsschule ist es dagegen die Erzielung eines zumindest teilweise marktbasierten Einkommens.

Viele Hinweise sprechen dafür, dass das Konzept der EU der zweiten Meinung folgt. Zwar beschreibt die Europäische Kommission die Merkmale von Sozialunternehmen in ihrer Initiative aus dem Jahr 2011 dahingehend, dass sie mit sozialer Innovation auf bisher unerfüllte Bedürfnisse reagieren,[675] was zunächst zugunsten der *Social Innovation School* sprechen könnte. Allerdings fügt die Kommission gleichzeitig auch hinzu, dass soziale Unternehmen auf dem Markt durch die Herstellung von Waren und die Erbringung von Dienstleistungen unternehmerisch tätig sind,[676] sodass die Notwendigkeit von Gewinnerzielung und die Marktorientiertheit im Grundsatz nicht in Frage gestellt werden. Diese Sichtweise bekräftigen auch diverse Aussagen der politischen Führungskräfte der EU, welche sich mit dem sozialen Unternehmertum befassen. In diesem Sinne sah bspw. der ehemalige Präsident der Europäischen Kommission das größte Veränderungspotential von sozialen Unternehmen bspw. darin, „die Dinge mit größerer Verantwortung und Fairness anzugehen und gleichzeitig auf dem Markt erfolgreich zu bleiben". Noch deutlicher brachte den Gedanken der Wirtschaftlichkeit von sozialen Unternehmen Michel Barnier (ehemaliges Kommissionsmitglied) wie folgt zum Ausdruck: „Sozial ausgerichtete Unternehmen verfolgen Ziele der sozialen, ethischen oder umweltfreundlichen Entwicklung. Gleichzeitig müssen sie aber auch ein Wirtschaftsmodell respektieren. Sie müssen für ausgeglichene Konten sorgen und so erfolgreich wirtschaften, dass sie Investitionen in die Zukunft tätigen können".[677]

675 Europäische Kommission, Initiative für soziales Unternehmertum, 2011, S. 4.

676 Dass., Initiative für soziales Unternehmertum, 2011, S. 2.

677 Dass., Initiative für soziales Unternehmertum der Europäischen Kommission, 2014, S. 3.

Auf politischer Ebene wird also längst erkannt, dass eine Nachhaltigkeitswende notwendig ist und diese nur dann systematisch eingeleitet werden kann, wenn neben sozialen und ökologischen auch die wirtschaftlichen Aspekten ausreichend berücksichtigt werden. Diese Erkenntnis spiegeln die Rechtsakte jedoch keinesfalls wider, vielmehr wird das Profitstreben nach wie vor als etwas gesehen, was nicht als gleichberechtigtes Element neben der Erzielung einer positiven Wirkung stehen oder zumindest überwiegend in den Hintergrund treten sollte. Bereits in der Initiative zur Förderung der Sozialunternehmen setzte die Kommission als ein konstitutives Merkmal von sozialen Unternehmen voraus, dass die ggfs. erzielten Überschüsse in erster Linie zur Verwirklichung sozialer Ziele verwendet werden sollten und eine noch stärkere Gegenhaltung gegen das Gewinnmotiv wurde durch den Vorschlag zur Etablierung eines Statuts für soziale Unternehmen zum Ausdruck gebracht.

Die Bemühungen auf europäischer Ebene, für diese Unternehmensform gemeinsame Kriterien zu entwickeln, war durchaus zu begrüßen, doch in der vom Europäischen Parlament vorgelegten Fassung ist es vielleicht sogar besser, dass das Gesetzgebungsverfahren zu keinem Rechtsakt geführt hat. Der Vorschlag sah nämlich eine vollständige oder zumindest partielle Beschränkung der Gewinnausschüttung vor,[678] sodass für die Gesellschafter eines Sozialunternehmens im Einklang mit dem Rechtsstatut von vornherein keinerlei Aussicht auf Gewinn bestanden hätte. In der den Gesetzgebungsprozess vorbereitenden Studie verteidigte Fici diese Anforderung mit der Argumentation, dass eine solche Beschränkung notwendig sei, damit das Gewinnmotiv nicht das Unternehmen durchdringt: „*…the rules on profit allocation make it clear that a socially useful activity is not per se considered by legislators capable of fulfilling the social mission of an SE.* ***The activity needs to be conducted by the SE for no other reason than to benefit the community***".[679]

Bedauerlicherweise wurde diese Ansicht in der Resolution des Europäischen Parlaments ohne weitere Ausführungen übernommen. Es erscheint etwas paradox angesichts des Umstandes, dass das Parlament die besondere Stellung von sozialen Unternehmen im Vergleich zu anderen Formen des Unternehmertums gerade damit begründet, dass sie ein Geschäftsmodel für das 21. Jahrhundert bereitstellen, welches eine Ausgewogenheit zwischen finanziellen und

678 Der Vorschlag von Fici sprach von „total or at least partial constraint on profit distribution", s. dazu Kap. 5.4.4.2.

679 Fici, A European Statute for Social and Solidarity-Based Enterprise, 2017, S. 24.

gesellschaftlichen Bedürfnissen herstellt;[680] zu den konstitutiven Merkmalen eines sozialen Unternehmens jedoch gleichzeitig den Gewinnverzicht erklärt. Es ist an der Zeit, sich von dieser heutzutage fast schon archaischen Betrachtungsweise endgültig zu trennen. So trivial dies auch klingen mag, stellt gerade dieser Aspekt eine wesentliche Stufe auf dem Weg zum *„Age of Sustainable Development"*, denn Nachhaltigkeit kann unter allen Gesichtspunkten nur dann erreicht werden, wenn die Wirtschaft gleichberechtigt neben sozialen und ökologischen Belangen steht.

Auch heute ist man de facto keinen Schritt vorangekommen. Die Europäische Kommission definiert das soziale Unternehmen zwar durch drei Dimensionen, zu denen ausdrücklich auch die unternehmerische bzw. ökonomische gehört. Auch hebt die Kommission hervor, dass ein soziales Unternehmen marktorientiert sein muss, sieht die Mindestgrenze jedoch bereits bei 25% der Einnahmequellen.[681] Ob diese Schwelle für ausreichend im Hinblick auf die Marktorientiertheit des Unternehmens gehalten werden kann, ist jedoch äußert fragwürdig; vielmehr wäre wie bereits im Kap. 4.2.3 erläutert eine Mindestgrenze von 50% wünschenswert und gerechtfertigt. Des Weiteren spricht die Kommission von einer *„primacy of social aid"*,[682] wodurch letztendlich der unternehmerische Ansatz völlig untergraben wird. Bei einer korrekten Auslegung des Nachhaltigkeitsgedanken dürfte es nämlich keine *„primacy"* geben; vielmehr müsste es darum gehen, solche Geschäftsmodelle zu fördern, welche die Wirtschaft und die Bedürfnisse der Gesellschaft am besten in ein ausbalanciertes Verhältnis bringen.

Der gleiche Denkfehler wird auch in der EuSEF-Verordnung zum Ausdruck gebracht, auch wenn in etwas milderer Form. Die Verordnung verlangt nämlich ebenfalls, dass die positive soziale Wirkung das vorrangige Ziel darstellen soll. Eine Gewinnausschüttung ist zwar prinzipiell möglich, jedoch insoweit beschränkt, als dass etwaige Gewinnausschüttungen an Anteilseigner und Eigentümer vor allem zum Erreichen dieses vorrangigen sozialen Ziels eingesetzt werden dürfen. Zwar ist es völlig richtig, dass Impact Investoren nicht nur Rendite, sondern gleichzeitig auch die positive soziale Wirkung anstreben und unter Umständen auch Kompromissbereitschaft zugunsten der letztgenannten

680 Europäisches Parlament, Statute for social and solidarity-based enterprises, 2018, Erwägungsgrund W.

681 Borzaga/Galera/Franchini u.a., Social enterprises and their ecosystems in Europe, 2020, S. 158.

682 Dies., Social enterprises and their ecosystems in Europe, 2020, S. 159.

mitbringen sollten. Dennoch impliziert der aktuelle Wortlaut von Art. 3 Abs. 1 Buchs. d) der EuSEF-VO, dass beim Impact Investing (und somit schließlich auch beim sozialen Unternehmertum) die sozialen Ziele einen Primatsanspruch verkörpern sollen. Diese Implikation lässt das neue sozialinnovative Geschäftsmodell in die Richtung einer rein der Gemeinnützigkeit dienenden Spende/Organisation rücken und blendet völlig aus, dass sich – wie zahlreiche Beispiele aus der Praxis zeigen – *Profit & Purpose* durch Schaffung eines gesellschaftlichen Mehrwerts gut miteinander verbinden lassen.

Die aktuelle Gesetzgebung verfolgt somit das richtige Ziel, doch scheint noch durch die Schranken des alten, durch das Prinzip des Entweder-Oder geprägten Denkens gefesselt und von der heutigen Realität entfernt zu sein. Die Balance zwischen finanziellen und sozialen Bedürfnissen wird durch Gewinnstreben nämlich nicht zwangsläufig in Zweifel gestellt, solange entsprechende Wirkungsmessungsmechanismen etabliert werden. Im Sinne einer nachhaltigen Entwicklung ist es notwendig, solche Lösungswege zu suchen, die sowohl Profit als auch entsprechende Wirkung bieten. Somit kann die Frage gestellt werden, ob die laufenden Gesetzgebungsprozesse nicht nur eine Reihen von Schönheitsoperationen darstellen, während angesichts des größten aufzulösenden Dilemmas zunächst eine „Operation am offenen Herzen" erforderlich gewesen wäre.

Die maßgebliche Richtung der aktuellen gesetzgeberischen Schritte scheint vorrangig die Harmonisierung im Bereich der Berichts- und Offenlegungspflichten zu sein[683] und zweifelsohne handelt es sich um wichtige Bereiche, da die Abwesenheit klarer Standards und Definitionen eine große Hürde bei der Beachtung von ESG-Kriterien darstellt. Doch Studien zeigen, dass diese nicht so schwerwiegend ist wie ein anderes Hindernis, nämlich der vermeintlich fehlende *Business case.*[684] Die in Kap. 4.4.2 beschrieben Beispiele zeigen, dass auf dem Markt bereits Geschäftsmodelle existieren, welche sowohl wirtschaftlich profitabel sind als auch zur Verwirklichung eines gesellschaftlich wünschenswerten Zieles beitragen. Der *Business case* kann somit erreicht werden, allerdings baut der aktuelle konzeptuelle Ansatz des sozialen Unternehmertums und des Impact Investing und entsprechende Regulatorik auf Ebene der EU

683 Vgl. dazu bspw. die obigen Ausführungen zum neuen Entwurf der Corporate Sustainability Reporting Directive oder zur Offenlegungsverordnung.

684 In einer Studie wurde dieser als der schwerwiegende Hindernisgrund genannt – von 74,1% der Antworten im Vergleich zu 66,1% beim Hinderungsgrund der fehlenden Standards, vgl. dazu Friede, Business Strategy and Environment 28 (2019), S. 1269.

die größte Erschwernis dieser Modelle nicht ab, sondern sorgt durch ihre „*primacy*"-Sichtweite und Beschränkung der Gewinnausschüttung für zusätzliche Behinderungen.

Die größte noch zu lösende Herausforderung der rechtlichen Regulatorik ist somit die Auflösung des Entweder-Oder-Ansatzes auf Ebene des Gesellschaftsrechts und die Ermöglichung eines gleichzeitigen Zieles der Gewinnorientierung und der Schaffung eines gesellschaftlichen Mehrwertes. Möslein schlägt bspw. eine teilweise Gesellschaftsrechtsharmonisierung vor, bezogen auf Unternehmen, bei denen grenzüberschreitende Aktivität zumindest wahrscheinlich ist und die in der Rechtsform von kapitalmarktorientierten Kapitalgesellschaften organisiert sind.[685] Ob dieser Vorschlag angesichts der Erfahrungen mit dem Vorhaben des Einführens eines Statuts für soziale und solidarische Unternehmen tatsächlich eine auf ausreichende politische Unterstützung stoßen und somit realisierbar wäre, kann erstmal dahinstehen.

Vielmehr ist im ersten Schritt die Anerkennung des Gesetzgebers notwendig, dass sich Profit und Gemeinwohl nicht zwangsläufig widersprechen müssen. Dementsprechend müssen gerade solche Ansätze stärker gefördert werden, unabhängig davon, ob sie auf Ebene der Unternehmen oder Investoren entwickelt werden. Der bisherige Kampf um die Vorrangstellung zwischen wirtschaftlichen und sozialen Zielen muss aufhören, denn im Einklang mit dem *Triple-Bottom* Ansatz gibt es hierfür keinen sachlichen Grund. Die Bereiche des Ökonomischen, Sozialen und Ökologischen bilden schließlich eine Einheit und erst ihr Zusammenspiel in der Gesamtkomplexität ihrer Verflechtungen bildet den Wert eines Unternehmens und somit entsprechend auch den Wert des Portfolios auf der investmentbezogenen Seite. Die öffentliche Hand muss diesem Grundsatz durch entsprechende gesetzgeberische Maßnahmen entsprechend Rechnung tragen und dadurch eine Neugestaltung des Marktes ermöglichen. Möslein bringt diese Forderung zutreffend wie folgt zum Ausdruck:

> In Zeiten tiefgreifender Umbrüche […] stellen sich gewaltige ökologische und soziale Gemeinwohlaufgaben, die der Staat angesichts seiner begrenzten Ressourcen schlicht nicht alleine stemmen kann. […] Umso wichtiger, ja geradezu unabdingbar erscheint daher die Aktivierung privaten unternehmerischen Initiative, die von Bürgersinn und individueller Gemeinwohlverantwortung getragen ist. Wo solche Verantwortung besteht, braucht es weder staatlichen Zwang (wie in Gestalt von Corporate Social Responsibility befürchtet) noch staatliche Subventionen (wie mit Steuererleichterungen im Gemeinnützigkeitssektor praktiziert). Stattdessen oder zumindest alternativ kann

685 Möslein, Zeitschrift für Rechtspolitik 50 (2017), S. 177.

> der Staat nämlich auf unternehmerische Reputationseffekte bauen, die soziales und ökologisches Engagement auf Absatz- und Kapitalmärkten generiert, aber angesichts ethischen Konsums und nachhaltigkeitsorientierter Kapitalanlage auch erfordert. **Die Rechtsordnung muss dann freilich zulassen, dass Gewinn- und Gemeinwohlorientierung sich gegenseitig ergänzen können statt einander auszuschließen.**[686]

Darüber hinaus unterliegt die aktuelle Gesetzgebung – zum Teil auch aufgrund ihrer Komplexität – einer Atomisierung, die dazu führt, dass die gewünschten Wirkungen geringer ausfallen als erhofft. Das beste Beispiel hierfür ist die EuSEF-Verordnung, durch die zwar ein europäisches Label für Fonds zur Finanzierung sozialen Unternehmertums geschaffen wurde, dabei aber die Bestimmungen dazu, welche Unternehmen als qualifizierte Portfoliounternehmen investierbar sind, noch ziemlich vage beschrieben werden, wodurch für Fondsmanager ein erheblicher, mit Rechtsunsicherheit verbundener Ermessenspielraum entsteht; insbesondere unter dem Gesichtspunkt, dass derzeit zahlreiche Rechtsordnungen der EU ein eigenes Konzept des sozialen Unternehmens entwickeln, welches deutlich vom Verständnis der Europäischen Kommission abweichen kann.

Soziales Unternehmertum und Impact Investing sind miteinander wirtschaftlich, rechtlich und auch bezüglich ihrer sozialen Wirkungsweise so eng verflochten, dass sie vom Gesetzgeber einheitlich betrachtet werden sollten, doch davon ist man noch weit entfernt. Aus diesem Grund wäre es wünschenswert, zunächst erneut die Einführungsmöglichkeit eines EU-weiten Statuts für soziale Unternehmen zu prüfen und bei diesem den bisher bestehenden Konflikt der Vereinbarkeit des Gewinns und des Gemeinwohls im Sinne einer marktbasierten und nachhaltigen Entwicklung endgültig aufzulösen. Anschließend wäre zum Zwecke der regulatorischen Kohärenz die nochmalige Überarbeitung der EuSEF-Verordnung geboten, welche dem neuen und den Umständen des 21. Jahrhunderts besser entsprechenden Verständnis vom Sozialunternehmertum ausreichend Rechnung tragen und die Kapitalströme stärker in nachhaltige Investitionen lenken würde als es durch den bisherigen regulatorischen Stand der Fall gewesen ist.

Neben der Klärung der Profitabilitäts- bzw. Renditeerwartungsfrage und einer größeren Kohärenz der rechtlichen Regulierung müssen noch weitere notwendige Schritte eingeleitet werden, sodass einiges auf einen mehrjährigen Gesetzgebungsprozess hindeutet. Die dritte wichtigste Aufgabe des europäischen Gesetzgebers wird es sein, verlässliche Messbarkeitsmethoden des Verwirklichungsgrades einer positiven gesellschaftlichen Wirkung zu entwickeln. Zwar

686 Ders., Zeitschrift für Rechtspolitik 50 (2017), S. 178 f.

dienen die Offenlegungs- und Taxonomie-Verordnungen (und der Entwurf der *Corporate Sustainability Reporting Directive*) zwar bereits als gute Grundlage eines normativen Gerüsts im Hinblick auf Definitionen und Wirkungsziele, diese müssen jedoch zwingend um praxistaugliche Systeme und Standards zur Wirkungsmessung ergänzt werden, da ohne einen entsprechenden messbaren Nachweis der Zusatznutzen der neuen nachhaltigen Geschäftsmodelle kaum ernsthaft belegt werden kann. [687] Es wäre nämlich falsch zu glauben, dass in der Praxis lediglich Win-Win-Situationen mit synergetischen Geschäftsmodellen existieren, sodass ein Modell von Nöten ist, aus welchem sich ableiten lässt, wann die Salden der ökonomischen, der sozialen und der ökologischen Dimension eine positive Bilanz ergeben.

Selbstverständlich ist die Wirkungsmessung in der Praxis enorm schwierig, denn Kausalverhältnisse zwischen einer unternehmerischen Handlung bzw. einer Anlageentscheidung und ihrer sozialen und/oder ökologischen Wirkung sind „nichtlinear, iterativ, kontingent und multideterminiert".[688] Die praktischen Herausforderungen der Wirkungsmessung dürfen jedoch nicht als Vorwand benutzt werden, um auf diese gänzlich zu verzichten oder sie mit schwammigen Kriterien „abzuspeisen". Wenn die Geschäftsmodelle des sozialen Unternehmertums und des Impact Investing also tatsächlich zukunftsfähig sein und ihr volles Transformationspotential bei der Nachhaltigkeitswende entfalten sollen, muss es dem Gesetzgeber gelingen, klare Messbarkeitskriterien der Wirkungserzielung zu bestimmen.

---

687 Kölsch, SRI und Wirkung – über den Umgang mit dem Impact-Begriff, 2020, S. 15.
688 Wettstein/Dey/Schaefers u.a., Impact Investing: Konzept, Spannungsfelder und Zukunftsperspektiven, 2019, S. 3.

Schlussbetrachtung und Hauptthesen der Arbeit

Das marktbasierte Wirtschaftssystem hat der Menschheit in der Vergangenheit zu enormem wirtschaftlichen Fortschritt verholfen, und dennoch gibt es zum Teil kritische Stimmen, welche dem Markt vorwerfen, die Bedürfnisse der Gesellschaft, seien sie sozialer oder ökologischer Art, außer Acht gelassen zu haben. Daraus können diverse Probleme wie bspw. soziale Ungleichheit oder Klimawandel entstehen, welche die größten Herausforderungen der Menschheit im 21. Jahrhundert darstellen. Da sich diese Probleme zunehmend auch auf die Wirtschaft auswirken, werden sie rasch zu Themen mit wirtschaftspolitischer Relevanz und es ist klar, dass die noch zu bewältigenden Probleme der Menschheit durch die weltweite Corona-Pandemie verstärkt zum Vorschein kommen werden. Darin zeigt sich, dass die Widerstandsfähigkeit der Wirtschaft erhöht werden muss und die Forderungen nach einer Umgestaltung der derzeitigen Form der Marktwirtschaft nicht ganz unberechtigt sind.

Eine angemessene Antwort auf die Komplexität der Probleme der Gesellschaft des 21. Jahrhunderts kann jedoch nicht bloß darin bestehen, die marktbasierte Wirtschaft zu verurteilen; vielmehr ist ein interdisziplinärer und zukunftsorientierter Diskurs notwendig. Dabei dürfen die Begriffe „Markt" und „Kapitalismus" nicht verwechselt werden und auch ist es notwendig, sich von der älteren Fehlinterpretation von Smiths Lehre der unsichtbaren Hand des Marktes zu lösen. Diese ist nämlich nicht im Sinne eines ungehemmten Profitstrebens des Einzelnen auszulegen, vielmehr ist die treibende Kraft hinter dem Marktmechanismus, der Eigennutz, als ein kooperatives, wettbewerbsorientiertes und in einen ethischen Rahmen eingebettetes Handeln zu verstehen. Auch ist der Markt per se nicht ungerecht, kann aber als bloßer Mechanismus unter Umständen versagen. Zu den typischen Fallgruppen des Marktversagens zählen unter anderem die Umweltverschmutzung oder die als sozial ungerecht empfundene Einkommensverteilung. Das Marktsystem ist jedoch nicht die eigentliche Ursache dieser Probleme; vielmehr kann die Marktwirtschaft derart strukturiert werden, dass sie sich nicht aus der Gesellschaft „entbettet" und weder soziale Belange noch umweltbezogene Belange außer Acht lässt.

These 1: Die Marktwirtschaft führt per se nicht zu sozialen und ökologischen Problemen der Gegenwart, muss aber den Problemen und Realitäten der heutigen Gesellschaft Rechnung tragen und, um Marktversagen zu verhindern,

neben wirtschaftlichen Erwägungen auch die Belange der Gesellschaft und der Umwelt stärker berücksichtigen.

Nach derzeitigem Verständnis sind wirtschaftliche Aktivitäten primär auf Wachstum ausgerichtet, und doch sind die natürlichen Grenzen unseres Planeten nicht unendlich. Auch die zahlreichen sozialen Probleme können nicht mehr ausgeblendet werden und deswegen ist bei der Neugestaltung des wirtschaftlichen (und des gesellschaftlichen) Rahmens ein grundlegendes Umdenken notwendig. Die neu zu gestaltende Wirtschaftsordnung muss darauf ausgerichtet sein, zur stärkeren sozialen Kohäsion und zum schonenden Umgang mit den Ressourcen des Planeten beizutragen. Eine für die Zukunft geeignete Vision präsentiert das Konzept der Nachhaltigkeit, welches neben der ökonomischen Dimension auch die Bedürfnisse der Gesellschaft und der Umwelt berücksichtigt. Nur durch ein ausgewogenes Verhältnis der drei Säulen kann eine Wirtschaftsordnung den größtmöglichen Wohlstand bieten und sowohl den wirtschaftlichen Anforderungen entsprechen als auch sozial- und umweltverträglich sein.

Angesichts der Folgen der Corona-Pandemie gehen einige Prognosen von einer Wirtschaftskrise aus, welche die von 2008/2009 deutlich übertreffen könnte. Nach dem Motto „*Never waste a good crisis*“ kann diese jedoch zur Geburtsstunde einer neuen, widerstandsfähigeren Wirtschaftsordnung werden, welche schon zuvor von vielen verlangt wurde. Die wegweisende Orientierung auf dem Weg zu einer nachhaltigen Entwicklung bieten die durch die UNO erarbeiteten und in der Agenda 2030 formulierten *Social Development Goals* (SDGs), deren effektive und integrative Umsetzung den Beginn eines neuen Zeitalters – sog. “*age of sustainable development*” – darstellen könnte. Die Nachhaltigkeit ist aus Sicht der Menschheit nämlich nicht nur ein bloßer Modetrend, sondern eine Überlebensgarantie, eine „*conditio sine qua non*“.

These 2: Die neu zu gestaltende Wirtschaftsordnung muss auf dem Prinzip der Nachhaltigkeit beruhen und Wachstum durch ein Gleichgewicht der wirtschaftlichen, sozialen und ökologischen Dimensionen erreichen. Diese Erneuerung des aktuellen Wirtschaftssystems, welches bisher lediglich die Wirtschaftssphäre im Blick hatte, könnte zum Beginn eines neuen Zeitalters – das der nachhaltigen Entwicklung, sog. “age of sustainable development” – werden.

Bei der Transformation der geltenden Wirtschaftsordnung in Richtung Nachhaltigkeit ist es notwendig, der grundlegenden Rolle des Privatsektors und insbesondere des Unternehmertums stärker Rechnung zu tragen. Da Unternehmen und Investoren zu den wichtigsten Marktakteuren gehören und ihre Aktivitäten erheblichen Einfluss auf die wirtschaftliche Dynamik haben, müssen sie stärker in das marktwirtschaftliche System eingebunden werden.

Es kann nicht geleugnet werden, dass der Privatsektor eine Verantwortung gegenüber der Gesellschaft trägt, da insbesondere unternehmerische Aktivitäten, welche sich zu kurzfristige Ziele setzen und lediglich schnelle Gewinnerzielung im Blick haben, häufig schädliche Folgen für die Gesellschaft und die Umwelt haben. Obwohl sich der Privatsektor bereits in zahlreichen Fällen zur gesellschaftlichen Verantwortungsübernahme, welche über die Einhaltung der rechtlichen Pflichten hinausgeht, bekennt und auch in der Wissenschaft das Thema der gesellschaftlichen Verantwortung des Privatsektors seit mehreren Dekaden diskutiert wird, besteht derzeit eine breite Palette von Konzepten und Ansätzen, welche den Versuch unternehmen, den Inhalt einer solchen gesellschaftlichen Verantwortung zu erfassen und normativ zu begründen. Auf Ebene des Unternehmertums wird dieses Thema meist unter dem Begriff *Corporate Social Responsibility* behandelt. Zudem wurde erkannt, dass auch Investoren durch die Bestimmung der Richtung ihrer Zahlungsströme eine signifikante Verantwortung gegenüber der Gesellschaft tragen und ebenfalls gewisse Erwägungen über die gesellschaftlichen Auswirkungen ihrer Anlageentscheidungen zu treffen haben. Aus diesem Gedanken heraus entstand das Konzept von *(Socially) Reponsible Investments*, welches im Investmentsektor das darstellt, was im Bereich des Unternehmertums die CSR repräsentiert.

Obwohl diese Begriffe heute stark verbreitet sind, werden sie inhaltlich unterschiedlich ausgelegt, was zu zahlreichen praktischen Problemen führt. Für einige reicht es bspw. schon aus, wenn ein Unternehmen seine – nicht zwangsläufig auf verantwortungsvolle Weise erzielten Gewinne – für wohltätige Zwecke spendet; andere wiederum verlangen eine weitreichende Auslegung, die bis zum Kern sämtlicher unternehmerischer Aktivitäten greift. Der letzteren Ansicht ist eindeutig Vorzug zu geben, wenn die gesellschaftliche Verantwortungsübernahme mehr als nur ein Lippenbekenntnis werden soll, hinter dem sich umweltschädigende und sozialunverträgliche Geschäftspraktiken „verstecken" könnten. Damit die Ziele der CSR (und der RI) somit nicht völlig ins Leere laufen, muss die derzeit bestehende „konzeptuelle Anarchie" beseitigt und ein moderneres, weitreichendes Verständnis entwickelt werden. Gerade weil das Nachhaltigkeitskonzept eine stärkere Einbindung und einen größeren Beitrag des Privatsektors bei dem Transformationsprozess fordert, kann die inhaltliche Vorstellung über die gesellschaftliche Verantwortung des Privatsektors auf eine höhere Ebene gehoben werden, indem sie an die Nachhaltigkeit angelehnt wird und dadurch ein tiefgreifendes und ganzheitliches Konzept der CSR bzw. RI entsteht.

These 3: Unternehmen und Investoren genießen viele Freiheiten, ihre Entscheidungen haben jedoch große Auswirkungen auf verschiedene Bereiche der Gesellschaft, sodass die ihnen überlassene Freiheit auch mit einer gewissen Verantwortung verbunden sein muss. Die Konzepte CSR und SRI versuchen der de facto bestehenden Verantwortung des Privatsektors gegenüber der Gesellschaft entsprechend Rechnung zu tragen, sind aber nicht einheitlich und zum Teil nicht weitgehend genug. Die Heterogenität der Konzepte muss daher durch ein tiefgreifenderes und umfassendes Verständnis aufgelöst werden, welches durch eine Anlehnung an die Nachhaltigkeit gewährleistet werden kann.

Die Gründe, warum sich Unternehmen bzw. Investoren für größere Verantwortungsübernahme entscheiden, variieren sehr stark und reichen von ethisch geprägten Gedanken bis hin zu rein wirtschaftlich getriebenen Motiven, doch selbst im letzteren Falle darf ihnen ein unmoralisches Handeln nicht unterstellt werden. Wie oben bereits ausgeführt scheint auch nach mehreren Jahrhunderten nach der Entwicklung von Smiths Lehre der unsichtbaren Hand des Marktes die Rolle des Eigennutzes bei wirtschaftlichen Handlungen zum Teil mit einer missverstandenen Interpretation einherzugehen. Während Smith diesen nur als den Motivationstreiber individuellen Handelns verstand, der zur Steigerung des Gemeinwohls führt, wird er heutzutage teilweise als das rücksichtslose Streben nach Gewinn interpretiert. Sicher hat diese Wahrnehmung auch mit den Verfehlungen am Finanzmarkt in den letzten Jahren zu tun, doch bloße Gewinnorientierung darf nicht mit Gier verwechselt werden.

Lange Zeit war die Frage, ob die Übernahme der gesellschaftlichen Verantwortung des Privatsektors überhaupt wünschenswert ist, äußerst umstritten und gilt bis heute zum Teil als kontrovers; die größte Uneinigkeit besteht dabei bezüglich der Profitorientierung. Auch wenn Friedmans Aussagen wie „*The social responsibility of business is to increase its profits*" heute mit gewisser Zurückhaltung zu betrachten sind, erfüllen Akteure der Markwirtschaft eine wichtige wirtschaftliche Rolle. Die Gewinnerzielung ist ein geeigneter Indikator für die Beurteilung, ob sie diese ausreichend erfüllen, denn neben dem Anbieten eines Produkts oder einer Dienstleistung, welche den Präferenzen der Nachfragenden am besten entspricht, ist Gewinn zusätzlich ein Zeichen dafür, dass der „wirtschaftliche Gesamtkuchen", den es zu teilen gibt, insgesamt wächst und damit allen zugutekommt. Unternehmen und Investoren sind schließlich keine Wohltätigkeitsverbände und das ist auch aus Sicht einer nachhaltigen Entwicklung richtig, solange sich die Profitorientierung nicht zu kurzfristige und im Widerspruch zu den Bedürfnissen der Gesellschaft und Umwelt stehende Ziele setzt. Die Gewinnerzielung sorgt für wirtschaftliche Nachhaltigkeit und es darf nicht missachtet werden, dass selbst das Konzept der Nachhaltigkeit eine wirtschaftliche Komponente beinhaltet. Eine Gewinnorientierung ist somit legitim und wünschenswert, solange die wirtschaftlichen, sozialen und ökologischen Belange gleichberechtigt bleiben und die wirtschaftliche Aktivität auch zur Schaffung eines gesellschaftlichen Mehrwerts beiträgt. Wenn man jedoch die Legitimität der Gewinnorientierung in Frage stellt, wird dadurch nicht nur das grundlegende Prinzip des Nachhaltigkeitskonzepts verletzt, sondern auch die Gefahr erhöht, dass die Anreize zur gesellschaftlichen Verantwortungsübernahme des Privatsektors und somit schließlich auch sein enormes Transformationspotential untergraben werden.

These 4: Gerade weil das Nachhaltigkeitskonzept auch eine wirtschaftliche Dimension beinhaltet, darf diese nicht außer Acht gelassen werden. Die Gewinnorientierung als eines der grundlegenden Prinzipien der Marktwirtschaft ist nicht moralisch verwerflich, muss im Sinne einer nachhaltigen Entwicklung jedoch langfristig ausgelegt werden und einen gesellschaftlichen Mehrwert bieten können. Eine nachhaltige Wirtschaftsordnung kann und muss sogar marktbasiert sein.

Das Thema der Nachhaltigkeit wird immer allgegenwärtiger und die Politik führt in vielen Bereichen verschiedene Nachhaltigkeitsstandards ein. Während diese Entwicklungen für einige Unternehmen lediglich die Notwendigkeit kostenintensiver und somit schmerzhafter Anpassungen darstellen, werden sie von anderen Unternehmen bereits als eine große Chance be- und ergriffen. So werden durch unternehmerische Mittel Lösungen für die aktuellen sozialen und ökologischen Probleme der Gegenwart entwickelt, welche die öffentliche Hand alleine nicht bieten kann. Das beste Beispiel stellt das soziale Unternehmertum dar, welches ein neues Bewusstsein der gesellschaftlichen Verantwortungsübernahme gegenüber der Gesellschaft verkörpert, indem diese direkt in das Zentrum seiner wirtschaftlichen Aktivität transkribiert wird. In ihrer Vision, zur Lösung gesellschaftlicher Herausforderungen beizutragen und tatsächliche Veränderungen herbeizuführen, schreiben soziale Unternehmen ein neues Kapitel bei der Entwicklung der CSR und zeigen, dass der Praktikabilität der gesellschaftlichen Verantwortungsübernahme durch Unternehmen praktisch keine Grenzen gesetzt sind. Darüber hinaus sind sie ein wichtiger Vorantreiber im Hinblick auf die Erreichung der SDGs, sodass sie eine enorme Rolle bei der von der Politik anvisierten Nachhaltigkeitswende spielen können.

Genauso wie Unternehmen erkennen im zunehmenden Maße auch Investoren, dass ihre Kapitalanlage Wirkung entfalten kann und steigern somit ihre Anforderungen an die Auslegung dessen, was *Responsible Investments* ausmachen sollte. Anlagestrategien wie negative Ausschlusskriterien oder der *Best-in-Class* Ansatz reichen ihnen längst nicht mehr aus und sie verlangen, dass ihr Kapital nachhaltig angelegt wird und spürbare Änderungen bewirkt. Als die „Königskategorie“ der nachhaltigen Geldanlagen kann das sog. Impact Investing betrachtet werden, bei welchem das Ziel einer positiven sozialen Wirkungserzielung verfolgt wird. Dieses stellt eine der wesentlichen Gemeinsamkeiten von sozialen Unternehmern und Impact Investoren dar, denn beide Gruppen vereint die anvisierte Wirkungsentfaltung im Hinblick auf die größten gesellschaftlichen Herausforderungen der Gegenwart. Durch diesen Ansatz tragen sie dazu bei, dass die Verantwortungsübernahme des Privatsektors eine völlig neue Interpretationsweise erfährt.

These 5: Soziale Unternehmen und Impact Investoren verkörpern ein neues Verantwortungsverständnis des Privatsektors und entdecken neue Marktchancen dort, wo andere ein Problem sehen. Durch ihre innovativen Ansätze und Geschäftsmodelle können sie maßgeblich zur Bewältigung zahlreicher Herausforderungen des 21. Jahrhunderts beitragen.

Neben der positiven sozialen und ökologischen Wirkung und den innovativen Ansätzen verbindet das soziale Unternehmertum und Impact Investing auch ein drittes wesentliches Merkmal, nämlich die ökonomische Nachhaltigkeit im Sinne einer permanenten Generierung eines positiven Gewinns. Dies sind die Eigenschaften, welche soziales Unternehmertum und Impact Investing sowohl vom Sektor als auch von rein konventionellen, gewinnorientierten Wirtschaftsaktivitäten abgrenzen. Während die positive gesellschaftliche Wirkung allgemein anerkannt ist, gilt dies nicht bezüglich der Gewinnerzielung. Im Hinblick auf soziales Unternehmertum ist umstritten, inwieweit soziale Unternehmen in der Lage sein sollten, ihre Eigenmittelerwirtschaftung selbst zu bestreiten. Während eine Meinungsschule, die sog. *Social Innovation School,* das soziale Unternehmertum (neben der Wirkungserzeugung) primär durch sein Innovationspotential definiert, verlangt die zweite, sog. *Social Enterprise School,* dass soziale Unternehmen ein mindestens zu 50% marktbasiertes Einkommen über den Verkauf von Produkten und Dienstleistungen erwirtschaften. Ein ähnliches Dilemma besteht auch im Bereich des Impact Investing, wo diskutiert wird, wie hoch die zu erwartende Rendite sein muss; das Spektrum reicht von der reinen Kapitalerhaltung (oder sogar von einem vollständigen Ausbleiben der Rendite) bis hin zu einer marktüblichen Rendite.

Soziale Unternehmen verfolgen zwar das Ziel, zur Lösung gesellschaftlicher Herausforderungen beizutragen, dass entbindet sie jedoch nicht von der ureigenen unternehmerischen Pflicht, auf dem Markt wirtschaftlich zu operieren.

Wenn man diese Forderung ausblendet, entsteht dadurch fälschlicherweise der Eindruck, dass soziale Unternehmen keine richtigen Unternehmen seien und sich hinter dem Begriff lediglich eine neue Bezeichnung für Wohlfahrtsorganisation verstecken würde. Zudem hat eine marktbasierte Gewinnerzielung zahlreiche Vorteile gegenüber reinen Spenden und somit ist der Ansicht der *Social Entersprise School* auch unter dem Aspekt der langfristigen ökologischen Nachhaltigkeit eindeutig Vorzug zu geben. Das gleiche gilt auch im Bereich des Impact Investing. Hier kann es unter Umständen zu einer Reduzierung der zu erwartenden Rendite zugunsten einer positiven Wirkung kommen, jedoch wäre es falsch, hier auf die bloße Kapitalerhaltung abzustellen. Vielmehr erscheint hier zumindest die Ertragserzielung geboten, welche zumindest zu 50% der marktüblichen Rendite entspricht. Zahlreiche Beispiele aus der Praxis zeigen, dass diese Erwartungen in der Praxis sowohl vom sozialen Unternehmertum als auch Impact Investing problemlos erfüllt werden können und dabei auch die geforderte gesellschaftliche Wirkung erreicht wird, sodass eine Balance zwischen gesellschaftlichen Zielen und der Profitabilität bei innovativen und auf dem Markt erfolgreichen Geschäftsmodellen problemlos möglich ist.

These 6: Wenn das soziale Unternehmertum und Impact Investing als nachhaltige und marktorientierte Lösungsansätze für die gesellschaftlichen Probleme der Gegenwart begriffen werden sollen, ist es notwendig, eine Mindestgrenze bezüglich des Erwirtschaftens des eigenen marktbasierten Einkommens bzw. bezüglich der zu erwartenden finanziellen Rendite der Anlage zu definieren. Diese soll im Einklang mit der ökonomischen Nachhaltigkeit bei mindestens 50% liegen, da nur so gewährleistet werden kann, dass neben der definierten sozialen und/oder ökologischen Wirkung auch der bestmögliche gesellschaftliche Nutzen erreicht wird.

Soziale Unternehmen sind noch mit zahlreichen Herausforderungen konfrontiert, welche auf Ebene der EU zwar bereits zutreffend erkannt, jedoch noch nicht zufriedenstellend gelöst wurden. Als die größten noch zu lösenden Probleme des sozialen Unternehmertums können seine eingeschränkten Finanzierungsmöglichkeiten und Mangel an geeigneten Rechtsformen identifiziert werden. Da ihnen aufgrund der rechtlichen Gestaltung (wie bspw. Rücklagenbildungsmöglichkeiten) der Zugang zu üblichen Finanzierungsquellen auf dem Kapitalmarkt häufig verwehrt bleibt, sind sie nicht selten auf Spenden oder andere gemeinnützige Finanzierungsoptionen angewiesen, wodurch sie – ohne Grund – in eine falsche Schublade gesteckt werden. Soziale Unternehmen bieten sich grundsätzlich als gut geeignete Investitionsmöglichkeiten für Impact Investoren an. Auf europäischer Ebene wurde bereits ein Fondsvehikel (EuSEF) speziell zur Finanzierung des sozialen Unternehmertums geschaffen, seine praktische Relevanz ist bisher jedoch sehr gering. Auf der Ebene des Gesellschaftsrechts ist die Regulierung in den jeweiligen EU-Ländern sehr unterschiedlich, im Allgemeinen bilden jedoch auch spezifische Rechtsformen wie die von der Europäischen Kommission als Vorbild präsentierte Rechtsform der gemeinnützigen GmbH in Deutschland keine geeignete Lösung, da Gesellschafter grundsätzlich keine Gewinne erhalten dürfen. Dadurch wird das enorme Potential von sozialen Unternehmen und Impact Investoren nicht mal annähernd in vollem Maße ausgeschöpft.

Das grundlegende Problem dabei ist, dass der Konflikt zwischen *„Profit and Purpose“* scheinbar auch nach mehreren Jahrhunderten seit Entwicklung von Smiths Lehre nicht effektiv gelöst wurde, obwohl hierfür – wie zahlreiche Untersuchungen und Fallstudien belegen – kein sachlicher Grund besteht. Dennoch ist diese Denkweise so stark verwurzelt, dass es dem Gesetzgeber noch nicht gelungen ist, die zahlreichen Widersprüche aufzulösen. Das beweist auch die aktuelle Gesetzgebung auf EU-Ebene, obwohl bereits einige gute Ansätze erkennbar sind. Bspw. spricht die Europäische Kommission in ihrem Aktionsplan zur Finanzierung des nachhaltigen Wachstums ausdrücklich davon, dass die „Berücksichtigung längerfristiger Nachhaltigkeitsbelange wirtschaftlich sinnvoll ist und die Renditen der Anleger dadurch nicht zwangsläufig geschmälert werden“,[689] diese Erkenntnis wird aber scheinbar vergessen, wenn es um das Thema des sozialen Unternehmertums und seine Finanzierungsmöglichkeiten geht. Nach dem Konzept des sozialen Unternehmens der Europäischen Kommission reicht es bspw. aus, wenn lediglich 25% seiner Einnahmequellen marktbasiert sind, was aber wie im vorherigen Punkt ausgeführt nicht für das Bejahen der ökonomischen Nachhaltigkeit ausreicht. Zudem beweist auch die Formulierung von Art. 3 Abs. 1 Buchs. d) der EuSEF-Verordnung, dass der Gesetzgeber die alten Denkmuster noch nicht aufgegeben hat, da dort explizit geregelt wird, dass die Erzielung positiver sozialer Wirkungen das vorrangige Ziel eines EuSEF darstellen soll. Im Prinzip ist dieser Gedanke im Hinblick auf gesellschaftliche Belange und Nachhaltigkeitserwägungen nicht falsch, doch wenn man die Nachhaltigkeit konsequent denkt und diese auch umsetzen möchte, dürfte der Gesetzgeber den Primatsanspruch der sozialen Wirkung gar nicht erst verlangen, sondern durch seine Rechtsakte zum Ausdruck bringen, dass Nachhaltigkeit vorrangig

---

689 Europäische Kommission, Aktionsplan: Finanzierung nachhaltigen Wachstums, 2018, S.2.

ein Symbioseverhältnis zwischen Gewinn und sozialer und ökologischer Verantwortung anstreben sollte.

These 7: Derzeit wird das Potential des sozialen Unternehmertums und Impact Investing durch eine veraltete Denkweise, die ihren Niedergang auch in den bestehenden rechtlichen Rahmenbedingungen sowie durch mangelnde Finanzierungsoptionen findet, nicht in ausreichendem Maße für die Gesellschaft gewinnbringend eingesetzt. Der erste wesentliche Schritt ist die Auflösung des vermeintlichen Konflikts zwischen Gewinnorientierung und der Erzielung einer positiven gesellschaftlichen Wirkung.

Soziale Unternehmen und Impact Investoren dürfen nicht einfach tatenlos abwarten, bis der Gesetzgeber alles geregelt hat. Es bleibt ihnen nicht verwehrt, dort, wo sich eine Marktchance bietet, selbst aktiv zu werden und ein entsprechendes Geschäftsmodell zu entwickeln. Schließlich sind sie die wesentlichen Treiber der Innovation und nur sie verfügen über die Fähigkeit, sich neue Märkte zu erschließen, von der sie auch Gebrauch machen sollten, wo immer es möglich ist. Zudem sollten sie auch zur Entstehung der neuen Gesetzgebung aktiv beitragen (bspw. durch Stellungnahmen zu gesetzgeberischen Konsultationen), da ihre aktive Mitwirkung die Akzeptanz des gesamten Privatsektors deutlich erhöhen kann. Auch die Gesellschaft als solche trägt die Verantwortung für eine nachhaltigere Zukunft, indem ihr die Möglichkeit zur Verfügung steht, über das Konsumverhalten (bzw. Investitionsentscheidungen) auf dem Markt mitzubestimmen, welche (Kapitalanlage-) Produkte die vorherrschende Rolle übernehmen werden.

Nichtsdestotrotz ist es die öffentliche Hand, welche durch rechtliche Regulierung und Schaffung optimaler Marktbedingungen die größte Verantwortung für die Umgestaltung der bestehenden wirtschaftlichen Ordnung in Richtung Nachhaltigkeit trägt. Die Europäische Union hat längst die Notwendigkeit erkannt, das Wirtschaftssystem an die neuen Realitäten anzupassen und die Palette der jeweiligen Maßnahmen ist sehr umfangreich, insbesondere im Bereich der Berichts- und Offenlegungspflichten. Im Rahmen der laufenden oder anvisierten Gesetzesvorhaben wäre es wünschenswert, dem Thema des sozialen Unternehmertums und seiner Finanzierungsmöglichkeiten mehr Aufmerksamkeit zu schenken, die bestehenden Rechtsakte auf ihre Kohärenz hin zu prüfen und einen vollständigeren Rechtsrahmen zur Unterstützung dieser speziellen Form des Unternehmertums zu schaffen. Zu begrüßen wäre auch eine Vereinheitlichung der nationalen Rechtsordnungen, die derzeit starke Unterschiede aufweisen.

Da der Vorschlag des Europäischen Parlaments zur Einführung eines Statuts für soziale Unternehmen bereits gescheitert ist, kann davon ausgegangen werden, dass eine gesellschaftsrechtliche Lösung durch Schaffung einer einheitlichen Rechtsform politisch kaum realisierbar ist. Dennoch wäre zu prüfen, ob ein neuer Vorschlag über eine spezifische rechtliche Qualifikation für soziale Unternehmen nun angesichts des gestiegenen Bewusstseins für die Notwendigkeit nachhaltiger (und gleichzeitig marktorientierter) Lösungen auf größeren politischen Willen treffen würde. Die besondere rechtliche Qualifikation und die gleichzeitige Auflösung des bestehenden Konflikts zwischen Gewinn- und Gemeinwohlorientierung könnte zu größerer Akzeptanz und Anerkennung, zu höherer Rechtssicherheit und schließlich zu stärkeren Investitionsströmen in Richtung des sozialen Unternehmertums führen. In diesem Sinne ist es auch wünschenswert, dass der EU-Gesetzgeber zum Zwecke der besseren regulatorischen Kohärenz die EuSEF-Verordnung erneut überarbeitet und den Primatanspruch der sozialen Wirkung aufgibt, um dem heutigen marktbasierten und nachhaltigen Verständnis des Impact Investing ausreichend Rechnung zu tragen.

Zu beachten ist aber auch, dass das soziale Unternehmertum und Impact Investing kein Allheilmittel für sämtliche Probleme der Gegenwart darstellen. Sehr zutreffend beschreibt Raworth, dass es keinen perfekten Rahmen gibt und es auch nicht darum geht, die richtige Ökonomie zu finden, sondern „jene Form zu wählen oder zu erschaffen, die am besten unseren Zwecken nützt – die den Zusammenhang widerspiegelt, in dem wir uns befinden, die Werte, die wir vertreten, und die Ziele, die wir verfolgen“.[690] Diese haben sich in den letzten Dekaden stark verändert und deswegen ist es an der Zeit, neue Formen der Geschäftsmodelle zuzulassen und bewusst zu fördern. Es gibt sicherlich Bereiche, in denen sich Profit und gesellschaftlicher Zweck nur schwer in Einklang bringen lassen, sodass konventionelle Unternehmen und Formen der Kapitalanlage nicht völlig zurückgedrängt werden, es kann jedoch davon ausgegangen werden, dass die Etablierung gesellschaftlich verantwortungsvoller, nachhaltiger und zudem marktorientierter Konzepte zu einer allgemeinen Standarderhöhung führen wird. Vereinfacht gesagt können die alternativen Geschäftsmodelle des sozialen Unternehmertums und Impact Investing dort zur Anwendung kommen, wo es sinnvoll ist und ein gesellschaftlicher Mehrwert geschaffen werden kann, anderenfalls kann bereits die richtige Mischung der Geschäftsmodelle bei der Transformation der bestehenden Wirtschaftsordnung in Richtung Nachhaltigkeit sehr nützlich sein.

690 Raworth, Die Donut-Ökonomie, 2018, S. 33.

These 8: Die Europäische Union sollte im Hinblick auf ihre auf nachhaltiges Wachstum gerichteten Strategien erneut prüfen, ob eine besondere rechtliche Qualifikation für soziale Unternehmen politisch realisierbar wäre und im Übrigen die bereits bestehenden Rechtsakte kohärenter gestalten und das Ökosystem für soziales Unternehmertum und Impact Investing stärker fördern. Auch wenn die neuen Geschäftsmodelle sicher nicht alle sozialen und ökologischen Probleme der Gegenwart werden lösen können, können sie bei der Anpassung des rechtlichen Rahmens wie ein Zündstoff bei der Umgestaltung der heutigen Wirtschaftsordnung in Richtung Nachhaltigkeit wirken.

Literaturverzeichnis

Achleitner, Ann-Kristin/Spiess-Knafl, Wolfgang/Volk, Sarah, Finanzierung von Social Enterprises - Neue Herausforderungen für die Finanzmärkte, in: Hackenberg, Helga/Empter, Stefan (Hrsg.), Social Entrepreneurship - Social Business: für die Gesellschaft unternehmen, Wiesbaden 2011, S. 269–286.

Altvater, Elmar, Das Ende des Kapitalismus, wie wir ihn kennen – Eine radikale Kapitalismuskritik, 7. Aufl., Münster 2011.

Armbrecht, Anne, "Gesetze sind die Tinte nicht wert", Der Spiegel 17.01.2020, https://www.spiegel.de/sport/fussball/arbeitsbedingungen-in-katar-gesetze-sind-die-tinte-nicht-wert-a-bd461220-a1bf-4ad0-9bab-4cd0b0ec3271.

Ashoka, Ashokas Vision, https://www.ashoka.org/de-de/about-ashoka.

Atalay, Naciye/Balázs, Robert/Dittrich, Simon/Gloger, Anne-Maria/Kunze, Carolin/McClellan, Angela/Sommer, Florian/Wulfsdorf, Helge, Marktbericht Nachhaltige Geldanlagen – Deutschland, Österreich & die Schweiz, 2021, https://fng-marktbericht.org/fileadmin/Marktbericht/2021/FNG_Marktbericht2021_Online.pdf.

Austin, James/Stevenson, Howard/Wei-Skillern, Jane, Social and Commercial Entrepreneurship: Same, Different, or Both?, Entrepreneurship Theory and Practice 30 (2006), S. 1–22, https://journals.sagepub.com/toc/etpb/30/1.

Backhaus-Maul, Holger/Kunze, Martin, Unternehmen in Gesellschaft. Soziologische Zugänge, in: Schneider, Andreas/Schmidpeter, René (Hrsg.), Corporate Social Responsibility – Verantwortungsvolle Unternehmensführung in Theorie und Praxis, 2. Aufl., Berlin, Heidelberg 2015, S. 99–112.

Backhaus-Maul, Holger/Kunze, Martin/Nährlich, Stefan, Unternehmen in der Gesellschaft, in: dies. (Hrsg.), Gesellschaftliche Verantwortung von Unternehmen in Deutschland – Ein Kompendium zur Erschließung eines sich entwickelnden Themenfeldes, Wiesbaden 2018, S. 3–10.

Bank für Sozialwirtschaft, Initiative für soziales Unternehmertum, Januar 2016, https://www.eufis.eu/fileadmin/Dokumente/EU-Politik/2016-01-Soziales_Unternehmertum_neu.pdf.

Barby, Clara/Pedersen, Mads, Allocating for Impact – Subject Paper of the Asset Allocation Working Group, September 2014, https://www.bridgesfundmanagement.com/wp-content/uploads/2017/08/Allocating-for-Impact-Subject-Paper-of-the-Asset-Allocation-Working-Group.pdf.

Bass, Rachel/Khan, Ruby/Guttentag, Matt, The Impact Investing Market in the COVID-19 Context: Investor Support of Enterprises, 06.08.2020, https://theg

iin.org/assets/The%20Impact%20Investing%20Market%20in%20the%20COVID-19%20Context_Investor%20Support%20of%20Enterprises_webfile.pdf.

Baumast, Annett, Finanzmarkt und CSR, in: Schneider, Andreas/Schmidpeter, René (Hrsg.), Corporate Social Responsibility – Verantwortungsvolle Unternehmensführung in Theorie und Praxis, 2. Aufl., Berlin, Heidelberg 2015, S. 949–964.

Baumgartner, Rupert J., Nachhaltigkeitsorientierte Unternehmensführung – Modell, Strategien und Managementinstrumente, Mering 2010.

Baumol, William J., Enlightened Self-Interest and Corporate Philantrophy, in: Baumol, William J./Likert, Rensis u.a. (Hrsg.), A new rationale for corporate social policy, New York 1970, S. 3–19.

Baumol, William J./Litan, Robert E./Schramm, Carl J., Good capitalism, bad capitalism, and the economics of growth and prosperity, 2007.

Baumüller, Josef/Scheid, Oliver, Der Entwurf zur Corporate Sustainability Reporting Directive (CSRD) – Darstellung, kritische Würdigung und Implikationen für deutsche Unternehmen, 2021, https://www.nwb.de/rechnungswesen/corporate-sustainability-reporting-directive-csrd-09072021.

Baur, Dorothea, Unternehmen als politische Akteure, in: Backhaus-Maul, Holger/Kunze, Martin/Nährlich, Stefan (Hrsg.), Gesellschaftliche Verantwortung von Unternehmen in Deutschland – Ein Kompendium zur Erschließung eines sich entwickelnden Themenfeldes, Wiesbaden 2018, S. 87–100.

Becker, Britta/Grimm, Maren/Krameritsch, Jakob, Zum Beispiel: BASF – Über Konzernmacht und Menschenrechte, Wien April 2018.

Beckmann, Markus, CSR und gesellschaftliche Wertschöpfung, in: Beckmann, Markus/Enste, Dominik H./Goldschmidt, Nils/Hemel, Ulrich/Lin-Hi, Nick/von Winning, Alexandra (Hrsg.), Was ist Corporate Social Responsibility (CSR)?, München 2011, S. 16–20.

—, Social Entrepreneurship – Altes Phänomen, neues Paradigma moderner Gesellschaften oder Vorbote eines Kapitalismus 2.0?, in: Hackenberg, Helga/Empter, Stefan (Hrsg.), Social Entrepreneurship - Social Business: für die Gesellschaft unternehmen, Wiesbaden 2011, S. 67–85.

Beckmann, Markus/Zeyen, Anica, Social Entrepreneurship und Corporate Social Responsibility, in: Schneider, Andreas/Schmidpeter, René (Hrsg.), Corporate Social Responsibility – Verantwortungsvolle Unternehmensführung in Theorie und Praxis, 2. Aufl., Berlin, Heidelberg 2015, S. 161–176.

Berger, Johannes, Der diskrete Charme des Marktes – Zur sozialen Problematik der Marktwirtschaft, Wiesbaden 2009.

—, Die kapitalistische Wirtschaftsordnung im Spiegel der Kritik – Ein Überblick, in: Maurer, Andrea (Hrsg.), Handbuch der Wirtschaftssoziologie, 2. Aufl., Wiesbaden 2017, S. 522–550.

Beschorner, Thomas/Hajduk, Thomas, „Der ehrbare Kaufmann" und „Creating Shared Value" – Eine Kritik im Lichte der aktuellen CSR-Diskussion, in: Schneider, Andreas/Schmidpeter, René (Hrsg.), Corporate Social Responsibility – Verantwortungsvolle Unternehmensführung in Theorie und Praxis, 2. Aufl., Berlin, Heidelberg 2015, S. 269–281.

Biberstein, Patrik, Wieso der Triple-Bottom-Line-Ansatz heute aktueller denn je ist, 26.11.2020, https://fokus.swiss/2020/11/wieso-der-triple-bottom-line-ansatz-heute-aktueller-denn-je-ist/.

Birkhölzer, Karl, Internationale Perspektiven sozialen Unternehmertums, in: Jähnke, Petra/Christmann, Gabriela/Balgar, Karsten (Hrsg.), Social Entrepreneurship – Perspektiven für die Raumentwicklung, Wiesbaden 2011, S. 23–36.

Bland, Anne, Re-defining Capitalism? A Role for Social Enterprise, Green European Journal 01.05.2012, https://www.greeneuropeanjournal.eu/re-defining-capitalism-a-role-for-social-enterprise/.

Bluhm, Katharina, Corporate Social Responsibility - Zur Moralisierung von Unternehmen aus soziologischer Perspektive, in: Maurer, Andrea/Schimank, Uwe (Hrsg.), Die Gesellschaft der Unternehmen Die Unternehmen der Gesellschaft – Gesellschaftstheoretische Zugänge zum Wirtschaftsgeschehen, Wiesbaden 2008, S. 144–162.

Böcking, David/Bidder, Benjamin, Experten warnen vor "massiven Verstaatlichungen", SPIEGEL Wirtschaft 26.03.2020, https://www.spiegel.de/wirtschaft/unternehmen/corona-krise-wsf-fonds-der-regierung-experten-warnen-vor-massiven-verstaatlichungen-a-e908f2a9-045b-47dc-8c0c-0567f65c8e72.

Bohn, Stephan, Gesellschaftliche Verantwortung von Unternehmen aus neoinstitutionalistischer Perspektive, in: Backhaus-Maul, Holger/Kunze, Martin/Nährlich, Stefan (Hrsg.), Gesellschaftliche Verantwortung von Unternehmen in Deutschland – Ein Kompendium zur Erschließung eines sich entwickelnden Themenfeldes, Wiesbaden 2018, S. 257–272.

Borzaga, Carlo/Galera, Giulia/Franchini, Barbara/Chiomento, Stefania/Nogales, Rocío/Carini, Chiara, Social enterprises and their ecosystems in Europe – Comparative synthesis report, 31.03.2020, https://op.europa.eu/en/publication-detail/-/publication/4985a489-73ed-11ea-a07e-01aa75ed71a1/language-en.

Boston Consulting Group, Global Asset Management 2020 – Protect, Adapt, and Innovate 2020, https://image-src.bcg.com/Images/BCG-Global-Asset-Management-2020-May-2020-r_tcm9-247209.pdf.

Bowen, Howard Rothmann, Social responsibilities of the businessman, Iowa City 2013.

Brühl, Rolf, Corporate Social Responsibility – Eine Ethik der gesellschaftlichen Verantwortung und ihre Umsetzung, München 2018.

Bruttel, Oliver, Nachhaltigkeit als Kriterium für Konsumentscheidungen – Verankerung von Nachhaltigkeit in der Bevölkerung, Ökologisches Wirtschaften 29 (2014), S. 41–45.

Bruysten, Saska/Engelke, Henning, Social Business in der Praxis – Ein weltweites Modell für mehr Gleichgewicht in der Globalisierung?, in: Jähnke, Petra/Christmann, Gabriela/Balgar, Karsten (Hrsg.), Social Entrepreneurship – Perspektiven für die Raumentwicklung, Wiesbaden 2011, S. 161–168.

Bundesministerium für Wirtschaft und Energie, Praxisleitfaden Soziales Unternehmertum Dezember 2018, https://www.existenzgruender.de/SharedDocs/Downloads/DE/Broschueren-Flyer/Praxisleitfaden-Soziales-Unternehmertum.pdf?__blob=publicationFile.

Bürger, Thomas, Mehr Wettbewerb um mehr Kunden – Diese ESG-Rating-Agenturen dominieren den Markt, private banking magazin 23.04.2020, https://www.private-banking-magazin.de/mehr-wettbewerb-um-mehr-kunden-diese-esg-rating-agenturen-dominieren-den-markt/.

Busch, Timo/Carroux, Sarah/Heeb, Florian/Kölbel, Julian F./Paetzold, Falko, ESG ist nicht gleich Impact, Absolut impact. Nachhaltige Perspektiven für institutionelle Investoren 2020, S. 24–29, https://www.absolut-research.de/publikationen/absolutimpact/ausgaben/detail/ae/Issue/show/absolutimpact-32020/.

Carlsson-Szlezak, Philipp/Reeves, Martin/Swartz, Paul, Understanding the Economic Shock of Coronavirus, Harvard Business Review 27.03.2020, https://hbr.org/2020/03/understanding-the-economic-shock-of-coronavirus.

Carroll, Archie B., A three-dimensional conceptual model of corporate performance, The Academy of Management Review 4 (1979), S. 497–505.

—, The Pyramid of Corporate Social Responsibility – Toward the Moral Management of Organizational Stakeholders, Business Horizons 34 (1991), S. 39–48.

—, Corporate Social Responsibility – Evolution of a Definitional Construct, Business & Society 38 (1999), S. 268–295.

Carroll, Archie B./Schwartz, Mark S., Corporate Social Responsibility – A three-domain approach, Business Ethics Quarterly 13 (2003), S. 503–530.

CFA Institute/Principles for Responsible Investment, Guidance and case studies for ESG Integration: Equities and fixed income, 2018, https://www.unpri.org/download?ac=5962.

CFA Society United Kingdom, ESG Investing, 2020, https://www.cfauk.org/-/media/files/pdf/esg-watermarked-pdfs/esg-watermarked-pdfs-v2/chapter-2-the-esg-market-watermarked.pdf.

Chen, James/Scott, Gordon, Morningstar Sustainability Rating, Investopedia 28.09.2020, https://www.investopedia.com/terms/m/morningstar-sustainability-rating.asp.

Clark, Gordon L./Feiner, Andreas/Viehs, Michael, From the Stockholder to the Stakeholder – How Sustainability Can Drive Financial Outperformance, 2015, https://papers.ssrn.com/sol3/papers.cfm?abstract_id=2508281.

Collier, Paul, Sozialer Kapitalismus! – Mein Manifest gegen den Zerfall unserer Gesellschaft, München 2019.

Coni-Zimmer, Melanie/Rieth, Lothar, CSR in der Politikwissenschaft – Unternehmensengagement erklären und bewerten, in: Schneider, Andreas/Schmidpeter, René (Hrsg.), Corporate Social Responsibility – Verantwortungsvolle Unternehmensführung in Theorie und Praxis, 2. Aufl., Berlin, Heidelberg 2015, S. 1163–1182.

Crane, Andrew/Matten, Dirk, Business ethics – Managing corporate citizenship and sustainability in the age of globalization, Oxford 2016.

d.light, 100,000,000 Lives. Transformed., https://www.dlight.com/.

D'heur, Michael, shared.value.chain – Profitables Wachstum durch nachhaltig gemeinsame Wertschöpfung, in: Schneider, Andreas/Schmidpeter, René (Hrsg.), Corporate Social Responsibility – Verantwortungsvolle Unternehmensführung in Theorie und Praxis, 2. Aufl., Berlin, Heidelberg 2015, S. 339–358.

Datta, Assit, Die zunehmende Ungleichheit, Zeitschrift für internationale Bildungsforschung und Entwicklungspädagogik 39 (2016), S. 31–35.

Davis, Keith, The Case for and against Business Assumption of Social Responsibilities, The Academy of Management Journal 2 (1973), S. 312–322.

DB Climate Change Advisors, Sustainable Investing – Establishing Long-Term Value and Performance, 2012, https://www.db.com/cr/en/docs/Sustainable_Investing_2012.pdf.

Deppert, Wolfgang, Individualistische Wirtschaftsethik – (IWE); Anwendung der individualistischen Ethik auf das Gebiet der Wirtschaft, Wiesbaden 2014.

Deutscher Bundestag, Stenographischer Bericht 154. Sitzung, 25.03.2020, https://dipbt.bundestag.de/dip21/btp/19/19154.pdf.

Deutschmann, Christoph, Der Typus des Unternehmens in wirtschaftssoziologischer Sicht, in: Maurer, Andrea/Schimank, Uwe (Hrsg.), Die Gesellschaft der Unternehmen Die Unternehmen der Gesellschaft – Gesellschaftstheoretische Zugänge zum Wirtschaftsgeschehen, Wiesbaden 2008, S. 40–62.

Donaldson, Thomas/Preston, Lee E., The Stakeholder Theory of the Corporation: Concepts, Evidence, and Implications, The Academy of Management Review 20 (1995), S. 65–91.

Drayton, Bill, Collaborative Entrepreneurship – How Social Entrepreneurs Have Learned to Tip the World by Working in Global Teams, 2011, https://www.ashoka.org/sites/default/files/atoms/files/innovations_collab_ent_with_empathy_overview.pdf.

Eckhold, Thomas/Balzer, Peter, § 22 Investmentgeschäft und -vetrieb, in: Assmann, Heinz-Dieter/Schütze, Rolf A. u.a. (Hrsg.), Handbuch des Kapitalanlagerechts, 5. Aufl., München 2020.

Eichel, Christina, Prinzipiengeleitetes Investment und Wirtschaftspolitik – Eine wohlfahrtstheoretische Untersuchung, Frankfurt am Main u.a. 2011.

Elkington, John, Cannibals with forks – The Triple Bottom Line of 21st Century Business, Oxford 1997.

—, Triple Bottom Line, in: Visser, Wayne/Matten, Dirk u.a. (Hrsg.), The A to Z of Corporate Social Responsibility, Chichester 2010, S. 406.

Elkington, John/Zeitz, Jochen/Branson, Richard, The Breakthrough Challenge – 10 Ways to Connect Today's Profits With Tomorrow's Bottom Line, San Francisco 2014.

Emde, Thomas, Einleitung, in: Emde, Thomas/Dornseifer, Frank u.a. (Hrsg.), KAGB – Kapitalanlagegesetzbuch: Kommentar, 2. Aufl., München 2019.

EU High-Level Expert Group on Sustainable Finance, Financing a Sustainable European Economy, 31.01.2018, https://ec.europa.eu/info/sites/info/files/180131-sustainable-finance-final-report_en.pdf.

EU Technical Expert Group on Sustainable Finance, Sustainable recovery from the Covid-19 pandemic requires the right tools, 27.04.2020, https://ec.europa.eu/info/sites/info/files/business_economy_euro/banking_and_finance/documents/200426-sustainable-finance-teg-statement-recovery_en.pdf.

Europäische Kommission, Nachhaltige Entwicklung in Europa für eine bessere Welt: Strategie der Europäischen Union für die nachhaltige Entwicklung, KOM(2001)264 endgültig, 15.05.2001, https://eur-lex.europa.eu/LexUriServ/LexUriServ.do?uri=COM:2001:0264:FIN:DE:PDF.

—, EUROPA 2020. Eine Strategie für intelligentes, nachhaltiges und integratives Wachstum, 03.03.2010, https://eur-lex.europa.eu/legal-content/DE/TXT/PDF/?uri=CELEX:52010DC2020&from=DE.

—, Eine neue EU-Strategie (2011-14) für die soziale Verantwortung der Unternehmen (CSR), 25.10.2011, https://ec.europa.eu/transparency/regdoc/rep/1/2011/DE/1-2011-681-DE-F1-1.Pdf.

—, Initiative für soziales Unternehmertum – Schaffung eines "Ökosystems" zur Förderung der Sozialunternehmen als Schlüsselakteure der Sozialwirtschaft und der sozialen Innovation, 25.10.2011, https://eur-lex.europa.eu/legal-content/DE/TXT/PDF/?uri=CELEX:52011DC0682&from=EN.

—, Initiative für soziales Unternehmertum der Europäischen Kommission, 2014, http://ec.europa.eu/internal_market/publications/docs/sbi-brochure/sbi-brochure-web_de.pdf.

—, Eine Investitionsoffensive für Europa, 26.11.2014, https://op.europa.eu/de/publication-detail/-/publication/7af833ba-7613-11e4-b593-01aa75ed71a1/language-de/format-PDF/source-189814273.

—, Aktionsplan zur Schaffung einer Kapitalmarktunion, 30.09.2015, https://ec.europa.eu/transparency/regdoc/rep/1/2015/DE/1-2015-468-DE-F1-1.PDF.

—, Auf dem Weg in eine nachhaltige Zukunft – Europäische Nachhaltigkeitspolitik, 22.11.2016, https://eur-lex.europa.eu/legal-content/DE/TXT/PDF/?uri=CELEX:52016DC0739&from=DE.

—, Aktionsplan: Finanzierung nachhaltigen Wachstums, 08.03.2018, https://eur-lex.europa.eu/legal-content/DE/TXT/PDF/?uri=CELEX:52018DC0097&from=EN.

—, Reflexionspapier – Auf dem Weg zu einem nachhaltigen Europa bis 2030, 2019, https://ec.europa.eu/commission/sites/beta-political/files/rp_sustainable_europe_de_web_0102.pdf.

—, Der europäische Grüne Deal, 11.12.2019, https://eur-lex.europa.eu/resource.html?uri=cellar:b828d165-1c22-11ea-8c1f-01aa75ed71a1.0021.02/DOC_1&format=PDF.

—, EU Sustainable Finance – April Package, 2021, https://ec.europa.eu/info/sites/default/files/business_economy_euro/banking_and_finance/documents/sustainable-finance-communication-factsheet_en.pdf.

—, Overview of sustainable finance, https://ec.europa.eu/info/business-economy-euro/banking-and-finance/sustainable-finance/overview-sustainable-finance_de.

—, Sustainable Finance and EU Taxonomy: Commission takes further steps to channel money towards sustainable activities, 21.04.2021, https://ec.europa.eu/commission/presscorner/detail/en/ip_21_1804.

—, Vorschlag für eine Richtlinie des Europäischen Parlaments und des Rates zur Änderung der Richtlinien 2013/34/EU, 2004/109/EG und 2006/43/EG und der Verordnung (EU) Nr. 537/2014 hinsichtlich der Nachhaltigkeitsberichterstattung von Unternehmen, 21.4.2021, https://eur-lex.europa.eu/legal-content/DE/TXT/PDF/?uri=CELEX:52021PC0189&from=EN.

Europäischer Rat, Eine neue strategische Agenda 2019-2024, 20.06.2019, https://www.consilium.europa.eu/media/39963/a-new-strategic-agenda-2019-2024-de.pdf.

Europäisches Parlament, Soziale Verantwortung der Unternehmen: Förderung der Interessen der Gesellschaft und ein Weg zu einem nachhaltigen und integrativen Wiederaufschwung – Entschließung des Europäischen Parlaments vom 6. Februar 2013 zur sozialen Verantwortung der Unternehmen, 2013, https://eur-lex.europa.eu/legal-content/DE/TXT/?uri=CELEX%3A52013IP0050.

—, Soziale Verantwortung der Unternehmen: Rechenschaftspflichtiges, transparentes und verantwortungsbewusstes Geschäftsgebaren und nachhaltiges Wachstum – Entschließung des Europäischen Parlaments vom 6. Februar 2013 zur sozialen Verantwortung der Unternehmen, 2013, https://eur-lex.europa.eu/legal-content/DE/TXT/?uri=CELEX%3A52013IP0049.

—, Statute for social and solidarity-based enterprises – European Parliament resolution of 5 July 2018 with recommendations to the Commission on a Statute for social and solidarity-based enterprises (2016/2237(INL)), 05.07.2018, https://www.europarl.europa.eu/doceo/document/TA-8-2018-0317_EN.pdf.

European Securities and Markets Authority, Central database of managers of Social Entrepreneurship Funds (EuSEF), 28.12.2021, https://registers.esma.europa.eu/publication/searchRegister?core=esma_registers_eusef.

Fici, Antonio, A European Statute for Social and Solidarity-Based Enterprise – Study for the Juri Committee Februar 2017, https://www.europarl.europa.eu/RegData/etudes/STUD/2017/583123/IPOL_STU%282017%29583123_EN.pdf.

Field, Anne, Coronavirus, Economic Meltdown And The World Of Impact: Insights From Allie Burns Of Village Capital, https://www.forbes.com/sites/annefield/2020/03/20/coronavirus-stock-market-crash-and-the-world-of-impact-insights-from-allie-burns/?sh=630cb46b30ed.

Fitzgibbons, Athol, Adam Smith's System of Liberty, Wealth, and Virtue: The Moral and Political Foundations of the Wealth of Nations, Oxford, UNITED KINGDOM 1995.

Freeman, R. Edward, Strategic management – A stakeholder approach, 2010. Aufl., Cambridge u.a. 2010.

Freeman, R. Edward/Harrison, Jeffrey S./Wicks, Andrew C./Parmar, Bidhan/Colle, Simone de, Stakeholder theory – The state of the art, Cambridge u.a. 2010.

Freshfields Bruckhaus Deringer/United Nations Environment Programme Finance Initiative/UNEP FI Asset Management Working Group, A legal framework for the integration of environmental, social and governance issues into institutional investment 2005, https://www.unepfi.org/fileadmin/documents/freshfields_legal_resp_20051123.pdf.

Fricke, Thomas, Am Ende der Ich-Party, SPIEGEL Wirtschaft, 18.12.2020, https://www.spiegel.de/wirtschaft/soziales/lehre-aus-dem-coronajahr-die-zeit-der-ichlinge-koennte-vorbei-sein-kolumne-a-d2dd03a1-c0f6-49ca-bd63-f29cf2193445?utm_source=pocket-newtab-global-de-DE.

Friede, Gunnar, Why don't we see more action? A metasynthesis of the investor impediments to integrate environmental, social, and governance factors, Business Strategy and Environment 28 (2019), S. 1260–1282.

Friedman, Milton, The Social Responsibility Of Business Is to Increase Its Profits, The New York Times 13.09.1970, https://www.nytimes.com/1970/09/13/archives/a-friedman-doctrine-the-social-responsibility-of-business-is-to.html.

—, Capitalism and freedom – With a new preface by the author, 40. Aufl., Chicago u.a. 2002.

Fries, Anne/Riess, Birgit/Brink, Alexander, CRI Corporate Responsibility Index 2013 – Erfolgsfaktoren unternehmerischer Verantwortung, in: Schneider, Andreas/Schmidpeter, René (Hrsg.), Corporate Social Responsibility – Verantwortungsvolle Unternehmensführung in Theorie und Praxis, 2. Aufl., Berlin, Heidelberg 2015, S. 359–380.

Friesenbichler, Reinhard, Socially Responsible Investment, in: Schneider, Andreas/Schmidpeter, René (Hrsg.), Corporate Social Responsibility – Verantwortungsvolle Unternehmensführung in Theorie und Praxis, 2. Aufl., Berlin, Heidelberg 2015, S. 1023–1044.

Garriga, Elisabet/Melé, Domènec, Corporate Social Responsibility Theories: Mapping the Territory, Journal of Business Ethics 53 (2004), S. 51–71.

Gebauer, Jana/Ziegler, Rafael, Corporate Social Responsibility und Social Entrepreneurship – Entwicklungen, Debatten und Perspektiven für Forschung und Praxis, in: Gebauer, Jana/Schirmer, Heike (Hrsg.), Unternehmerisch und verantwortlich wirken? – Forschung an der Schnittstelle von Corporate Social Responsibility und Social Entrepreneurship, Berlin 2013, S. 15–68.

Gergs, Hans-Joachim, Ende des Sozialmanagements und Aufstieg des Social Entrepreneurship? Führung sozialer Unternehmen im 21. Jahrhundert, in: Hackenberg, Helga/Empter, Stefan (Hrsg.), Social Entrepreneurship - Social Business: für die Gesellschaft unternehmen, Wiesbaden 2011, S. 173–188.

Gesamtverband der Deutschen Versicherungswirtschaft e.V., Berücksichtigung von Nachhaltigkeit in der Kapitalanlage, https://www.gdv.de/resource/blob/33794/5834f5c3c5bb98e97abda6da60984810/wie-ste-hen-ver-si-che-rer-zu-nach-hal-tig-keit-in-der-kapi-tal-an-lage----download-data.pdf.

Ghoshal, Sumantra, Bad Management Theories Are Destroying Good Management Practices, Academy of Management Learning & Education 4 (2005), S. 75–91.

Gietzelt, Manuel, Nachhaltiges Investment – Rechtliche Anforderungen an einen nachhaltigen Investmentfonds, Baden-Baden 2019.

Glander, Harald/Lühmann, Daniel/Jesch, Thomas, Nachhaltigkeitsbezogene Offenlegungspflichten im Finanzdienstleistungssektor unter der Offenlegungsverordnung – Teil 1, Zeitschrift für Bank- und Kapitalmarktrecht 20 (2020), S. 485–493.

—, Nachhaltigkeitsbezogene Offenlegungspflichten im Finanzdienstleistungssektor unter der Offenlegungsverordnung – Teil 2, Zeitschrift für Bank- und Kapitalmarktrecht 20 (2020), S. 545–604.

Glander, Harald/Mayr, Norman, § 162, in: Emde, Thomas/Dornseifer, Frank u.a. (Hrsg.), KAGB – Kapitalanlagegesetzbuch: Kommentar, 2. Aufl., München 2019.

Glänzel, Gunnar/Scheuerle, Thomas, Social Impact Investing und Social Enterprise in Deutschland – Eine Bestandaufnahme, in: Kraemer, Alexander/Edinger-Schons, Laura Marie (Hrsg.), CSR und Social Enterprise – Beeinflussungsprozesse und effektives Schnittstellenmanagement, Berlin, Heidelberg 2019, S. 105–122.

Germin, Carsten/Hank, Rainer, Dieser Kapitalismus gehört in die Mülltonne, 03.05.2009, https://www.faz.net/aktuell/wirtschaft/wirtschaftspolitik/spd-chef-franz-muentefering-dieser-kapitalismus-gehoert-in-die-muelltonne-1798340.html?printPagedArticle=true#pageIndex_2.

Global Council for Happiness and Wellbeing, Global Happiness and Wellbeing – Policy Report 2019, 10.02.2019, https://www.happinesscouncil.org/report/2019/global-happiness-and-well-being-policy-report.

Global Impact Investing Network, Message from the GIIN's CEO Amit Bouri, https://thegiin.org/covid19#message-from-amit-bouri.

—, Response, Recovery, and Resilience Investment Coalition, https://thegiin.org/r3coalition.

—, What phases of funding are needed to address this global crisis, COVID-19?, https://thegiin.org/covid19#phases-of-funding.

—, What You Need to Know about Impact Investing, https://thegiin.org/impact-investing/need-to-know/#how-do-impact-investments-perform-financially.

Globescan/SustainAbility, GlobeScan-SustainAbility Survey 2019: Evaluating Progress on the SDGs 2019, https://globescan.com/wp-content/uploads/2019/03/GlobeScan-SustainAbility-Survey-Evaluating-Progress-Towards-the-Sustainable-Development-Goals-March2019.pdf.

Goldschmidt, Nils, CSR und sozialer Druck, in: Beckmann, Markus/Enste, Dominik H./Goldschmidt, Nils/Hemel, Ulrich/Lin-Hi, Nick/von Winning, Alexandra (Hrsg.), Was ist Corporate Social Responsibility (CSR)?, München 2011, S. 11–15.

Goodpaster, Kenneth E., Business Ethics and Stakeholder Analysis, Business Ethics Quarterly 1 (1991), S. 53–73.

Guerrera, Francesco, Welch condemns share price focus, Financial Times, 12.03.2009, https://www.ft.com/content/294ff1f2-0f27-11de-ba10-0000779fd2ac.

Haber, Jason, How This Entrepreneur Is Turning a Profit in Developing Countries, Entrepreneur Europe, 07.07.2016, https://www.entrepreneur.com/article/274858.

Habisch, André, Corporate Citizenship – Gesellschaftliches Engagement von Unternehmen in Deutschland, Berlin u.a. 2003.

—, Gesellschaftliches Unternehmertum – Blinder Fleck wirtschafts- und sozialwissenschaftlicher Gemeinwohltheorien, in: Hackenberg, Helga/Empter, Stefan (Hrsg.), Social Entrepreneurship - Social Business: für die Gesellschaft unternehmen, Wiesbaden 2011, S. 49–66.

Habisch, André/Schwarz, Christoph, CSR als Investition in Human- und Sozialkapital, in: Schneider, Andreas/Schmidpeter, René (Hrsg.), Corporate Social Responsibility – Verantwortungsvolle Unternehmensführung in Theorie und Praxis, 2. Aufl., Berlin, Heidelberg 2015, S. 113–134.

Hackenberg, Helga/Empter, Stefan, Social Entrepreneurship und Social Business: Phänomen, Potentiale, Prototypen Ein Überblick, in: dies. (Hrsg.), Social Entrepreneurship - Social Business: für die Gesellschaft unternehmen, Wiesbaden 2011, S. 11–28.

Hand, Dean/Dithrich, Hannah/Sunderji, Sophia/Nova, Noshin, 2020 Annual Impact Investor Survey, 10. Aufl., Juni 2020, https://thegiin.org/assets/GIIN%20Annual%20Impact%20Investor%20Survey%202020.pdf.

handelsjournal, Transparenz ist Trumpf, Das Wirtschaftsmagazin für den Handel 13.08.2019, https://www.handelsjournal.de/unternehmen/marketing/transparenz-ist-trumpf.html.

Hansmann, Henry/Kraakman, Reinier H., The End of History for Corporate Law, Discussion Paper No. 280, 2000, https://papers.ssrn.com/sol3/papers.cfm?abstract_id=204528.

Hartjen, Florian A., Individualwirtschaft statt Marktwirtschaft, The European. Das Debatten-Magazin, 04.05.2019, https://www.theeuropean.de/florian-a-hartjen/15760-ein-plaedoyer-fuer-ein-neues-marktverstaendnis.

Hauska, Leo, Erfolgsrezept Stakeholder Management, in: Schneider, Andreas/Schmidpeter, René (Hrsg.), Corporate Social Responsibility – Verantwortungsvolle Unternehmensführung in Theorie und Praxis, 2. Aufl., Berlin, Heidelberg 2015, S. 621–634.

Hedewig-Mohr, Sabine, Nachhaltigkeit: Verbraucher achten zunehmend auf das Image von Marken, planung&analyse 23.01.2018, https://www.horizont.net/planung-analyse/nachrichten/Relevanz-fuer-die-Kaufentscheidungen-Nachhaltigkeit-Verbraucher-achten-zunehmend-auf-das-Image-von-Marken--164198.

Heller, Janine, Die Corporate Sustainability Reporting Directive (CSRD) – Große Neuerungen auch bei kleinen Unternehmen, 2021, https://www.dnv.de/news/die-corporate-sustainability-reporting-directive-csrd-grosse-neuerungen-auch-bei-kleinen-unternehmen-209197.

Herdrich, Jochen, Definitionsbandbreite von Social Enterprise, in: Kraemer, Alexander/Edinger-Schons, Laura Marie (Hrsg.), CSR und Social Enterprise – Beeinflussungsprozesse und effektives Schnittstellenmanagement, Berlin, Heidelberg 2019, S. 7–12.

Hesse, Helge, Eine kurze Geschichte des ökonomischen Denkens, Stuttgart 2018.

Holzmann, Robert, Wirtschaftsethik, 2. Aufl., Wiesbaden, Germany 2019.

Human Rights Council, Human rights and transnational corporations and other business enterprises 16.06.2021, https://undocs.org/en/A/HRC/RES/17/4.

Hüther, Michael, Gesellschaftliche Verantwortung von Unternehmen in ordnungspolitischer Perspektive, in: Backhaus-Maul, Holger/Kunze, Martin/Nährlich, Stefan (Hrsg.), Gesellschaftliche Verantwortung von Unternehmen in Deutschland – Ein Kompendium zur Erschließung eines sich entwickelnden Themenfeldes, Wiesbaden 2018, S. 27–48.

Ide, Lucienne, Technology's Role in Managing Complex COVID-19 Hospital Operations, 24.11.2020, https://rimidi.com/news/technology-s-role-in-managing-complex-covid-19-hospital-operations.

ifo Institut: Konjunkturprognose Winter 2020 – Das Coronavirus schlägt zurück – erneuter Shutdown bremst Konjunktur ein zweites Mal aus 16.12.2020, https://www.ifo.de/ifo-konjunkturprognose/20201216.

Impact Investing Institute, Introduction to impact investing, https://www.impactinvest.org.uk/modules/introduction-to-impact-investing/.

Jackson, Tim, Grundlagen für einen Wohlstand ohne Wachstum, 2017, https://www.boell.de/de/2017/07/14/grundlagen-fuer-einen-wohlstand-ohne-wachstum?dimension1=division_iup.

Jastram, Sarah, Legitimation privater Governance – Chancen und Probleme am Beispiel von ISO 26000, Wiesbaden 2012.

Karaaslan, Onur, United Nations Global Compact – Global Impact?, 22.02.2017, https://wirtschaftsrecht-news.de/2017/02/united-nations-global-compact-global-impact/.

Keim, Gerald D., Corporate Social Responsibility: An Assessment of the Enlightened Self-Interest Model, The Academy of Management Review 3 (1978), S. 32–39.

Kinderman, Daniel, Global and EU-Level Corporate Social Responsibility: Dynamism, Growth, and Conflict, in: Backhaus-Maul, Holger/Kunze, Martin/Nährlich, Stefan (Hrsg.), Gesellschaftliche Verantwortung von Unternehmen in Deutschland – Ein Kompendium zur Erschließung eines sich entwickelnden Themenfeldes, Wiesbaden 2018, S. 101–116.

Klawitter, Nils, Lizenz zum Plündern, Spiegel Geschichte 1 (2013), S. 68-71, http://magazin.spiegel.de/EpubDelivery/spiegel/pdf/90615463

Klink, Daniel, Der Ehrbare Kaufmann – Das ursprüngliche Leitbild der Betriebswirtschaftslehre und individuelle Grundlage für die CSR-Forschung, in: Schwalbach, Joachim (Hrsg.), Corporate social responsibility, Wiesbaden 2008, S. 57–79.

Kocka, Jürgen/Merkel, Wolfgang, Neue Balance gesucht – Gefährdet der Finanzkapitalismus die Demokratie?, WZB Mitteilungen 2014, S. 41–44, https://bibliothek.wzb.eu/artikel/2014/f-18519.pdf.

Kölsch, Roland, SRI und Wirkung – über den Umgang mit dem Impact-Begriff, Absolut impact. Nachhaltige Perspektiven für institutionelle Investoren 2020, S. 15.

Kommission der Europäischen Gemeinschaften, Grünbuch – Europäische Rahmenbedingungen für die soziale Verantwortung der Unternehmen, 18.07.2001, https://eur-lex.europa.eu/LexUriServ/LexUriServ.do?uri=COM:2001:0366:FIN:DE:PDF.

Kraemer, Klaus, Gibt es eine soziologische Kapitalismusforschung? – Zur Vergangenheit und Zukunft einer umstrittenen Kategorie, in: Sachweh, Patrick/Münnich, Sascha (Hrsg.), Kapitalismus als Lebensform? – Deutungsmuster, Legitimation und Kritik in der Marktgesellschaft, 2017, S. 47–77.

Krämer, Hans-Jörg, Das Unternehmensinteresse als Verhaltensmaximeder Leitungsorgane einer Aktiengesellschaftim Rahmen der Organhaftung –in Abgrenzung zum Gesellschaftsinteresse und unter Berücksichtigung US amerikanischer Rechtsprechung und Literatur, Berlin 2002.

Krosinski, Cary, The Failure of Fund Sustainabililty Ratings, 05.02.2018, https://medium.com/@cary_krosinsky/the-failure-of-fund-sustainability-ratings-bea95c0b370f.

Kuhlemann, Anne-Kathrin, Sozialwirtschaft vs. Marktwirtschaft – Unterschiede, die Finanziers berücksichtigen müssen, in: Hackenberg, Helga/Empter, Stefan (Hrsg.), Social Entrepreneurship - Social Business: für die Gesellschaft unternehmen, Wiesbaden 2011, S. 255–268.

Kunz, Norbert, Erste Schritte zur Entwicklung einer Ökologie zur Förderung von sozialen Innovationen, in: Kraemer, Alexander/Edinger-Schons, Laura Marie (Hrsg.), CSR und Social Enterprise – Beeinflussungsprozesse und effektives Schnittstellenmanagement, Berlin, Heidelberg 2019, S. 13–24.

Kusch, Johanna, Aufgabe des Staates: Menschenrechte weltweit schützen, Haftungs- und Sorgfaltspflichten für Unternehmen, in: Burckhardt, Gisela (Hrsg.), Corporate Social Responsibility - Mythen und Maßnahmen – Unternehmen verantwortungsvoll führen, Regulierungslücken schließen, 2. Aufl., Wiesbaden 2013, S. 37–40.

Langmeier, Bruno, Ordnung in der Polis – Grundzüge der politischen Philosophie des Aristoteles, Freiburg im Breisgau/München 2018.

Lee, Min-Dong Paul, A review of the theories of corporate social responsibility: Its evolutionary path and the road ahead, International Journal of Management Reviews 10 (2008), S. 53–73.

Legislative Observatory, Statute for social and solidarity-based enterprises, https://oeil.secure.europarl.europa.eu/oeil/popups/ficheprocedure.do?reference=2016/2237(INL)&l=en.

Leopoldina Nationale Akademie der Wissenschaften, Dritte Ad-hoc-Stellungnahme – Coronavirus-Pandemie – Die Krise nachhaltig überwinden, 13.04.2020, https://www.leopoldina.org/uploads/tx_leopublication/2020_04_13_Coronavirus-Pandemie-Die_Krise_nachhaltig_%C3%BCberwinden_final.pdf.

Lütz, Susanne, Finanzmärkte, in: Maurer, Andrea (Hrsg.), Handbuch der Wirtschaftssoziologie, 2. Aufl., Wiesbaden 2017, S. 385–414.

Marens, Richard, Generous in victory? – American managerial autonomy, labour relations and the invention of Corporate Social Responsibility, Socio-Economic Review 2012, S. 59–84.

Martin Kaelble, Corona könnte schlimmer sein als die Weltwirtschaftkrise 1929, 26.03.2020, https://www.capital.de/allgemein/corona-koennte-schlimmer-sein-als-die-weltwirtschaftkrise-1929.

Hiß, Stefanie/Nagel, Sebastian, Unternehmen als gesellschaftliche Akteure, in: Maurer, Andrea (Hrsg.), Handbuch der Wirtschaftssoziologie, 2. Aufl., Wiesbaden 2017, S. 331–348.

Hoffmann, Christian/Hentrich, Steffen, Nachhaltigkeit als Element der Marktwirtschaft, 2010, http://www.libinst.ch/publikationen/LI-Paper-HoffmannHentrich-Nachhaltigkeit.pdf.

Homann, Karl/Lange, Thomas/Milberg, Joachim/Schidt, Christoph M./Weimann, Joachim, Vertrauen in die Marktwirtschaft zurückgewinnen – Für ein tragfähiges Narrativ werben und Diskursverantwortung wahrnehmen, acatech DISKUSSION, 2018, https://www.acatech.de/publikation/vertrauen-in-die-marktwirtschaft/.

Jacobsen, Ture/Nommensen, Merret, Was Investor*innen über ESG-Kriterien wissen sollten, https://www.phineo.org/magazin/nachhaltig-oder-wirkungsvoll.

Jahan, Sarwat/Mahmud, Ahmed Saber, What Is Capitalism? – Free markets may not be perfect but they are probably the best way to organize an economy, Economics Concepts Explained, https://www.imf.org/external/pubs/ft/fandd/basics/pdf/jahan_capital.pdf.

Jensen, Michael C./Meckling, William H., Theory of the firm: Managerial behavior, agency costs and ownership structure, Journal of Financial Economics 3 (1976), S. 305–360.

Krakuhn, Joachim/Stiefel, Kristina/Gilles, Elena, Die nachhaltige Finanzwirtschaft: ausgewählte Reportingpflichten auf der Internetseite von Kreditinstituten und Versicherungsunternehmen nach der Offenlegungsverordnung und dem finalen Entwurf des technischen Regulierungsstandards, Zeitschrift für internationale Rechnungslegung 16 (2021), S. 133–140.

Kurucz, Elizabeth C./Colbert, Barry A./Wheeler, David, The business case for corporate social responsibility, in: Crane, Andrew/Matten, Dirk u.a. (Hrsg.), The Oxford handbook of corporate social responsibility, Oxford 2008, S. 83–112.

Lefeber, Louis/Vietorisz, Thomas, The Meaning of Social Efficiency, Review of Political Economy 19 (2007), S. 139–164.

Lütge, Christoph/Uhl, Matthias, Wirtschaftsethik, München 2018.

Malets, Olga/Böhling, Kathrin, The Perspective of Civil Society Organizations – The missing link in Corporate Social Responsibility Activities and Programs, in: Backhaus-Maul, Holger/Kunze, Martin/Nährlich, Stefan (Hrsg.), Gesellschaftliche Verantwortung von Unternehmen in Deutschland – Ein Kompendium zur Erschließung eines sich entwickelnden Themenfeldes, Wiesbaden 2018, S. 49–66.

Martin, Roger L./Osberg, Sally, Social Entrepreneurship: The Case for Definition, Stanford Social Innovation Review 2007, S. 29–39.

Maštálka, Jiří/Becker, Heinz K., Legislative Train Schedule. Statute for Social and Solidarity-based Enterprises, 20.11.2019, https://www.europarl.europa.eu/

legislative-train/theme-deeper-and-fairer-internal-market-with-a-strengthened-industrial-base-services-including-transport/file-statute-for-social-and-solidarity-based-enterprises.

Matten, Dirk/Janzen, Henrik/Hahn, Rüdiger, Die gesellschaftliche Verantwortung des Unternehmens - Einführung, in: dies. (Hrsg.), Die gesellschaftliche Verantwortung des Unternehmens – Hintergründe, Schwerpunkte und Zukunftsperspektiven, Stuttgart 2012, S. 1–17.

Maurer, Andrea, Das moderne Unternehmen: Theoretische Herausforderungen und Perspektiven für die Soziologie, in: Maurer, Andrea/Schimank, Uwe (Hrsg.), Die Gesellschaft der Unternehmen - Die Unternehmen der Gesellschaft – Gesellschaftstheoretische Zugänge zum Wirtschaftsgeschehen, Wiesbaden 2008, S. 17–39.

—, Kapitalismus- oder Marktkritik? – Das gesellschaftskritische Potential der neuen Wirtschaftssoziologie, in: ders. (Hrsg.), Handbuch der Wirtschaftssoziologie, 2. Aufl., Wiesbaden 2017, S. 571–591.

—, Perspektiven der Wirtschaftssoziologie – Einleitung zur ersten Auflage, in: ders. (Hrsg.), Handbuch der Wirtschaftssoziologie, 2. Aufl., Wiesbaden 2017, S. 11–18.

—, Die Gesellschaft und ihre Unternehmen: ein wirtschafts-soziologischer Blick auf Corporate Social Responsibility, in: Backhaus-Maul, Holger/Kunze, Martin/Nährlich, Stefan (Hrsg.), Gesellschaftliche Verantwortung von Unternehmen in Deutschland – Ein Kompendium zur Erschließung eines sich entwickelnden Themenfeldes, Wiesbaden 2018, S. 117–138.

Mclean, Iain, Adam Smith, Radical and Egalitarian – An Interpretation for the 21st Century, Edinburgh 2006.

Melish, Tara J./Meidinger, Errol, Protect, Respect, Remedy and Participate: 'New Governance' Lessons for the Ruggie Framework, 09.08.2011, https://papers.ssrn.com/sol3/papers.cfm?abstract_id=1906834.

Mercer FundWatch, Modern Ratings for Modern Investors, https://www.mercerfundwatch.com/assets/intro.html.

Mikl-Horke, Gertraude, Klassische Positionen der Ökonomie und Soziologie und ihre Bedeutung für die Wirtschaftssoziologie, in: Maurer, Andrea (Hrsg.), Handbuch der Wirtschaftssoziologie, 2. Aufl., Wiesbaden 2017, S. 33–60.

Mises, Ludwig von, Profit and Loss, Auburn 2008, https://cdn.mises.org/Profit%20and%20Loss_3.pdf.

Mitchell, Ronald K./Agle, Bradley R./Wood, Donna J., Toward a Theory of Stakeholder Identification and Salience: Defining the Principle of Who and What Really Counts, The Academy of Management Review 22 (1997), S. 853–886.

Möslein, Florian, Reformperspektiven im Recht sozialen Unternehmertums, Zeitschrift für Rechtspolitik 50 (2017), S. 175–179.

Münnich, Sascha/Sachweh, Patrick, Einleitung: Varianten des kapitalistischen Geistes im Wandel? – Zum schwierigen Verhältnis von Kapitalismus und Kultur, in: dies. (Hrsg.), Kapitalismus als Lebensform? – Deutungsmuster, Legitimation und Kritik in der Marktgesellschaft, 2017, S. 3–26.

Organisation for Economic Co-operation and Development, Social Impact Investment 2019: The Impact Imperative for Sustainable Development, Paris 2019, https://www.oecd.org/development/social-impact-investment-2019-9789264311299-en.htm.

— (Hrsg.), Income inequality, 2021, https://data.oecd.org/inequality/income-inequality.htm.

Orlitzky, Marc/Schmidt, Frank L./Rynes, Sara L., Corporate Social and Financial Performance: A Meta-analysis, Organization Studies 24 (2003), S. 403–441.

Phills Jr., James/Deiglmeier, Kriss/Miller, Dale T., Rediscovering Social Innovation, Stanford Social Innovation Review 2008, S. 34–43.

Piper, Nikolaus, Das Wendejahr 2008 – Der Kapitalismus bedarf der Zähmung und das Vertrauen in den Markt weicht großer Staatsgläubigkeit: 2008, was für ein Jahr!„ Süddeutsche Zeitung 17.05.2010, https://www.sueddeutsche.de/geld/folgen-der-finanzkrise-das-wendejahr-2008-1.385118.

Platform on Sustainable Finance, Draft Report by Subgroup 4: Social Taxonomy, July 2021, https://ec.europa.eu/info/sites/default/files/business_economy_euro/banking_and_finance/documents/sf-draft-report-social-taxonomy-july2021_en.pdf.

Polanyi, Karl, The great transformation – Politische und ökonomische Ursprünge von Gesellschaften und Wirtschaftssystemen, 13. Aufl., Frankfurt am Main 2009.

Polterauer, Judith, Gesellschaftliche Unternehmensverantwortung in Deutschland – Zum aktuellen Stand der empirischen Forschung, in: Backhaus-Maul, Holger/Kunze, Martin/Nährlich, Stefan (Hrsg.), Gesellschaftliche Verantwortung von Unternehmen in Deutschland – Ein Kompendium zur Erschließung eines sich entwickelnden Themenfeldes, Wiesbaden 2018, S. 139–174.

Portales, Luis, Social Innovation and Social Entrepreneurship – Fundamentals, Concepts, and Tools, Cham 2019.

Porter, Michael E./Kramer, Mark R., Strategy and Society: The Link between Competitive Advantage and Corporate Social Responsibility, Harvard Business Review 84 (2006), S. 78–92.

—, Creating Shared Value – how to reinvent capitalism—and unleash a wave of innovation and growth, Harvard Business Review 89 (2011), S. 62–77.

PricewaterhouseCoopers GmbH, Surviving the Retail Apocalypse – What to learn from "Clicks-to-bricks", September 2019, https://www.pwc.de/de/human-resources/studie-surviving-the-retail-apocalypse.pdf.

Principles for Responsible Investment, About the PRI, https://www.unpri.org/pri/about-the-pri.

—, Asset Owner Signatory Declaration, https://www.unpri.org/signatory-resources/become-a-signatory/5946.article.

—, Join forces, share information and enhance influence: The PRI Collaboration Platform, https://collaborate.unpri.org/.

—, What is responsible investment?, https://www.unpri.org/an-introduction-to-responsible-investment/what-is-responsible-investment/4780.article.

—, Introductory Guide to Collaborative Engagement – How institutional investors can effectively collaborate in dialogue with companies, 2013, https://www.unpri.org/download?ac=4156.

—, An Investor Initiative in Partnership with UNEP Finance Initiative and the UN Global Compact, 2020, https://www.unpri.org/download?ac=10948.

Promberger, Kurt/Spiess, Hildegard, Der Einfluss von Corporate Social (and Ecological) Responsibility auf den Unternehmenserfolg, Working Paper 26/2006, 2006, http://edoc.vifapol.de/opus/volltexte/2010/2291/pdf/csr_working_paper.pdf.

PwC, Asset & Wealth Management Revolution: Embracing Exponential Change – Report 2017, https://www.pwc.com/gx/en/asset-management/asset-management-insights/assets/awm-revolution-full-report-final.pdf.

Rammert, Werner, Technik und Innovation, in: Maurer, Andrea (Hrsg.), Handbuch der Wirtschaftssoziologie, 2. Aufl., Wiesbaden 2017, S. 415–442.

Ravallion, Martin, On Measuring Aggregate "Social Efficiency", November 2003, https://papers.ssrn.com/sol3/papers.cfm?abstract_id=636585.

Raworth, Kate, Die Donut-Ökonomie – Endlich ein Wirtschaftsmodell, das den Planeten nicht zerstört, Berlin 2018.

Real Impact Tracker, Our Methodology, https://realimpacttracker.com/methodology/.

Richter, Nicole/Meyer, Yvonne, Nachhaltigkeitsreporting: Warum die neue EU-Richtlinie wegweisend ist, 2021, https://www.ey.com/de_de/decarbonization/nachhaltigkeitsreporting-warum-die-neue-eu-richtlinie-wegweisend-ist.

Rockström, Johan/Steffen, Will/Noone, Kevin et al., Planetary Boundaries: Exploring the Safe Operating Space for Humanity, Ecology and Society 14 (2009), http://www.ecologyandsociety.org/vol14/iss2/art32/.

Rowley, Timothy J., Moving beyond Dyadic Ties: A Network Theory of Stakeholder Influences, The Academy of Management Review 22 (1997), S. 887–910.

Ruggie, John, Protect, Respect and Remedy: a Framework for Business and Human Rights – Report of the Special Representative of the Secretary-General on the issue of human rights and transnational corporations and other business enterprises, John Ruggie, 07.04.2008, https://www.undocs.org/A/HRC/8/5.

—, Report of the Special Representative of the Secretary-General on the issue of human rights and transnational corporations and other business enterprises, John Ruggie – Guiding Principles on Business and Human Rights: Implementing the United Nations "Protect, Respect and Remedy" Framework, A/HRC/17/31, 21.03.2011, https://www.ohchr.org/Documents/Issues/Business/A-HRC-17-31_AEV.pdf.

Ruggie, John, International Regimes, Transactions, and Change: Embedded Liberalism in the Postwar Economic Order, International Organization 36 (1982), S. 379–415.

Rummel, Miriam, Wer sind Social Entrepreneurs in Deutschland? – Soziologischer Versuch einer Profilschärfung, Wiesbaden 2011.

Rupf Bee, Barbara, Impact Investments sind die Zukunft!, Börsen-Zeitung, 07.12.2019, https://www.boersen-zeitung.de/index.php?li=1&artid=2019236800.

Sachs, Jeffrey, The age of sustainable development, New York, NY u.a. 2015.

—, Introduction to the 2019 Global Hapiness and Wellbeing Policy Report, in: Global Happiness and Wellbeing – Policy Report 2019, S. 5–9, https://www.happinesscouncil.org/report/2019/.

Samuelson, Paul Anthony/Nordhaus, William D., Economics, 19. Aufl., New York, NY 2010.

Schank, Christoph/Beschorner, Thomas, Unternehmensverantwortung aus wirtschaftswissenschaftlichen Perspektiven, in: Backhaus-Maul, Holger/Kunze, Martin/Nährlich, Stefan (Hrsg.), Gesellschaftliche Verantwortung von Unternehmen in Deutschland – Ein Kompendium zur Erschließung eines sich entwickelnden Themenfeldes, Wiesbaden 2018, S. 175–196.

Schank, Christoph/Hajduk, Thomas/Beschorner, Thomas, Die ISO 26000 als institutionelle Verankerung organisationaler Verantwortung, in: Scholz, Markus/Czuray, Marie (Hrsg.), Die Normierung der gesellschaftlichen Verantwortung von Organisationen – ISO 26000 und ONR 192500, Wiesbaden 2016, S. 29–41.

Scharlau, Jan, Socially Responsible Investment – Die deutschen und europarechtlichen Rahmenbedingungen, Berlin/Boston 2009.

Scherer, Andreas Georg/Palazzo, Guido, The New Political Role of Business in a Globalized World: A Review of a New Perspective on CSR and its Implications for the Firm, Governance, and Democracy, Journal of Management Studies 48 (2011), S. 899–931.

Schimank, Uwe/Volkmann, Ute, Ökonomisierung der Gesellschaft, in: Maurer, Andrea (Hrsg.), Handbuch der Wirtschaftssoziologie, 2. Aufl., Wiesbaden 2017, S. 593–610.

Schmid, Michael, Individuelle Entscheidungsrationalität und soziale Einbettung – Zum Verhältnis von Ökonomie und Wirtschaftssoziologie, in: Maurer, Andrea (Hrsg.), Handbuch der Wirtschaftssoziologie, 2. Aufl., Wiesbaden 2017, S. 79–106.

Schmidpeter, René, Covid-19: Gemeinsam verändern wir die Zukunft!, die wirtschaft 23.03.2020, https://www.die-wirtschaft.at/die-wirtschaft/covid-19-gemeinsam-veraendern-wir-die-zukunft-194943.

Schmiedeknecht, Maud H./Wieland, Josef, ISO 26000, 7 Grundsätze, 6 Kernthemen, in: Schneider, Andreas/Schmidpeter, René (Hrsg.), Corporate Social Responsibility – Verantwortungsvolle Unternehmensführung in Theorie und Praxis, 2. Aufl., Berlin, Heidelberg 2015, S. 299–310.

Schmit, Nicolas, Foreword, in: Borzaga, Carlo; Galera, Giulia; Franchini, Barbara; Chiomento, Stefania; Nogales, Rocío; Carini, Chiara (Hrsg.), Social enterprises and their ecosystems in Europe – Comparative synthesis report, S. 5–6, https://op.europa.eu/en/publication-detail/-/publication/4985a489-73ed-11ea-a07e-01aa75ed71a1/language-en.

Schmitz, Björn, Muster organisatorischer Hybridität, in: Gebauer, Jana/Schirmer, Heike (Hrsg.), Unternehmerisch und verantwortlich wirken? – Forschung an der Schnittstelle von Corporate Social Responsibility und Social Entrepreneurship, Berlin 2013, S. 69–104.

Schneider, Andreas, Reifegradmodell CSR – eine Begriffsklärung und -abgrenzung, in: Schneider, Andreas/Schmidpeter, René (Hrsg.), Corporate Social Responsibility – Verantwortungsvolle Unternehmensführung in Theorie und Praxis, 2. Aufl., Berlin, Heidelberg 2015, S. 21–42.

Schreck, Philipp, Der Business Case for Corporate Social Responsibility, in: Schneider, Andreas/Schmidpeter, René (Hrsg.), Corporate Social Responsibility – Verantwortungsvolle Unternehmensführung in Theorie und Praxis, 2. Aufl., Berlin, Heidelberg 2015, S. 71–88.

Schwab Foundation for Social Entrepreneurship, Two Decadesof Impact, 17.01.2020, http://www3.weforum.org/docs/WEF_Schwab_Foundation_2020_Impact_Report.pdf.

Schwalbach, Joachim/Klink, Daniel, Der Ehrbare Kaufmann als individuelle Verantwortungskategorie der CSR-Forschung, in: Schneider, Andreas/Schmidpeter, René (Hrsg.), Corporate Social Responsibility – Verantwortungsvolle Unternehmensführung in Theorie und Praxis, 2. Aufl., Berlin, Heidelberg 2015, S. 177–198.

Schwerk, Anja, Strategische Einbettung von CSR in das Unternehmen, in: Schneider, Andreas/Schmidpeter, René (Hrsg.), Corporate Social Responsibility – Verantwortungsvolle Unternehmensführung in Theorie und Praxis, 2. Aufl., Berlin, Heidelberg 2015, S. 519–542.

Sedlácek, Tomás, Economics of good and evil – The quest for economic meaning from Gilgamesh to Wall Street, New York 2011.

Senge, Konstanze, Das Neue am Neo-Institutionalismus – Der Neo-Institutionalismus im Kontext der Organisationswissenschaft, Wiesbaden 2011.

Smith, Adam, The theory of moral sentiments – An essay towards an analysis of the principles by which men naturally judge concerning the conduct and character, first of their neighbors, and afterwards of themselves, London 1822.

—, An Inquiry into the Nature and Causes of the Wealth of Nations, 1776, McMaster University Archive for the History of Economic Thought, https://EconPapers.repec.org/RePEc:hay:hetboo:smith1776.

Smith, N. Craig, Corporate Social Responsibility: Not Whether, But How, California Management Review 45 (2003), S. 52–76.

Social Entrepreneurship Netzwerk Deutschland e.V., Herausforderungen für Sozialunternehmen in der Corona-Krise, 27.03.2020, https://www.send-ev.de/2020-03-27_herausforderungen-f%C3%BCr-sozialunternehmen-in-der-corona-krise/.

—, Social Entrepreneurship: Nachhaltige Wertschöpfung und gesellschaftliche Innovation, 19.04.2021, https://www.send-ev.de/wp-content/uploads/2021/04/PP_SocEnt2021_Kurzversion.pdf

Social Entrepreneurship Netzwerk Deutschland e.V./Bundesverband Deutsche Startups e.V., Gesellschaftlicher Mehrwert durch Innovation und Unternehmertum, 01.06.2017, https://www.send-ev.de/uploads/2017_10_31_positionspapier_bund.pdf.

Spiegel, Peter, Social Impact Business – Soziale und ökologische Probleme unternehmerisch lösen, in: Hackenberg, Helga/Empter, Stefan (Hrsg.), Social Entrepreneurship - Social Business: für die Gesellschaft unternehmen, Wiesbaden 2011, S. 133–146.

Spießhofer, Birgit, Unternehmerische Verantwortung – Zur Entstehung einer globalen Wirtschaftsordnung, Baden-Baden 2017.

Steg, Joris Alexander, Krisen des Kapitalismus – Eine historisch-soziologische Analyse, Frankfurt am Main 2019.

Stein, Tine, Global Social Entrepreneurship – Komplement oder Konkurrenz zu Global Governance?, in: Hackenberg, Helga/Empter, Stefan (Hrsg.), Social Entrepreneurship - Social Business: für die Gesellschaft unternehmen, Wiesbaden 2011, S. 29–48.

Stiglitz, Joseph E., People, power, and profits – Progressive capitalism for an age of discontent, New York 2019.

Stout, Lynn A., The shareholder value myth – How putting shareholders first harms investors, corporations, and the public, San Francisco 2012.

Strohscheidt, Elisabeth/Paasch, Armin, Die UN Leitprinzipien zur menschenrechtlichen Verantwortung von Unternehmen – Ist das Glas halb voll oder halb leer?, in: Burckhardt, Gisela (Hrsg.), Corporate Social Responsibility - Mythen und Maßnahmen – Unternehmen verantwortungsvoll führen, Regulierungslücken schließen, 2. Aufl., Wiesbaden 2013, S. 25–30.

Stüttgen, Manfred/Mattmann, Brian, IFZ Sustainable Investments Studie 2018 – Differenzierung nachhaltiger Anlagen bei Investoren, 2018, https://blog.hslu.ch/sustainable/.

Sustainability Accounting Standards Board, SASB Materiality Map, 2018, https://materiality.sasb.org/.

The Economist, What are companies for? – Big business is beginning to accept broader social responsibilities, S. 17, https://www.economist.com/briefing/2019/08/22/big-business-is-beginning-to-accept-broader-social-responsibilities.

—, What companies are for – Competition, not corporatism, is the answer to capitalism's problems, 22.08.2019, S. 9–10, https://www.economist.com/leaders/2019/08/22/what-companies-are-for.

The Global Compact, Who Cares Wins. Connecting Financial Markets to a Changing World Dezember 2004, https://www.ifc.org/wps/wcm/connect/topics_ext_content/ifc_external_corporate_site/sustainability-at-ifc/publications/publications_report_whocareswins__wci__1319579355342.

The World Bank, GDP per capita, https://data.worldbank.org/indicator/NY.GDP.PCAP.CD.

—, Gini index (Wold Bank estimate), https://data.worldbank.org/indicator/SI.POV.GINI.

Then, Volker/Schmidt, Tobia, Impact Investing in Deutschland 2020, Absolut impact. Nachhaltige Perspektiven für institutionelle Investoren 2020, https://www.absolut-research.de/publikationen/absolutimpact/ausgaben/detail/ae/Issue/show/absolutimpact-32020/.

Trincado, Estrella, The Birth of Economic Rhetoric – Communication, Arts and Economic Stimulus in David Hume and Adam Smith, Cham 2019.

United Nations, Guiding Principles on Business and Human Rights – Implementing the United Nations "Protect, Respect and Remedy Framework, 2011, https://www.ohchr.org/documents/publications/guidingprinciplesbusinesshr_en.pdf.

—, The future we want – Outcome document of the United Nations Conference on Sustainable Development, 20.-22.06.2012, https://sustainabledevelopment.un.org/content/documents/733FutureWeWant.pdf.

—, Transforming our world: the 2030 Agenda for Sustainable Development 25.09.2015, https://www.un.org/ga/search/view_doc.asp?symbol=A/RES/70/1&Lang=E.

—, COVID-19 threatening global peace and security, UN chief warns, 10.04.2020, https://news.un.org/en/story/2020/04/1061502.

United Nations Conference on Trade and Development, Trade and Development Report, 2009, https://vi.unctad.org/resources-mainmenu-64/digital-library?view=show&doc_name=331_tdr09oen.

United Nations Environment Programme Finance Initiative; Mercer, Demystifying Responsible Investment Performance – A review of key academic and broker research on ESG factors, 2007, https://www.unepfi.org/fileadmin/documents/Demystifying_Responsible_Investment_Performance_01.pdf.

United Nations Global Compact, Global Goals for people and planet – The SDGs Explained for Business, https://www.unglobalcompact.org/sdgs/about.

—, Our Mission, https://www.unglobalcompact.org/what-is-gc/mission.

—, SDG Compass, Leitfaden für Unternehmensaktivitäten zu den SDGs, 2015, https://www.unglobalcompact.org/library/3101.

Utting, Peter, Corporate social responsibility and the evolving standards regime: regulatory and political dynamics, in: Tsutsui, Kiyoteru/Lim, Alwyn (Hrsg.), Corporate social responsibility in a globalizing world, Cambridge 2015, S. 73–106.

Verein zur Förderung von Ethik und Nachhaltigkeit bei der Geldanlage (CRIC), CRIC-Definition verantwortlich Investierender, https://www.cric-online.org/images/individual_upload/cric/CRIC%20Definiton%20veranwortlich%20Investierender%20inklusive%20Kommentierung_06%202014.pdf.

Village Capital, About us, https://vilcap.com/about-us.

—, Crisis and Innovation: How Edquity is providing emergency financial support to college students, 30.03.2020, https://newsandviews.vilcap.com/posts/crisis-and-innovation-edquity.

—, Crisis and Innovation: Sevamob is opening pop-up health clinics in rural India, 13.04.2020, https://newsandviews.vilcap.com/posts/sevamob-shelley-saxena.

—, Village Capital's response to coronavirus, 17.04.2020, https://newsandviews.vilcap.com/posts/covid19-response.

Visser, Wayne, Corporate Sustainability & Responsibility – An Introductory Text on CSR Theory & Practice - Past, Present & Future, London 2017.

Vogel, David, The market for virtue – The potential and limits of corporate social responsibility, Washington, DC 2006.

Voigt, Frederik/Kern, Marie-Luise, Der Sustainable Finance Action Plan der EU – Neue Perspektiven für grüne Immobilieninvestments, Börsen-Zeitung 18.09.2019, https://www.boersen-zeitung.de/index.php?li=1&artid=2019179800.

Wallich, Henry C./McGowan John J., Stockholder Interest and the Corporation's Role in Social Policy, in: Baumol, William J./Likert, Rensis u.a. (Hrsg.), A new rationale for corporate social policy, New York 1970, S. 39–60.

Warren, Elizabeth, Companies Shouldn't Be Accountable Only to Shareholders, The Wall Street Journal 14.08.2018, https://www.wsj.com/articles/companies-shouldnt-be-accountable-only-to-shareholders-1534287687.

Waschinski, Gregor, FDP-Chef Lindner fordert Nachbesserungen am Corona-Rettungspaket für die Wirtschaft, Handelsblatt 26.03.2020, https://www.handelsblatt.com/politik/deutschland/corona-schutzmassnahmen-fdp-chef-lindner-fordert-nachbesserungen-am-corona-rettungspaket-fuer-die-wirtschaft/25684746.html?ticket=ST-943949-zgCgLRrq5IxwD7Gr3vrT-ap4.

Weissbrodt, David/Kruger, Muria, Norms on the Responsibilities of Transnational Corporations and Other Business Enterprises with Regard to Human Rights, American Journal of International Law 97 (2003), S. 901–922.

Werhane, Patricia H., Adam Smith and his legacy for modern capitalism, New York, NY u.a. 1991.

Wettstein, Florian, Multinational corporations and global justice – The human rights obligations of a quasi-governmental institution, Stanford, Calif 2009.

Wettstein, Florian/Dey, Pascal/Schaefers, Kevin/Bahlmann, Julia, Impact Investing: Konzept, Spannungsfelder und Zukunftsperspektiven – Eine Orientierung für private und institutionelle Investoren, 2019, https://fa-se.de/static/fa_se_de/uploads/2019/02/FERI-CFI-Impact-2019.pdf?x69731.

Wetzel, Julia, Bewertungskriterien von Social Enterprises als Entscheidungsgrundlage für Investoren – Voraussetzungen für die nachhaltige Gestaltung einer sozial innovativen Wirtschaft, Baden-Baden 2018.

Widmer, Hans, Wohlstand ist auch nicht alles – Liebe Wirtschaftsliberale, hört endlich auf mit euren weltfremden Sonntagspredigten!, Neue Zürcher Zeitung 02.12.2020, https://www.nzz.ch/feuilleton/wohlstand-ist-auch-nicht-alles-liebe-wirtschaftsliberale-ld.1589653?utm_source=pocket-newtab-global-de-DE.

Wilkinson, Charu/Medhurst, James/Henry, Nick/Wihlborg, Mattias/Wells Braithwaite, Bates, Ein Überblick über Sozialunternehmen und ihre Ökosysteme in Europa, Dezember 2014, https://www.google.com/url?sa=t&rct=j&q=&esrc=s&source=web&cd=&ved=2ahUKEwjIoY-PrhL3uAhXNiqQKHU6LCL8QFjABegQIAhAC&url=https%3A%2F%2Fec.europa.eu%2Fsocial%2FBlobServlet%3FdocId%3D12988%26langId%3Dde&usg=AOvVaw1rGJVd3sU10QIxs6lAg76k.

Willke, Gerhard, John Maynard Keynes – Eine Einführung, 2. Aufl., Frankfurt, M./New York, NY 2012.

World Bank Group, Global Economic Prospects, 2020, https://www.worldbank.org/en/publication/global-economic-prospects.

World Business Council for Sustainable Development, Eco-efficiency – Learning Module 24.08.2006, https://www.wbcsd.org/Projects/Education/Resources/Eco-efficiency-Learning-Module.

World Commission on Environment and Development, Our Common Future 20.03.1987, https://sustainabledevelopment.un.org/content/documents/5987our-common-future.pdf.

World Economic Forum, Two Decades of Impact: How Social Entrepreneurs Have Improved 622 Million Lives, 17.01.2020, https://www.weforum.org/reports/two-decades-of-impact.

—, COVID-19 Action Agenda – Leaders on the Front Line: Why Social Entrepreneurs Are Needed Now More than Ever, Geneva, September 2020, http://www3.weforum.org/docs/COVID19_SocEnt_Alliance_Report_2020.pdf.

World Health Organization, WHO Director-General's opening remarks at the media briefing on COVID-19 11.03.2020, https://www.who.int/director-general/speeches/detail/who-director-general-s-opening-remarks-at-the-media-briefing-on-covid-19---11-march-2020.

—, A year without precedent – WHO's COVID-19 response, 23.12.2021, https://www.who.int/news-room/spotlight/a-year-without-precedent-who-s-covid-19-response.

Yunus, Muhammad, Second Annual Professor Hiren Mukerjee Parliamentary Memorial Lecture, 09.12.2009, https://www.muhammadyunus.org/post/530/second-annual-professor-hiren-mukerjee-parliamentary-memorial-lecture.

Yunus, Muhammad/Weber, Karl, Building social business – The new kind of capitalism that serves humanity's most pressing needs, New York, NY 2010.

Zetzsche, Dirk, Prinzipien der kollektiven Vermögensanlage, Tübingen 2015.

Abbildungsverzeichnis

www.ingramcontent.com/pod-product-compliance
Ingram Content Group UK Ltd.
Pitfield, Milton Keynes, MK11 3LW, UK
UKHW020713041026
15590UKWH00002B/636